Reformas do
Código de Processo Penal

214

R332   Reformas do Código de Processo Penal / org. André Luís Callegari, Miguel
        Tedesco Wedy; Charles Emil Machado Martins ... [et al.]. – Porto Ale-
        gre: Livraria do Advogado Editora, 2009.

        183 p.; 23 cm.
        ISBN 978-85-7348-644-5

        1. Reforma processual penal. 2. Processo penal. 3. Código de Processo
        Penal: Reforma processual. I. Callegari, André Luís, org. II. Wedy, Miguel
        Tedesco, org. III. Martins, Charles Emil Machado.

                                        CDU – 343.1

        Índices para o catálogo sistemático:

Reforma processual penal   343.1
Processo penal   343.1
Código de Processo Penal: Reforma processual   343.1(094.4)

(Bibliotecária responsável: Marta Roberto, CRB-10/652)

André Luís Callegari
Miguel Tedesco Wedy
(organizadores)

Reformas do
Código de Processo Penal

Charles Emil Machado Martins
Elisangela Melo Reghelin
Fábio Motta Lopes
Fernando Gerson
Francis Rafael Beck
Francisco Silveira Benfica
Ivan Guardati Vieira
Marcelo Beckhausen
Marcelo Lemos Dornelles
Marcos Eberhardt
Miguel Tedesco Wedy
Pedro Krebs
Ricardo Cunha Martins

Porto Alegre, 2009

©
Charles Emil Machado Martins
Elisangela Melo Reghelin, Fábio Motta Lopes.
Fernando Gerson, Francis Rafael Beck,
Francisco Silveira Benfica, Ivan Guardati Vieira,
Marcelo Beckhausen, Marcelo Lemos Dornelles,
Marcos Eberhardt, Miguel Tedesco Wedy,
Pedro Krebs, Ricardo Cunha Martins,
2009

Capa, projeto gráfico e diagramação
Livraria do Advogado Editora

Revisão
Rosane Marques Borba

Direitos desta edição reservados por
Livraria do Advogado Editora Ltda.
Rua Riachuelo, 1338
90010-273 Porto Alegre RS
Fone/fax: 0800-51-7522
editora@livrariadoadvogado.com.br
www.doadvogado.com.br

Impresso no Brasil / Printed in Brazil

Sumário

Apresentação 7

1. A reforma e o "poder instrutório do Juiz". Será que somos medievais?
   Charles Emil Machado Martins 9

2. O "novo e multifacetado" artigo 306 do Código de Trânsito Brasileiro e os crimes de perigo
   Elisangela Melo Reghelin 25

3. A embriaguez ao volante e as mudanças na esfera criminal
   Fábio Motta Lopes 43

4. Apontamentos críticos sobre as reformas processuais penais
   Fernando Gerson 59

5. Inovações quanto ao papel do ofendido no Processo Penal brasileiro: entre o texto, a necessidade e a efetividade
   Francis Rafael Beck 71

6. Controvérsias jurídicas no diagnóstico da embriaguez alcoólica: uma abordagem técnica sobre o tema
   Francisco Silveira Benfica 91

7. Mudar para não mudar: a nova redação do art. 156 do Código de Processo Penal à luz da Lei nº 11.690/08
   Ivan Guardati Vieira 105

8. Diversidade cultural e Processo Penal
   Marcelo Beckhausen 115

9. O novo procedimento do Tribunal do Júri e a extinção imediata do protesto por novo Júri
   Marcelo Lemos Dornelles 139

10. Ainda sobre as reformas processuais penais no âmbito da produção probatória: o interrogatório por videoconferência
    Marcos Eberhardt 153

11. A sistemática da prova na reforma processual penal
    Miguel Tedesco Wedy 159

12. A (in)constitucionalidade do § 3º do art. 277 do CTB: uma leitura a partir da jurisprudência do TEDH
    Pedro Krebs 167

13. Algumas considerações sobre a Lei 11.690/2008 e as alterações sobre a Prova no Processo Penal: avanços e retrocessos
    Ricardo Cunha Martins 175

Apresentação

No ano de 2008, os professores de direito penal, processo penal e medicina legal do Curso de Direito da Universidade do Vale do Rio dos Sinos lançaram a obra *"Lei de Drogas – Aspectos Polêmicos à Luz da Dogmática Penal e da Política Criminal"*, pela *Livraria do Advogado Editora*, em razão das profundas alterações legislativas ocorridas em 2006, bem como em razão da relevância do tema. A excelente acolhida da obra nos meios forenses e acadêmicos impôs um novo desafio: a edição de mais uma obra coletiva.

Desta feita, o tema a ser enfrentado é o das reformas penais e processuais penais, decorrentes das Leis 11.689/08 (sobre o procedimento do Tribunal do Júri), 11.690/08 (relativa à questão da prova), 11.705/08 (atinente aos crimes de trânsito) e 11.719/08 (concernente aos procedimentos).

E assim, mais uma vez, são cumpridos alguns dos papéis relevantes do Curso de Direito da UNISINOS: fazer florescer um necessário e fundamental juízo crítico por parte dos operadores do Direito e de suas ciências auxiliares, a partir dos séculos de tradição da educação jesuíta e da formação integral da pessoa humana, bem como apontar alternativas e soluções para os problemas sociais e jurídicos da atualidade.

E, como antes, ver-se-á mais uma vez a preciosa nota da divergência entre os articulistas, própria de um ambiente acadêmico democrático e independente. Essa característica peculiar da UNISINOS é bem viva na obra que ora se apresenta.

Que mais uma vez o leitor utilize esse instrumento do conhecimento para as suas vivências, com o norte das suas ações sempre dirigido para aquele objetivo tão simples, mas ao mesmo tempo tão difícil: fazer a Justiça e assim alcançar a paz jurídica.

André Luís Callegari
Miguel Tedesco Wedy
(organizadores)

— 1 —

A reforma e o "poder instrutório do Juiz".
Será que somos medievais?

CHARLES EMIL MACHADO MARTINS

Promotor de Justiça, Mestre em Direito pela UNISC,
Professor da UNISINOS e da FESMP.

Advocaci nascuntur, judices fiunt

Sumário: 1. Considerações iniciais; 2. O significado de sistema processual penal e dos seus tipos ideais; 3. Em defesa do poder instrutório do juiz no sistema processual penal brasileiro; 4. Considerações finais.

1. Considerações iniciais

No âmbito da doutrina brasileira, há uma severa divergência sobre qual o sistema processual penal é adotado em nosso País. Muitos doutrinadores sustentam que, conquanto não de forma expressa, como ocorre em Portugal, é o acusatório o sistema que pode ser vislumbrado a partir do belvedere da Carta Constitucional de 1988. Esses estudiosos fundamentam seu entendimento no artigo 129, inciso I, da CF/88, que estabelece como exclusiva função do Ministério Público a promoção da ação penal pública. Ademais, afirmam que referido sistema se extrai, igualmente, do art. 5º do Diploma Constitucional, no qual são asseguradas várias garantias e previstos vários princípios inerentes ao acusatório, tais como a ampla defesa, o contraditório, a presunção de inocência, etc. Dentre os renomados autores defensores de que o sistema brasileiro é o acusatório, destacam-se Tourinho Filho[1] e Afrânio Jardim,[2] bem como Geraldo Prado, que a respeito diz:

> Se aceitarmos que a norma constitucional que assegura ao Ministério Público a privatividade do exercício da ação penal pública, na forma da lei, a que garante a todos os acusados o devido processo legal, com ampla defesa e contraditório, além de lhes deferir, até o trânsito em julgado da sentença

---

[1] TOURINHO FILHO, Fernando da Costa. *Processo Penal.* 25ª ed. São Paulo: Saraiva, 2003, V. 1, p. 92.

[2] JARDIM, Afrânio Silva. *Direito Processual Penal.* Rio de Janeiro: Forense, 1999, p. 196.

condenatória, a presunção de inocência, e a que, aderindo a tudo, assegura o julgamento por juiz competente e imparcial, pois que se excluem as jurisdições de exceção, com a plenitude do que isso significa, são elementares do princípio do acusatório, chegaremos à conclusão de que, embora não o diga expressamente, a Constituição da República adotou-o.[3]

Por outro lado, outros tantos doutrinadores são defensores de que no Brasil vigora o sistema processual misto. Dentre eles, destacam-se Frederico Marques,[4] Rogério Lauria Tucci,[5] sendo que, nessa linha, Guilherme de Souza Nucci sustenta:

O sistema adotado no Brasil, embora não oficialmente, é o misto. Registremos desde logo que há dois enfoques: o constitucional e o processual. Em outras palavras, se fôssemos seguir exclusivamente o disposto na Constituição Federal poderíamos até dizer que nosso sistema é acusatório (no texto constitucional encontramos os princípios que regem o sistema acusatório). Ocorre que nosso processo penal (procedimentos, recursos, provas, etc.) é regido por Código Específico, que data de 1941, elaborado em nítida ótica inquisitiva (encontramos no CPP muitos princípios regentes do sistema inquisitivo, como veremos a seguir). Logo, não há como negar que o encontro dos dois lados da moeda (Constituição e CPP) resultou no hibridismo que temos hoje.[6]

Sem embargo dessa divergência *conceitual* entre o nosso sistema ser acusatório ou misto, a maioria de nossos doutrinadores concorda que, embora a Constituição indique a adoção de um sistema acusatório, na *realidade prática* o nosso sistema processual incorpora "resquícios tipicamente inquisitoriais", dentre os quais eles destacam, quase à unanimidade, a possibilidade de o juiz "agir de ofício" após a demanda penal ser proposta, o que amiúde é considerado nocivo e ultrapassado.

O objetivo desse artigo é demonstrar – a partir de uma breve visita à história dos sistemas processuais e ao direito comparado, bem como de uma interpretação mais sistemática da nossa constituição – que esse entendimento, conquanto majoritário, está equivocado, na medida em que o denominado "ativismo judicial" em matéria processual não é incompatível com a Constituição Federal, tampouco com o sistema acusatório que ela propõe.

Entretanto, em virtude dos estreitos limites dessa quadra, bem como do objetivo específico dessa obra coletiva, o presente trabalho ficará restrito à abordagem do denominado "poder instrutório do juiz", que foi reafirmado pela nova dicção legal do art. 156 do CPP, levada a efeito pela reforma de 2008.

2. O significado de sistema processual penal e dos seus tipos ideais

O estudo etimológico indica que o termo *systema* tem origem grega e deriva de *syn-istemi*, que significa o composto, o construído, sendo que, no decorrer da

---

[3] PRADO, Geraldo. *Sistema acusatório: a conformidade constitucional das leis processuais penais.* Rio de Janeiro: Lumen Juris, 1999, p. 171.

[4] MARQUES, José Frederico. *Elementos de Direito Processual.* São Paulo: Millennium, 2001, p. 25.

[5] TUCCI, Rogério Lauria. *Direitos e Garantias Individuais no Processo Penal Brasileiro.* 2ª ed. São Paulo: RT, 2004, p. 163.

[6] NUCCI, Guilherme de Souza. *Manual de Processo Penal e Execução Penal.* 3ª ed. São Paulo: Revista dos Tribunais, 2007. p. 104-105.

história da humanidade, seu uso continuado configurou uma acepção mais restrita, que faz referência à noção de "ordem", "organização" e "modelo".[7]

Para Geraldo Prado,[8] sistema processual penal é o modelo político-jurídico de resolução dos conflitos de interesses na esfera penal. Nesse mesmo diapasão, Paulo Rangel[9] afirma que sistema processual penal é o "conjunto de princípios e regras" de um determinado ordenamento jurídico, de um determinado Estado, que em um determinado momento histórico "estabelece as diretrizes para a aplicação do direito penal a cada caso concreto".

Conforme se pode ler em quase todos os doutrinadores de processo penal, no decorrer da história da humanidade tem-se verificado a existência de três tipos de sistemas processuais penais: o acusatório, o inquisitivo e misto. Cada um desses sistemas pode apresentar modelos variantes em determinados países ou momentos históricos, porém eles possuem algumas características *fundamentais* que os distinguem, visto que traçam os *princípios* que necessariamente devem ser observados no processo penal que os adota.

Mauro Fonseca Andrade[10] leciona que, ao lado desses elementos fundamentais, os sistemas processuais penais possuem outros elementos *secundários* ou *não essenciais*, destinados somente a permitir mobilidade e funcionamento dos sistemas processuais penais, não participando do *núcleo duro*, ou da *identidade* dos sistemas, de tal sorte que poderão estar presentes nos três sistemas, sem que isso os descaracterize.

Para distinguir as características fundamentais das secundárias é imprescindível o estudo das suas origens e evolução histórica, pois elas que permitirão a conformação *teórica* de cada um dos três sistemas. Todavia, compreensivelmente, os limites dessa quadra impedem uma análise desse desenvolvimento histórico, tampouco o aprofundamento na distinção das características essenciais das secundárias dentro de cada sistema. Portanto, em que pesem as procedentes críticas feitas à utilização dos *tipos ideais*,[11] pois geralmente conduz à simplificação de situações complexas, no presente texto, trabalhar-se-á com essa metodologia para apresentar os *tipos* de sistemas processuais penais tais como expostos, de um modo geral, na doutrina processualista penal brasileira.

Portanto, em apertada síntese feita a partir da comparação dos conceitos e descrições expostos nas obras dos doutrinadores consultados, é possível afirmar

---

[7] FERRAZ JÚNIOR, Tércio Sampaio. *Conceito de Sistema no Direito*. São Paulo: RT, 1976, p. 9.

[8] Ob. cit. p. 171.

[9] Nesse sentido, por todos: RANGEL, Paulo. *Direito Processual Penal*. 10ª ed. Rio de Janeiro: Lumen Juris, 2005, p. 45.

[10] ANDRADE, Mauro Fonseca. *Sistemas Processuais Penais e seus Princípios reitores*. Curitiba: Juruá, 2008, p. 35.

[11] O método foi criado por Max Weber e representa a utilização de conceitos genéricos e abstratos, que não representam necessariamente uma realidade histórica que tenha existido ou exista. São, portanto, meras hipóteses teóricas, elaboradas a partir daquelas características mais enfatizadas, cuja finalidade é servir de padrão de comparação com as realidades investigadas, daí que o valor histórico dos tipos ideais é muito discutível, como salienta Machado Neto (*Sociologia Jurídica*. São Paulo: Saraiva, 1987, p. 37).

A reforma e o "poder instrutório do Juiz".
Será que somos medievais?

que o elemento principal que diferencia o sistema acusatório é a nítida separação das funções de acusar, defender e julgar. Sobre o assunto, assevera Frederico Marques: "O juiz é assim o órgão exclusivamente encarregado da aplicação da lei penal. Não lhe cabe assumir a titularidade da pretensão punitiva ou do direito de liberdade do réu, pois, com isso, quebraria o equilíbrio que no processo deve existir".[12]

Outras características apontadas como sendo essenciais ao sistema acusatório são a existência e a fiel observância dos princípios da publicidade, do contraditório, da ampla defesa e da presunção de inocência, que no Brasil ganharam status de Direito Fundamental, porquanto consagrados no artigo 5º da CF/88.

Por outro lado, a grande característica do sistema inquisitivo, precisamente ao contrário do que ocorre no sistema acusatório, é o poder de concentração das funções processuais apenas no juiz, que é uma autoridade pública (com a consequente ausência da influência popular nos julgamentos, característica secundária do sistema acusatório) com atividade multiforme, visto que, podendo acusar e julgar, torna prescindível as figuras do acusador e do defensor.

Secundariamente, o procedimento inquisitorial, a par de sigiloso, é escrito, ampliando a possibilidade de se recorrer, pois a coleta da prova é registrada (ao contrário do sistema acusatório, em que predomina a forma oral), permitindo que seja reapreciada por órgão recursal. As provas são valoradas de acordo com regras previamente estabelecidas pelo legislador ("sistema da prova tarifada ou prova legal"), visando a eliminar as arbitrariedades do sistema da "livre convicção íntima", característico do processo acusatório. Ele desprestigia o direito ao contraditório e à ampla defesa, na lógica perversa de que "se o acusado é inocente ele não precisa de defensor, se ele é culpado é indigno de defensor".[13]

Por fim, o sistema misto (também conhecido como sistema francês, pois engendrado após a Revolução Francesa) pretendeu estabelecer uma solução intermediária entre os sistemas inquisitivo e acusatório, mediante a junção da eficácia inquisitiva na apuração dos delitos e o modelo acusatório, percebido pelos iluministas como mais compatível com a defesa dos direitos humanos. Desse modo, tem como característica fundamental a existência de duas fases: a primeira investigatória, em que predominam as práticas admissíveis do sistema inquisitivo – resguardando-se, todavia, a dignidade da pessoa perseguida – tais como o procedimento sigiloso, escrito, sem possibilidade de contraditório ou ampla defesa. Já na segunda fase, de julgamento propriamente dito, vigoram todos os princípios do sistema acusatório adrede mencionados, como a separação nítida das figuras do acusador, julgador e defensor, as oportunidades de ampla defesa, contraditório, etc.[14]

---

[12] Ob. cit, p. 359.

[13] Ob. cit., p. 92.

[14] GOMES FILHO, Antônio Magalhães. *Direito à prova no processo penal*. São Paulo: Revista dos Tribunais, 1997, p. 142.

A partir desse contexto tipológico, a seguir procurar-se-á demonstrar que o "poder instrutório do juiz" previsto no Código de Processo Penal brasileiro não é uma característica anacrônica, "tipicamente inquisitiva", ao reverso, é uma característica secundária, modernamente compatível com os sistemas acusatório e misto.

3. Em defesa do poder instrutório do juiz no sistema processual penal brasileiro

No processo penal brasileiro, o juiz tem o poder de iniciativa probatória para a apuração dos fatos postos pelas partes, não ficando vinculado a julgar *secundum allegata et probata a partibus,* podendo livremente buscar provas ou indagar sobre a verdade dos fatos colocados pelos litigantes, toda vez que se defrontar com inércia intolerável ao seu sentimento de justiça. Esse é o comando da parte final do caput do art. 156 CPP, bem como dos seus incisos.

Ou seja, quando o *thema probandum* apresenta-se incerto e obscuro dentro do processo, abrem-se para o juiz brasileiro duas alternativas: a) ele prescinde de clarear a situação obscura, *resignando-se* com as consequências de uma atividade incompleta das partes e decidindo com base no material probatório defeituoso que lhe foi proporcionado pelos litigantes; b) ele tenta resolvê-la, utilizando o seu poder instrutório.

Essa segunda alternativa é severamente criticada pela doutrina garantista capitaneada por Luigi Ferrajoli, o qual afirma que o juiz deve ser um *"espectador pasivo y desinteresado"* do processo, sustentando que o princípio do *ne procedat iudex ex officio* constitui pressuposto estrutural e lógico de todas as demais características, senão a própria identidade do processo acusatório, concluindo que a principal *"característica del poder judicial es la de no poder actuar más que cuando se recurre a él...Por naturaleza el poder judicial carece de acción. Es preciso ponerlo en movimiento para que se mueva (...)".*[15]

Nessa mesma linha doutrinária, em *terra brasilis* muitos dizem que a passividade judicial é precisamente o elemento diferenciador do sistema acusatório e inquisitivo, afirmando-se que a imparcialidade do julgador ficaria maculada se ele pudesse buscar outros elementos de prova ou argumentos para julgar.[16]

Em defesa da inércia judicial em matéria probatória, alguns doutrinadores vão buscar no direito romano (histórico exemplo de sistema acusatório) a figura do *non liquet* ("não está claro"), decisão proferida pelos julgadores da *accusatio*

---

[15] FERRAJOLI, Luigi. Derecho y Razón. *Teoría del garantismo penal.* Madrid: Ed. Trotta, 1995, p. 564 e 581.

[16] Por todos: GOMES, André Luís Callegaro. *Uma herança inquisitiva no sistema processual penal acusatório.* Boletim IBCCRIM – v. 14 n. 164 jul. 2006.

romana (que formavam um colegiado), quando não tinham a certeza necessária para condenar ou absolver, e que foi equiparada por Gilberto Thums à atual absolvição por insuficiência de provas.[17]

Mauro Fonseca, entretanto, desfaz esse equívoco histórico, ao lembrar que o resultado da decisão pelo *non liquet* era a ampliação do julgamento para que as partes pudessem convencer os julgadores com a apresentação de melhores provas ou argumentos, instituto denominado de *ampliatio*. Portanto:

> Em termos práticos, a prevalência de votos *non liquet* nada mais era do que a exteriorização do sentimento de que a maioria dos juízes não estava satisfeita com o desempenho das partes na produção probatória. E aqui aparece o principal motivo de o *non liquet* jamais poder servir de cobertura histórica para a figura do juiz passivo: os julgadores romanos não estavam obrigados a *resignar*-se...[18]

É certo que os julgadores romanos não determinavam quais as provas deveriam ser produzidas pelas partes durante a instrução ou a *ampliatio*, tampouco buscavam, de per si, as provas que julgavam necessárias para formação da sua respectiva convicção. Mas isso se deve, primeiro, à formação dos colegiados, por vezes compostos por dezenas de julgadores, o que simplesmente tornava inviável essa iniciativa probatória judicial; segundo, pela própria tradição romana, que atribuía às partes o ônus de provar suas alegações. Mas o fato é que o instituto da *ampliatio* torna, no mínimo, duvidosa a conclusão de que os julgadores do modelo acusatório romano eram inertes e resignados.

Porém, colocar na iniciativa probatória dos magistrados a pecha de "ranço inquisitorial" é o argumento mais recorrente na doutrina que combate a iniciativa instrutória dos juizes. Jacinto Coutinho, por exemplo, sustenta que o sistema inquisitivo, "regido pelo *princípio inquisitivo*, tem como principal característica a extrema concentração de poder nas mãos do órgão julgador, o qual detém a *gestão da prova*. Aqui, o acusado é mero objeto de investigação e tido como o detentor da verdade de um crime, da qual deverá dar contas ao julgador".[19]

Os adeptos dessa linha de raciocínio entendem que ao juiz não cabe a missão de procurar a verdade dos fatos alegados pelas partes, pois, se assim o fizer, comprometerá a sua "imparcialidade", agindo como um "*juiz acusador*", uma vez que, havendo dúvida sobre os fatos, diante do material probatório produzido pelas partes, o juiz deve absolver, seguindo o princípio *in dubio pro reo*.

Entretanto, José Carlos Barbosa Moreira,[20] ao abordar a alegação de que a iniciativa probatória do juiz compromete sua imparcialidade, pois beneficiaria o acusador, obtempera que o magistrado não é dotado de poderes sobrenaturais de previdência, portanto não pode prever o resultado da prova que será produzida

---

[17] THUMS, Gilberto. O mito sobre a verdade e os sistemas processuais. Revista Ibero-Americana de Ciências Penais. Porto Alegre, ª 4, n.º 8, 2003, p. 99.

[18] Ob. cit. p. 194.

[19] COUTINHO, Jacinto Nelson de Miranda. Introdução aos princípios gerais do processo penal brasileiro. In: *Revista da Faculdade de Direito*. Curitiba: UFPR, ano 30, n. 30, p. 196, 1998.

[20] BARBOSA MOREIRA, José Carlos. O Juiz e a Prova. In: *Revista de Processo*, nº 35. São Paulo: RT, 1984. p. 180.

nem a quem ela beneficiará, no exato momento em que determina a sua produção. Mas a não produção da prova também beneficia um dos litigantes. Diante das duas hipóteses, o mestre sustenta que é preferível que o juiz seja parcial atuando do que se omitindo, porque ao menos estaria tentando aproximar-se da verdade real.[21]

Nesse comenos, é interessante observar que os defensores do absenteísmo judicial, paradoxalmente, defendem a ideia de que o juiz pode – e deve – "agir" em favor do acusado no campo probatório. A propósito, Geraldo Prado assevera que:

> Entre os poderes do juiz, por isso, segundo o princípio acusatório, não se deve encontrar aquele pertinente à investigação judicial, permitindo-se, quando muito, pela coordenação dos princípios constitucionais da justiça material e presunção da inocência, que moderadamente intervenha, durante a instrução, para, na implementação de poderes de assistência ao acusado, pesquisar de maneira supletiva provas da inocência, conforme a(s) tese(s) esposada(s) pela defesa.[22]

Ora, apenas para ilustrar, imagine-se a seguinte situação hipotética: o acusado "X" afirma que não é o executor de um determinado crime porque estava em outro local muito distante da consumação do fato delituoso, alegando que a testemunha "Y" pode confirmar esse seu álibi. O defensor, por qualquer motivo, não pede a oitiva dessa testemunha referida. Diante dessa inércia, visando pesquisar a possível prova de inocência, o juiz determina, de ofício, a oitiva "Y", o qual comparece em juízo e nega peremptoriamente o álibi invocado por "X". Diante dessa situação, questiona-se: teria sentido o desentranhamento dessa prova produzida de ofício pelo juiz, pelo só fato dela ser prejudicial à defesa? A resposta, como imperativo de justiça, somente pode ser não, o que bastaria para colocar por terra a proposta dessa esdrúxula figura que pode ser epitedada de *"juiz defensor"*.

Em verdade, a atividade probatória cabe, primordialmente, às partes. Entretanto, se o juiz vislumbrar alguma prova relevante, por elas não explorada – *maxime* na ação penal pública, que é obrigatória e indisponível ao Estado – deve ter a possibilidade de, modo supletivo e fundamentado, trazê-la ao processo para que seja submetida ao contraditório e valorada em sentença, visto que a sua missão no processo penal é, na medida do possível, dentro da legalidade, absolver o inocente e condenar o culpado, pois, como pondera Barbosa Moreira: "Ao juiz, como órgão do Estado, interessa, e diria que a ninguém interessa mais do que a ele, que se faça justiça, isto é, que vença aquele que efetivamente tenha razão".[23]

Note-se, por outro lado, mas na mesma senda, que Mauro Fonseca,[24] em seu acurado estudo sobre os sistemas processuais penais, manuseou documentos históricos pelos quais apurou que no sistema inquisitivo mais feroz que a humani-

---

[21] Em outras palavras, o mesmo foi dito pelo TJ-RS: "...as regras processuais referentes à distribuição do ônus da prova destinam-se apenas a possibilitar o desenvolvimento normal da relação processual, mas não podem prevalecer sobre o poder-dever do juiz de tentar esclarecer os fatos, aproximando-se o tanto quanto possível da verdade, pois sua missão é pacificar com justiça (HC nº 70004678249, Câmara Especial Criminal do TJRS, Rel. Des. Maria da Graça Carvalho Mottin. j. em 08/10/2002).

[22] Ob. Cit. p. 158-159.

[23] Idem, p.181.

[24] Ob. cit. p. 194.

dade conheceu – a Inquisição Espanhola regulamentada por Tomás de Torquemada – havia a absoluta ausência de autorização para que os juízes pudessem buscar novas provas condenatórias, para além daquelas propostas pelas partes. Até mesmo a odiosa tortura somente poderia ser utilizada se requerida pelo acusador, jamais podendo ser procedida de ofício. E mais, os juízes somente poderiam ter iniciativa probatória supletiva se fosse para buscar pessoas que demonstrassem que as testemunhas trazidas pela acusação tinham prestado depoimento com ânimo de prejudicar o réu. Vale dizer, na "maldita" inquisição a iniciativa probatória somente poderia existir se fosse pró-réu, exatamente como aquele que sustentam a figura do "juiz defensor"...

Portanto, a vinculação da iniciativa probatória do juiz a um sistema inquisitivo perverso não é precisa, não passando de uma manobra retórica, fortemente influenciada por valores ideológicos, que visa fixar um termo pejorativo – inquisição – ao julgador comprometido com o esclarecimento da verdade e que visa à prolatação de um julgamento justo!

Outro argumento comumente utilizado para combater o poder instrutório do magistrado é a utilização do direito comparado. Entre os autores que utilizam dessa metodologia destaca-se Aury Lopes Júnior, como se pode ler na sua instigante obra crítica ao processo penal contemporâneo, onde menciona, dentre outras, as reformas levada a efeito em Portugal, Itália e Espanha.[25]

Entretanto, aqui também manobra-se em inexplicável lapso, pois as reformas feitas no direito alienígena continuam prevendo a iniciativa probatória dos juízes, a qual não é incompatível com o sistema acusatório, de acordo com a interpretação que vem lhes sendo dada pelos tribunais do velho continente, como se verá exatamente nos países citados por Lopes Júnior.

Inicia-se por Portugal, que expressamente adotou o sistema processual penal acusatório em sua Constituição de 1976 (art. 32, 5. *O processo criminal tem estrutura acusatória, estando a audiência e os actos instrutórios que a lei determinar subordinados ao princípio contraditório*). O atual CPP português, promulgado em 1987, em seu artigo 340 – que estabelece os princípios gerais na produção da prova – prevê expressamente o poder instrutório dos juízes, assim dispondo:

> 1 – O tribunal ordena, oficiosamente ou a requerimento, a produção de todos os meios de prova cujo conhecimento se lhe afigure necessário à descoberta da verdade e à boa decisão da causa. 2 – Se o tribunal considerar necessária a produção de meios de prova não constantes da acusação, da pronúncia ou da contestação, dá disso conhecimento, com a antecedência possível, aos sujeitos processuais e fá-lo constar da acta.

Nesse toar, recentemente, em 07/01/2009, o Tribunal da Relação do Porto, no Recurso Penal nº 200901070816766, com fundamento na lições de Figueiredo Dias,[26] estadeou:

---

[25] LOPES JÚNIOR, Aury. *Introdução Crítica ao Processo Penal. Fundamentos da Instrumentalidade Constitucional*. Rio de Janeiro: Lumen Juris, 2006, p. 184.

[26] FIGUEIREDO DIAS, Jorge. Direito Processual Penal (lições coligidas por Maria João Antunes). In: *Secção de Textos da Faculdade de Direito da Universidade de Coimbra*, 1988-89, p. 51.

Em processo penal, incumbe, em última instância ao juiz, por força do princípio da descoberta da verdade material (artigo 340 do CPP),"o ónus de investigar e esclarecer oficiosamente – independentemente da contribuição das partes – o facto submetido a julgamento". Este poder-dever do tribunal de investigar autonomamente a verdade material (o que inclui a averiguação dos factos necessários para a oportuna fixação da pena) é essencial, no processo penal, na medida em que, por essa via, será possível alcançar as "bases necessárias da própria decisão.

Já na Itália, o *Codice di Procedura Penale*, em vigor desde 1988, também autoriza a produção da prova de ofício em alguns casos, confira-se:

Art.190 Diritto alla prova.

1. Le prove sono ammesse a richiesta di parte. Il giudice provvede senza ritardo con ordinanza (495) escludendo le prove vietate dalla legge e quelle che manifestamente sono superflue (190-bis, 4954) o irrilevanti (468).

2. *La legge stabilisce i casi in cui le prove sono ammesse di ufficio* (70, 195, 224, 237, *507*, 508, 511, 603).[27]

O art. 507 do CPP italiano, por sua vez, dispõe o seguinte: "Terminata l'acquisizione delle prove, il giudice, se risulta assolutamente necessario, può disporre anche d'ufficio l'assunzione di nuovi mezzi di prova".

A legitimidade desse poder instrutório supletivo dos julgadores foi reconhecida pelo Tribunal Constitucional italiano, que, pela via incidental (n. 111 sentenza 24 – 26 marzo 1993), considerou constitucional o art. 507, estabelecendo que a expressão "concluída a aquisição de provas" indica o ponto de partida, e não um pré-requisito para o exercício do poder instrutório do julgador. Portanto, o Tribunal concluiu que a produção probatória de ofício é possível mesmo quando não existam provas previamente adquiridas, em virtude da inércia das partes, sendo que "novas provas" são entendidas como quaisquer provas não previamente produzidas.

Inclusive, após a reforma de 1988, na doutrina, Franco Cordero afirmou: "Il potete instruttorio dele giudice soppravive inclcumni contesti (...). Sono um resíduo necessario questi poteri d'intervento diretto, coordinati al sistema pena italiano",[28] dando, dessa forma, razão à clássica lição de Manzini quando dizia que o julgador também "deve tutelare l'interesse repressivo della societá, e quindi può convincersi liberamente sia valutando le risultanze delle prove fornite dall'acusa, sia indagando di sua iniziativa, d'ufficio, e non solo nel período istruttorio, ma altresì in quello del dibattimento, e persino in grado d'appello".[29]

Por fim, na Espanha, o art. 728 da Ley de Enjuiciamiento Criminal (LECrim) afirma: "No podrán practicarse otras diligencias de prueba que las propuestas por las partes, ni ser examinados otros testigos que los comprendidos en las listas presentadas". Porém, o art. 729 da mesma lei prevê exceções aos ônus probatório conferido às partes no artigo anterior: "1°) Los careos de los testigos entre sí o con

---

[27] Adotar-se-á a técnica de transcrição literal dos idiomas estrangeiros, na medida em que, a par de serem facilmente compreensíveis, evita distorções involuntárias ou voluntárias...

[28] Apud ANDRADE, Mauro Fonseca. Ob. cit. p. 209

[29] MANZINI, Vicenzo. *Trattato di Procedura Penale Italiana*. Torino: Fratelli Bocca, 1914 V. II, p. 82.

A reforma e o "poder instrutório do Juiz".
Será que somos medievais?

los procesados o entre éstos, que el Presidente acuerde de oficio, o a propuesta de cualquiera de las partes. 2°) Las diligencias de prueba no propuestas por ninguna de las partes, que el Tribunal considere necesarias para la comprobación de cualquiera de los hechos que hayan sido objeto de los escritos de calificación."

É certo que o Tribunal Superior espanhol (SSTS de 1 de diciembre de 1993 y de 23 de septiembre de 1995) chegou considerar que a faculdade prevista no do art. 729.2°. da LECrim poderia confrontar o princípio acusatório porque, supostamente, seu exercício "convierte al Tribunal en acusador o defensor según que la prueba acordada sea de cargo o de descargo", perdendo sua "imparcialidad objetiva" e portanto somente seria admissível a utilização "para contrastar, verificar otras pruebas aportadas por las partes".

Entretanto, mais recentemente, na sentença 188/00, proferida em 10 de julho, o Tribunal Constitucional espanhol voltou a se ocupar do art. 729.2° da LECrim, havendo declarado que "la excepcional facultad judicial de proponer la práctica de pruebas, prevista legalmente en el art. 729.2° LECr, no puede considerarse per se lesiva de los derechos constitucionales alegados...". Em consequência, "para determinar si en el ejercicio de la antedicha facultad de propuesta probatoria el Juez ha ultrapasado los límites del principio acusatorio, con quiebra de la imparcialidad judicial y, eventualmente, del derecho de defensa, es preciso analizar las circunstancias particulares de cada caso concreto".

Nessa linha, a jurisprudência do Tribunal Supremo espanhol passou a distinguir "entre carga de la prueba e impulso probatorio", afirmando que "la iniciativa que al Tribunal atribuye el art. 729.2° puede ser considerada como 'prueba sobre la prueba', que no tiene por finalidad probar hechos favorables o desfavorables sino verificar su existencia en el proceso, 'por lo que puede considerarse neutral y respetuosa con el principio acusatorio, que impone la carga de la prueba a la acusación'..." (STS de 6 de marzo de 2001).

Portanto, a conclusão da doutrina espanhola é que, em matéria probatória, o processo penal espanhol é regido pelo princípio da "aportação da parte", mas a iniciativa jurisdicional é admitida de modo expressional, quando absolutamente necessária.[30]

Como se vê, então, o poder instrutório do juiz, tal como aqui, foi mantido nas últimas reformas feitas nas legislações processuais européias e é corroborado pela interpretação dos respectivos tribunais constitucionais de importantes países do sistema romano-germânico[31] (*civil law*), o qual sabidamente influenciou e in-

---

[30] CABIALE, José Antônio Diaz. *Principio de Aportación de Parte e Acusatorio: la imparcialidad del juez*. Granada: Comares, p. 323.

[31] Aliás, note-se que a legislação processual alemã também confere iniciativa probatória ao magistrado: StPO § 244 (coma 1) – Die Staatsanwaltschaft bewirkt die Herbeischaffung der als Beweismittel dienenden Gegenstände. Diese kann auch vom Gericht bewirkt werden. (tradução livre: O Ministério Público requisita o fornecimento dos objetos que deverão servir de meio probatório. Essa requisição também pode ser feita pelo Tribunal). Por tal motivo, "...el Juez no es en el proceso penal alemán, por conseguiente, un árbitro neutral, sino que procura él mismo activamente la investigácio de la verdad de oficio" (CABIALE, José Antônio Diaz. *Principio de Aportación de Parte e Acusatorio: la imparcialidad del juez*. Granada: Comares, p. 329)

fluencia a elaboração das leis e na praxes do direito brasileiro, que também não tem a tradição de juízes passivos e inertes.

Impedidos de seguir pela via do direito continental, alguns doutrinadores que combatem a iniciativa probatória optam por buscar comparação no sistema common law para corroborar suas proposições, não raro incidindo em equívoco, ao confundir o sistema acusatório moderno com o adversarial system dos países anglo-saxônicos, conforme bem explicitado por Ada Pellegini Grinover, a qual diz que "o conceito de processo acusatório" "nada tem a ver com a iniciativa instrutória do juiz no processo penal",[32] o qual está relacionado com o denominado *adversarial system*, próprio do direito inglês, em contraposição ao *inquisitorial system*, da Europa continental e dos países por ela influenciados.[33]

O *adversarial system* é um modelo que se caracteriza pela predominância das partes na determinação da marcha do processo e na produção das provas. Já no *inquisitorial system* (expressão que se pode traduzir por "processo de desenvolvimento oficial"), ao reverso, as mencionadas atividades recaem preferencialmente sobre o juiz. Logo: "O termo processo inquisitório, em oposição ao acusatório, não corresponde ao inquisitorial (em inglês), o qual se contrapõe ao adversarial. Um sistema acusatório pode adotar o *adversarial system* ou o *inquisitorial system*... firme restando o princípio da demanda, pelo qual incumbe à parte a propositura da ação, já o processo se desenvolve por impulso oficial."

E mais, conforme a ilustrada professora do Largo de São Francisco, na Inglaterra:

> O caráter *adversarial* do sistema vai cedendo espaço ao desenvolvimento oficial e a distinção entre os dois processos parece tender a uma atenuação cada vez mais perceptível (Barbosa Moreira, loc. cit., página 99, com bibliografia). Além dos sinais de mudanças, é também oportuno salientar as críticas que se levantam contra o sistema até agora dominante no processo civil inglês: várias propostas legislativas propugnam no sentido de a condução do feito anterior ao *trial* não ser mais deixado quase exclusivamente ao cuidado das partes, devendo submeter-se ao controle do órgão judicial, até para atenuar os problemas de procrastinações indesejáveis que incidem sobre o custo e a duração do processo.

A mesma indicação de mudanças pode ser lida na obra J. A. Jolowicz, o qual afirma que "é cada vez maior a inconformidade dos juízes ingleses de primeiro grau em relação à necessária passividade, em âmbito probatório, que devem assumir no processo".[34]

---

[32] GRINOVER, Ada Pellegrini. Iniciativa Instrutória do Juiz no Processo Penal Acusatório. In: *Revista Forense*, v. 347. Rio de Janeiro, 1999, p. 5.

[33] Gustavo Henrique Badaró também considera que os poderes instrutórios do juiz não são incompatíveis com a essência do sistema acusatório (Ônus da Prova no Processo Penal. São Paulo: Revista dos Tribunais, 2003, p. 116 e ss.). René Ariel Dotti vai mais adiante ao afirmar que "O princípio da investigação [judicial] constitui elemento integrante da estrutura basicamente acusatória do processo penal. (...) A sua característica essencial está na autonomia do juiz ou tribunal para apurar os fatos, acima e além da vontade das partes. (Princípios do Processo Penal. In: *Revista de Processo* nº 67. São Paulo: RT, 1992, p. 79)".

[34] Apud ANDRADE, Mauro Fonseca. Ob. cit. p. 204.

Ou seja, os detratores do poder instrutório dos julgadores pretendem trazer para o nosso país uma passividade judicial que, além de não estar de acordo com a nossa tradição, está sendo posta em crítica no país que é o seu berço!

Por fim, no âmbito internacional, o próprio Código Modelo de Processo Penal para Ibero-América, de 1988 – por alguns lembrado somente quando interessa – também prevê a possibilidade de o juiz determinar de ofício a produção de determinadas provas:

> Art. 147. Objetividade, investigação judicial autônoma. 1- Salvo quando a lei penal dispuser o contrário, o Ministério Público e os tribunais têm o dever de averiguar a verdade mediante os meios de prova permitidos e de cumprir estritamente com os preceitos dos arts. 232, 250, e 272, § 1º. 2 – Durante o julgamento, os tribunais só poderão proceder de ofício à produção de prova não oferecida pelos intervenientes nas oportunidades e sob as condições estabelecidas nos arts. 285, 289, 316, 317 e 320.

Mas retornemos ao Brasil: o art. 129 estabelece: "São funções institucionais do Ministério Público: I – promover, privativamente, a ação penal pública, na forma da lei".

Aqueles que criticam o poder instrutório dos juízes afirmam que o processo não pode iniciar, tampouco continuar sem a iniciativa do Ministério Público. "Não inicia em virtude do disposto no artigo 129, I, da Constituição Federal. Não continua por conta do teor desse mesmo artigo (só uma interpretação obtusa e ultrapassada da mencionada disposição pode levar à conclusão de que o "promover" se adstringe à propositura da ação, e que, uma vez realizado esse ato processual, o juiz de direito está livre para exercer a inquisição)[...]".[35]

Sem embargo dessa linha de pensamento, que evidentemente contém elastério não contida na referida regra constitucional, Antonio Scarance Fernandes, com supedâneo na lição de Vicente Greco Filho, esclarece os verdadeiros limites impostos pelo art. 129, I, da CF/88, afirmando que ele: "não retira do juiz os poderes inquisitivos referentes à prova e perquirição da verdade...". "O que se repele é a inquisitividade na formulação da acusação, a qual deve ser privativa do Ministério Público ou do ofendido". E mais, em sua consagrada obra de "processo penal constitucional", Scarance diz textualmente: "...tem o juiz importante papel na produção da prova. Para que possa proferir decisão justa e conforme a realidade, deve instruir a causa mediante efetiva participação na realização do material probatório, seja no garantir às partes a plenitude do direito à prova, seja no determinar, de ofício, a efetivação de prova relevante".[36]

Porém, para além da escorreita interpretação do art. 129, I, da CF/88, o poder instrutório dos juízes (como de resto o denominado "ativismo judicial" como um todo) é extraído, acima de tudo, da clara opção feita, pelo sistema constitucional pátrio, por um Estado Democrático e Social de Direito, que tem entre

---

[35] TAYLOR, Daniel Westphal. A decretação antecipada da prescrição e o princípio da proporcionalidade – uma relação necessária. In: *Revista Jurídica do Ministério Público Catarinense*, v. 5, n. 13 set./dez. 2007, p. 225.

[36] FERNANDES, Antonio Scarance. *Processo Penal Constitucional*. Rio de Janeiro: ed. RT, 2003. p. 186 e 72.

seus objetivos fundamentais a construção de uma sociedade justa e a promoção do bem de todos (art. 3º da CF/88).

Logo, não pode ser acoimada de inconstitucional a opção de política criminal feita pelo legislador reformador, pois somente mantém a concepção publicista do processo e a idônea percepção de sua função social. Essa é a lição de Ada Grinover, para quem:

> O direito processual é ramo autônomo do direito, regido por princípios publicistas. Tem ele fins distintos de seu conteúdo e esses fins se confundem com os objetivos do próprio Estado, na medida em que a jurisdição é uma de suas funções. Os objetivos da jurisdição e do seu instrumento, o processo, não se colocam com vistas à parte, a seus interesses e a seus direitos subjetivos, mas em função do Estado e dos objetivos deste. A observância das normas jurídicas postas pelo direito material interessa à sociedade. Por via de conseqüência, o Estado tem que zelar por seu cumprimento, uma vez que a paz social somente se alcança pela correta atuação das regras imprescindíveis à convivência das pessoas. Quanto mais o provimento jurisdicional se aproximar da vontade do direito substancial, mais perto se estará da verdadeira paz social." (...) Nessa visão, que é eminentemente política, é inaceitável que o juiz aplique normas de direito substancial sobre fatos não suficientemente demonstrados. O resultado da prova é, na grande maioria dos casos, fator decisivo para a conclusão última do processo. Por isso, deve o juiz assumir posição ativa na fase instrutória, não se limitando a analisar os elementos fornecidos pelas partes, mas determinando sua produção, sempre que necessário. (...) *A visão do Estado social não admite a posição passiva e conformista do juiz, pautada por princípios essencialmente individualistas*. O processo não é um jogo, em que pode vencer o mais poderoso ou o mais astucioso, mas um instrumento de justiça, pelo qual se pretende encontrar o verdadeiro titular do direito. A pacificação social almejada pela jurisdição sofre sério risco quando o juiz permanece inerte, aguardando passivamente a iniciativa instrutória da parte.[37] (sem grifo no original)

Em verdade, do ponto de vista ideológico, a corrente doutrinária que prega o absenteísmo judicial é manifestação de um "garantismo unilateral", que bem pode ser denominado de "garantismo liberal/individualista", que, no dizer de Gustavo Badaró,[38] pretende projetar, para o campo do processual penal, uma visão minimalista do Estado e do próprio juiz, enquanto seu representante, de tal sorte que considera inaceitável qualquer iniciativa estatal que possa significar uma intromissão ameaçadora para o cidadão acusado, sendo, dentro dessa perspectiva absenteísta, natural o entendimento de que o juiz deve ser um "*espectador pasivo y desinteresado*", que deve ficar – aproveitando-se a inspiração anglo-saxônica dessa concepção –, como a "Rainha da Inglaterra", "encastelado" no seu canto, sem palavra ou poder algum.

4. Considerações finais

Evidentemente, esse pequeno ensaio não teve a pretensão de esgotar a discussão que propõe, dada sua extensão e complexidade. Apenas procurou demonstrar que as iniciativas processuais conferidas ao juiz no processo – de um modo

---

[37] Ob. cit. p. 06-07.

[38] Ob. cit. p. 78.

A reforma e o "poder instrutório do Juiz".
Será que somos medievais?

específico o poder instrutório – não comprometem sua imparcialidade, e portanto não são incompatíveis com um devido processo legal de índole acusatória, tampouco podem ser cunhadas, fundamentadamente, como anacronismo inquisitorial.

De qualquer sorte, reputa-se que foi suficientemente demonstrado que a reafirmação e ampliação[39] do poder instrutório na reforma de 1988 não tem incompatibilidade ou inadequação constitucional, na medida em que a proteção dos direitos individuais do acusado não é a única finalidade do processo penal, pois o restabelecimento da pacificação social, mediante a realização de um julgamento justo, também é objetivo constitucional, que, aliás, se for completamente relegado ao olvido, poderá conduzir a sociedade a um nível de intolerância com a impunidade que certamente comprometerá a estabilidade do nosso regime democrático...

Portanto, uma correta concepção do sistema processual penal exige uma perspectiva ampla e integradora: da Constituição escrita e da Constituição viva, real, para se usar a expressão consagrada por Konrad Hesse; que leve em conta tanto o ordenamento jurídico como a própria realidade social, enquanto experiência vivida e haurida da comunidade, visando não só evitar o grave inconveniente de um normativismo extremo e desconectado da nossa longa tradição forense e dos anseios da sociedade como um todo, bem como, de outra banda, servindo de necessário anteparo contra aqueles que exprimem ceticismo, senão negação, à efetividade da nossa Constituição, o que sempre importa em seu desprestígio, com graves danos para a proteção dos direitos humanas.

Somente essa compreensão política e jurídica, que leva em consideração a Constituição e a ambiência social em que estamos inseridos, poderá compor de forma mais harmoniosa as expectativas que estão em jogo quando da concreta aplicação da lei penal: a preservação dos princípios e regras que garantem os

---

[39] Conforme inovação introduzida pelo atual inciso I do art. 156 do CPP, que pela abrangência da sua redação e pela amplitude da faculdade que confere ao juiz, vem sendo considerado inconstitucional por alguns setores da doutrina. Sem ressaibos de dúvida, a previsão legal merece ser vista cum granus salis, não podendo ser interpretada literalmente, visto que somente poderá ser considerada válida se se lhe der interpretação compatível com a Constituição. Nesse toar, entende-se que a faculdade prevista no predito inciso I, deve ser interpretada restritivamente, devendo ser submetida às seguintes condicionantes: a) prévia existência de uma investigação preliminar, instaurada por autoridade que possua atribuição para tanto (inquérito policial, procedimento de investigação criminal, etc.). Embora o inciso I não faça tal exigência, seria violentar mortalmente o princípio acusatório admitir-se que qualquer juiz, a qualquer momento e segundo seu livre talante, desse início a atos de investigação, a pretexto de produção antecipada de provas. Se assim procedesse, o magistrado estaria abdicando da sua posição processual, arvorando-se em Delegado de Polícia ou Promotor de Justiça, desvirtuado o seu poder instrutório que, como visto em linhas anteriores, é eminentemente supletivo; b) Mas não basta a existência de uma investigação preliminar, é preciso que, de algum modo, o procedimento investigatório seja posto à apreciação judicial, pois somente dessa forma poder-se-á auferir a competência do magistrado para a determinação antecipada da prova; c) Tratando-se de nítida medida cautelar, a produção antecipada de provas submete-se aos pressupostos probatórios e cautelares ínsitos à espécie: o *fumus comissi delicti* e o *periculum libertatis*; d) Por fim, deve-se ter em mente que tal possibilidade está limitada, por lei, aos critérios de adequação e proporcionalidade. A propósito, a legalidade desta iniciativa probatória, de ofício, antes mesmo de iniciada a ação penal, já foi decidida pelo STJ em decisão confirmada pelo STF (respectivamente, REsp 582.881/PR, DJ 02.02.2004 e HC 84.051/PR, DJ 02.03.2007).

direitos fundamentais do indivíduo acusado; a situação da vítima, que, proibida pelo Estado de fazer justiça com as próprias mãos, tem a expectativa de ver uma efetiva resposta estatal à agressão sofrida; bem como a própria credibilidade na efetividade do Direito Penal, diante do anseio de todos por uma sociedade mais justa e segura.

— 2 —

O "novo e multifacetado" artigo 306 do Código de Trânsito Brasileiro e os crimes de perigo

ELISANGELA MELO REGHELIN

Professora de Direito Penal da UNISINOS, Delegada de Polícia e Diretora de
Ensino da ACADEPOL, Mestre em Ciências Criminais PUCRS, Ex-pesquisadora da
Universidade da Califórnia/Berkeley e Doutoranda em Direito Penal e
Criminologia – Univ. Pablo de Olavide/Sevilla.

Sumário: 1. Introdução; 2. A legitimidade dos crimes de perigo; 3. Sobre o bem jurídico tutelado nos crimes de perigo; 4. A ofensividade nos crimes de perigo; 5. A constitucionalidade dos crimes de perigo; 6. A prova e as garantias no caso em estudo; 7. Análise jurídica do novo art. 306 do CTB; 8. Algumas novas alternativas para os crimes de perigo.

1. Introdução

Não é de hoje que o "simbolismo" no Direito Penal ganha feições cada vez mais expressivas. Muito já foi escrito a respeito, e o tema não é novo. A doutrina penal tem se esmerado em descrever as características desse Direito Penal simbólico e, embora seja uma árdua tarefa, alguns delineamentos já se encontram postos. São exemplos disso a legislação contendo princípios de cunho moral como no caso do aborto, as legislações compensatórias para momentos de crise como as de combate ao terrorismo e as chamadas leis de compromisso que dão a impressão de satisfazer uma necessidade de agir, embora nada resolvam.[1] Esse fenômeno vem aumentando tanto em quantidade como em amplitude, seja no intuito de funcionar como uma "pedagogia popular", por exemplo, estimulando uma consciência ecológica através dos crimes ambientais, ou então desenvolvendo uma "preocupação social" como no caso dos delitos envolvendo violência doméstica.

Embora pareçam casos isolados, o objetivo é comum: demonstrar que a ordem jurídica precisa ser respeitada, ainda que este conceito não tenha uma exata defini-

---

[1] HASSEMER, Winfried. *Direito Penal: fundamentos, estrutura, política*. Porto Alegre: Sergio Antonio Fabris Editor, 2008, p. 213.

ção, senão apenas percepções. Daí a necessidade de uma imagem de Direito Penal capaz de tranquilizar as expectativas sociais, ou seja, de um Direito Penal instrumentalmente empregado para a difusão simbólica de uma vida conforme o Direito, como refere Hassemer, o qual também menciona que embora ainda não possamos definir com precisão o conceito de Direito Penal simbólico a fim de promover mudanças nas legislações existentes, ao menos precisamos entender que não se trata de uma "ideia analítica inofensiva, mas de um conceito normativo de luta", que não postula apenas a descrição, mas também a crítica.[2] Preleciona o jurista alemão:

> Portanto, simbólico, em sua compreensão crítica, consiste no atributo que uma norma penal apresenta, segundo o qual as funções latentes da norma suplantam suas funções manifestas, de maneira a gerar a expectativa de que o emprego e o efeito da norma concretizarão uma situação diversa da anunciada pela própria norma. Aqui como já se observa da própria conceituação dos termos, deve-se entender por 'funções manifestas' exclusivamente aquelas concretizações da norma que sua própria formulação enuncia, a saber, a disciplina de todos os casos concretos futuros por ela definidos ou, noutros termos, a proteção dos bens jurídicos tutelados pela norma. Já as funções 'latentes' são variadas e multiformes, se sobrepõem parcialmente, e vem recebendo numerosas designações por parte da doutrina: desde a satisfação de uma 'necessidade de ação' presente, a um apaziguamento da população, até a demonstração de um estado forte.[3]

Adentrando especificamente o nosso tema, é fato de conhecimento público que milhares de pessoas morrem anualmente no Brasil e no mundo em razão do trânsito violento, dado que se agrava ainda mais quando álcool e outras drogas entram em cena. Somente no Brasil são aproximadamente 35 mil mortes e 1,5 milhões de acidentes de trânsito por ano. O Instituto de Pesquisas Econômicas Aplicadas – IPEA – divulga que os gastos com acidentes de transporte nas rodovias brasileiras chegam a 3,6 bilhões de reais, incluídas aí questões decorrentes de saúde, perda da produção, danos materiais, dentre outros.[4]

Por estas razões, a antecipação da tutela penal nesta seara vale-se muito dos delitos de perigo e encontra justificativa por vários prismas: desde a prevenção geral intimidando os indivíduos (negativa) ou reforçando o ordenamento sendo instrumento de estabilidade para o sistema penal (positiva), seja pelas características que delineiam nossa sociedade de risco. Isto consiste numa ideia de segurança frente a tantas inseguranças sociais e comportamentais.

No Direito Penal, os delitos de perigo, e principalmente os delitos de perigo abstrato, sempre foram exceções. Entretanto, atualmente, os crimes de perigo passaram a constituir o núcleo deste ramo do ordenamento face a tantos riscos presentes nas inovações – principalmente tecnológicas – do nosso tempo, especialmente quando pensamos em bens jurídicos de caráter supraindividual.

Os crimes de perigo abstrato existem desde os romanos. A Alemanha nazista muito deles se utilizou punindo por antecipação um futuro possível compor-

---

[2] HASSEMER, Winfried. *Direito Penal: fundamentos, estrutura, política*. Porto Alegre: Sergio Antonio Fabris Editor, 2008, p. 220.

[3] Ibid., p. 221.

[4] Vide *www.ipea.gov.br*, acesso em 17 de janeiro de 2009.

tamento criminoso do autor. Hoje, o terrorismo faz novos adeptos dessa vertente dos crimes de perigo a todo instante.

2. A legitimidade dos crimes de perigo

O conceito de crimes de perigo ainda não é pacífico para a dogmática penal e muito tem sido discutido a respeito. Em todo o caso, o perigo situa-se no campo do cálculo das probabilidades e parece melhor considerá-lo objetiva e normativamente existente. Contrapõem-se aos crimes de dano não se lhes exigindo a efetiva lesão ao bem jurídico tutelado pela norma, bastando o risco[5].

Refere Faria Costa que o perigo em Direito Penal "é constituído por dois elementos: a probabilidade de um acontecer e o caráter danoso do mesmo". O pensar probabilístico não pode ser feito aqui como se de cálculo matemático se tratasse, mas é necessária uma reconversão dos conceitos para o campo jurídico, através de uma concepção substantivada dentro do Direito Penal[6]. Há, primeiramente, que se excluir do raciocínio todas as hipóteses em que se verifiquem juízos de determinação absoluta (ex. crime de dano) ou de incerteza absoluta (ex. o puro acaso). Prossegue Faria Costa mencionando que podemos chegar a uma conclusão cujos traços essenciais podem ser sintetizados na seguinte proposição:

> [...] há situação de perigo concreto, jurídico-penalmente relevante quando, relativamente aos resultados possíveis descritos na lei penal, a probabilidade do resultado desvalioso é superior à probabilidade da sua não-produção. Se o resultado desvalioso ficou mais próximo de acontecer estar-se-á diante de uma situação de perigo. O que torna possível dizer-se que há perigo sempre que, através de um juízo de experiência, se possa afirmar que a situação em causa comportava uma forte probabilidade de o resultado desvalioso se vir a desencadear ou a acontecer.[7]

Essa graduação é compreensível no seio de uma contextualidade tecida por uma infinidade de elementos a que as regras da experiência emprestam maior segurança. Pura e simplesmente não podemos estabelecer tabelas nem escalas de precisão quanto à produção do perigo. "A graduação que encontramos resolve-se pela assunção de um critério normativo baseado nas regras de experiência que se tem de mover na própria contextualidade dos fatos."[8] Assim, prossegue Faria Costa:

> [...] quando se fala em "regras de experiência" como critério de determinação jurídico-penal do perigo não se quer dizer compreensão abstratizante de uma súmula empírica de experiências, mas sim como cânone de valoração que apesar do empirismo, se transcende e se eleva à regra de captação do real, verdadeiro ou construído. [...] A reiterada captação de fatos e sua constante interiorização faz com que se aceite, coletivamente, que a um determinado fato se segue certo e esperado efeito.[9]

---

[5] SILVEIRA, Renato de Mello Jorge. *Direito Penal Econômico como Direito Penal de Perigo*. São Paulo: Revista dos Tribunais, 2006, p. 114.

[6] COSTA, José Francisco Faria. *O perigo em Direito Penal*. Coimbra: Ed. Coimbra, 2000, p. 584-593.

[7] Ibid., p. 600.

[8] Ibid., p. 589-590.

[9] Ibid., p. 613-614.

Bem, este seria um critério quantitativo, mas qual seria o critério material para a normativa dos crimes de perigo? Segundo o mesmo autor português a resposta está na noção onto-antropológica do perigo, pois o que ele denomina como a relação de "cuidado de perigo" é a matriz que inunda o campo normativo nesta matéria:

> É a nossa condição de seres irremediavelmente frágeis e insustentavelmente vulneráveis que gera matricialmente os cuidados-de-perigo dos 'outros' para com o 'eu'.[10] [...] É essa relação onto-antropológica de cuidado-de-perigo o suporte mais que perfeito para legitimar, em termos ético-sociais, a aplicação de uma pena a todo aquele que, desvirtuando a relação de cuidado, põe em perigo um bem jurídico que a comunidade considera relevante para a proteção penal.[11]

No caso do crime de perigo concreto são aferidos os perigos concretamente percebidos em relação aos bens jurídicos, sendo claro o desvalor do resultado. No caso dos crimes de perigo abstrato (ou para alguns, de perigo presumido) é ausente o perigo no tipo já que o mesmo não é constatável materialmente. Na verdade este "perigo" só existe dada à escolha legislativa pela incriminação daquela conduta[12]. Assim, as condutas de perigo abstrato limitam-se a descrever uma ação perigosa, mas não mencionam o perigo entre os elementos típicos.

Hoje existem muitos critérios classificatórios quanto ao perigo, entretanto utilizamos as categorias de perigo concreto e abstrato por ainda serem as preferidas pela maioria da doutrina. Perigo normal, perigo penalmente relevante, perigo iminente, perigo próximo, perigo passado, perigo presente, perigo futuro, perigo remoto, perigo eventual, perigo geral, perigo efetivo, perigo presumido, perigo comum, perigo particular, dentre tantos. Mesmo assim, iremos apresentar rapidamente o conceito de dois delitos de perigo abstrato que nos interessam mais: crimes de resultado de perigo, através do critério abstrato de perigo puro e de criminalização de atitudes, e crimes de mera conduta criminosa, onde embora o perigo seja abstrato exige-se uma real carga ofensiva. Enquanto nos primeiros não se percebe a clara perigosidade e a afetação do bem jurídico é duvidosa, nos segundos há um "perigo abstrato-concreto", ou seja, ainda que não se faça a avaliação *ex post* como nos crimes de perigo concreto, constata-se uma perigosidade real, e não apenas derivada da vontade do legislador. Esta última concepção parece revigorar o campo dos delitos de perigo, evitando punições criminais por meras desobediências a um tipo prévio e respeitando o princípio da lesividade, pois impede a incriminação de condutas desprovidas de um potencial danoso[13]. Assim, poderíamos exemplificar com a legislação brasileira. No caso, v.g., dos crimes ambientais, o art. 49 da Lei nº 9.605/98 prevê pena de prisão para quem, ainda que *culposamente*, danificar uma planta ornamental em um jardim público. Convenhamos que esta poderia ser uma conduta punível administrativamente. Nada além da pura vontade e potestade legislativa poderia ter influenciado para a

---

[10] COSTA, José Francisco Faria. *O perigo em Direito Penal*. Coimbra: Ed. Coimbra, 2000, p. 399.

[11] Ibid., p. 623.

[12] SILVEIRA, op. cit., p. 118.

[13] Ibid., p. 125 e 126.

consagração desta conduta como passível de punição criminal, sendo assim um bom exemplo dos chamados crimes de resultado de perigo, inadmissíveis desde um ponto de vista constitucional. Neste sentido, refere Silveira[14] que cada vez mais os parâmetros garantistas estão amparados por conceitos como o do injusto, o do desvalor da ação, o do resultado, da perigosidade, aliados a técnicas de imputação objetiva. Diz o autor citado: "O mito da estreita necessidade do perigo abstrato parece, lentamente, cair por terra. Soluções outras se apresentam. [...] A fundamentação de uma proteção unicamente *ratio legis* não mais pode se dar ou aceitar". Por outro lado, e já adiantando nosso posicionamento, o crime previsto pelo art. 306 do Código de Trânsito Brasileiro, o qual trabalharemos melhor logo adiante, embora seja igualmente de perigo, e abstrato a nosso juízo. Tal previsão incriminadora não exige qualquer tipo de comprovação da existência do perigo, não deriva da simples vontade legislativa (exceto pela previsão da quantidade de álcool no sangue, esta sim, completamente derivada da "cabeça do legislador de plantão") mas versa sobre probabilidades e riscos bastante reais e cujo conhecimento através das regras de experiência não pode ser negado.

Dito isso, voltemos à dogmática. Como está claro, a doutrina tradicional basicamente classifica os crimes de perigo em perigo concreto e perigo abstrato, sendo os primeiros aqueles em que o perigo é elemento desse mesmo ilícito-típico; já os segundos seriam aqueles em que o perigo não é elemento do tipo, mas sua motivação. É exatamente quanto aos crimes de perigo abstrato que mais se questiona sobre a (in)existência de ofensividade relativamente a um concreto bem jurídico. Vamos a estas duas questões, então.

3. Sobre o bem jurídico tutelado nos crimes de perigo

A tipificação de condutas de perigo alarga o campo de proteção do bem jurídico e aumenta, em medida quase proporcional, a área da punibilidade. Trata-se de uma opção legislativa que deve ter uma concreta ponderação legitimadora permeada pelas concretas intencionalidades do Direito Constitucional. Não que o Direito Penal não possa elencar quais os seus bens jurídicos carecem de tutela, mas a questão é outra: até onde pode ser alargado o campo de proteção de bens jurídicos já que isto corresponde a uma expansão da determinação punitiva e à restrição dos direitos fundamentais?[15] Mais do que isso, o próprio agir legislativo, no momento da tipificação, envolve a opção pelo perigo concreto ou pelo perigo abstrato e essa "abstração" de perigo é perturbadora, pois o tipo penal precisa ser certo e preciso.[16]

---

[14] SILVEIRA, op. cit., p. 157 e 158.

[15] COSTA, op. cit., p. 573-574.

[16] Ibid., p. 574.

É nesse contexto que a atual sociedade do risco volta-se e preocupa-se com o perigo e com a minimização da insegurança, influenciando assim a Política Criminal e o próprio Direito Penal. Daí nasce a intensificação na criminalização de figuras de perigo abstrato que prometem ser um bálsamo. Entretanto, nesse abuso, os delitos de perigo rompem a relação necessária entre a conduta incriminada e o bem jurídico ofendido. Como refere Hassemer "ilícito penal não é mais a causação de um dano, e sim uma atividade que o legislador incrimina".[17] Ainda nos sábios e críticos ensinamentos do professor alemão, os delitos de perigo abstrato corroem a base da imputabilidade na medida em que prescindem da prova do dano e, consequentemente, da prova da aptidão causal do comportamento. Mesmo assim, essa forma de criminalização não consegue atender à demanda de prevenção como promete.

Aliás, pergunta-se: é possível prevenir-se ou diminuir-se a criminalidade através da utilização da técnica dos crimes de perigo? Ora, previne-se na exata medida da proibição daquela conduta, e aí pouco importa se crime de perigo ou de dano, este não é o critério. O que aumenta é o campo de punibilidade, o que não significa aumento do campo de prevenção. A utilização dos crimes de perigo serve como antecipação da proteção de bens jurídicos, mas não significa prevenção criminal. Muitos pensam que a prevenção está ligada a um ataque antecipado a tudo aquilo que leva ao resultado que se quer prevenir, mas "a conexão entre o por-em-perigo e o dano/violação é, na óptica da prevenção criminal, bem mais complexa do que aquela que nos parece à luz de uma análise superficial", como refere Faria Costa[18].

Desnecessário afirmar que, formalmente, sempre encontrar-se-á um bem jurídico a justificar o mais extremo dos crimes de perigo abstrato, (ex. "paz jurídica", "ordem pública", dentre tantos), mas que não raramente possuem "vaguíssima referencia axiológica e são desprovidos de conteúdo".[19] Por isto que a argumentação pela via do bem jurídico protegido não sustenta o crime de perigo abstrato. Em todo o caso e atualmente, a doutrina penal recomenda o menor uso possível da técnica dos crimes de perigo abstrato, de forma que esta não deve ser utilizada como simples expediente legislativo, mas sim como última e única forma de proteção de determinado bem.

4. A ofensividade nos crimes de perigo

Em função de bens jurídicos geralmente supra-individuais, da maior complexidade dos elementos que envolvem e constituem o fato, de forte tendência

---

[17] COSTA, op. cit., p. 228.
[18] Ibid., p. 577.
[19] Ibid., p. 625.

normativa e da forma de tutela penal possível, muitas vezes mediante a adoção da técnica dos crimes de perigo abstrato, percebe-se a grande necessidade de observância do princípio da ofensividade no direito penal secundário, seja no plano *de lege ferenda*, seja no *de lege lata*[20].

Refere D'Ávila:

> [...] Por tudo isso se pode afirmar que os crimes de perigo abstrato não estão privados do caráter de ofensividade. Restringir a riqueza e a complexidade da noção jurídico-penal de perigo às situações tradicionalmente denominadas de perigo concreto, relegando aos crimes de perigo abstrato uma exangue presunção absoluta de perigo, ou ainda, à mera violação de um dever é, sem dúvida, desnecessário e equivocado. [21]

A ofensividade é uma exigência constitucional, pois existe um princípio geral de tutela de bens jurídicos do qual decorre, por exemplo, o princípio da intervenção penal necessária: toda a incriminação que extrapole os limites da ofensividade não corresponde a um interesse político-criminal legítimo[22]. Prossegue o mesmo autor:

> [...] A ofensividade torna-se, por isso, no plano de *lege ferenda*, um importante critério de orientação legislativa e, no plano de *lege lata*, critério de validade e delimitação do ilícito, reitor de uma hermenêutica que se quer constitucionalmente orientada. [23]

Ainda no plano da ofensividade a Corte Constitucional italiana vem aplicando o Princípio da Insignificância também aos crimes de perigo abstrato, mesmo naqueles casos em que a situação seja abstratamente perigosa, porém inofensiva quando de uma análise concreta.[24] Claro que isto é mais complicado quando se trata de bens supra-individuais, mas aí reside o papel relevante da imputação objetiva frente à nova criminalidade. Aliás, é perfeitamente aplicável toda a teoria da imputação objetiva aos delitos de perigo e não apenas aos delitos de resultado, já que ela se dá em razão da criação de um risco penalmente desaprovado. A partir disso deve-se analisar a perigosidade como característica da própria ação ou como requisito básico de um desvalor desta (e não do resultado, numa avaliação *ex post*).

Entretanto, as críticas não se acomodam, pois importantes doutrinadores como Von Hirsch[25] dizem que somente os crimes de perigo concreto seriam realmente crimes de perigo.

---

[20] D'AVILA, Fabio Roberto. O modelo de crime como ofensa ao bem jurídico. Elementos para a legitimação do Direito Penal secundário. In: D'AVILA, Fabio Roberto; SOUZA, Paulo Vinícius Sporleder de. *Direito Penal Secundário: estudos sobre crimes econômicos, ambientais, informáticos e outras questões*. São Paulo: Editora Revista dos Tribunais; Coimbra: Coimbra Editora, 2006, p. 91.

[21] Ibid., p. 94.

[22] Ibid., p. 85-86.

[23] Ibid., p. 91.

[24] SILVEIRA, op. cit., p. 179.

[25] HIRSCH, Hans-Joachim. *Peligro y peligrosidad. Derecho Penal*: obras completas. Buenos Aires: Rubinzal-Culzoni, 1999, tomo 1, p. 67 e seguintes.

5. A constitucionalidade dos crimes de perigo

Podemos agora avançar num questionamento ainda mais profundo, tratando diretamente sobre a constitucionalidade dos crimes de perigo, principalmente os de perigo abstrato. Há penalistas brasileiros que entendem não haver ofensa a princípio constitucional algum, pois o legislador tem a liberdade de elaborar um tipo penal incriminador proibindo condutas que gerem perigos indesejáveis à sociedade. Por outro lado, também existem aqueles que sustentam sua inconstitucionalidade posto que compõem uma realidade fática e, por isto, não podem ser presumidos, sendo incompatíveis com o Estado Democrático de Direito[26].

Entendemos que o crime de perigo abstrato não é inconstitucional de *per se* e cabe ao legislador utilizar toda a minúcia possível para detalhar o tipo penal abstrato para que este possa ser legítimo. Não se pode negar a existência e a validade a partir do legislador, desse tipo de delito, mas é preciso encontrar um real fundamento que lhe de legitimidade. Faria Costa, como já foi apresentado, buscou na relação ontoantropológica baseada no desvalor do próprio cuidado de perigo tal legitimação. É esse cuidado-de-perigo (o cuidado do "eu" para com o "outro") que, segundo ele, suscita três formas de desvalor: o desvalor de dano, o desvalor de perigo e o desvalor de cuidado-perigo. Os dois primeiros exigem a presença direta de um bem jurídico concreto, o que possibilita a construção de crimes de resultado. O último fundamenta os delitos de perigo abstrato e independem da existência de um bem jurídico concreto e identificável, dizendo respeito aos valores essenciais do viver comunitário[27]. A verdade é que desde o Iluminismo a sociedade, ainda traumatizada pelo *Ancien Regime*, temia alcançar qualquer poder punitivo mais forte para a competência administrativa. Os então delitos de perigo foram para a seara criminal e ficaram conhecidos como "contravenções".[28] Assim, o legislador foi, cada vez mais, deixando-se seduzir pela ideia de que o aparato penal poderia assumir os cuidados de perigo próprios da comunidade chegando a alcançar os próprios objetivos da política social, cada vez mais intensificados. Entretanto, hoje se vive a retórica de "menos Estado", "não pelo refundamento da pessoa, mas, sobretudo, pela razão prosaica da impossibilidade financeira de satisfazer as prestações sociais"[29]. Porém, nem assim diminui a intensidade legiferante da Administração nem mesmo o chamamento das sanções criminais para punir-se toda a sorte de delitos, inclusive aqueles que a própria Administração "vai considerando como as mais adequadas à visão racional (calculadora) dos cuidados".[30]

---

[26] No primeiro sentido, por exemplo, NUCCI, Guilherme de Souza. *Leis Penais e Processuais Penais Comentadas*. São Paulo: Revista dos Tribunais, 2008; pela inconstitucionalidade dos crimes de perigo abstrato, dentre outros, GOMES, Luiz Flávio. *Parte Criminal do Código de Transito Brasileiro*. "Estudos de Direito Penal e Processo Penal", p. 32.

[27] COSTA, op. cit., p. 634.

[28] Ibid., p. 365.

[29] Ibid., p. 368.

[30] Ibid., p. 369.

Tal fundamento ontológico deve ainda estar relacionado a algum concreto bem jurídico com dignidade penal, caso contrário estar-se-ia violando o princípio da ofensividade, hoje plenamente reconhecido constitucionalmente. No exemplo dado pelo próprio Professor Faria Costa[31], se o legislador tipificasse que: "todo aquele que andar com chapéu na cabeça será punido com pena de prisão de..." foi respeitado o princípio da tipicidade, pois a conduta foi definida com exatidão, mas não existe bem jurídico-penal, o que seria claramente inconstitucional pela violação ao princípio da ofensividade. Neste sentido, leciona:

[...] se uma das correntes do pensamento político-criminal moderno passa pela adoção da figura dos crimes de perigo abstrato, então, perante o modo fundamentado como percebemos as coisas, a legitimidade material desse alargamento da punibilidade só se alcança se pensarmos em termos de um cuidado-de-perigo. [32]

E prossegue o penalista português:

[...] como traço diferenciador de uma dogmática penal corretamente baseada no desvalor de resultado, impõe-se salientar que, se o perigo não é efetivamente um Ersatz do dano/violação, deriva uma tal circunstancia, não tanto da contingência do chamamento mais acentuado que as sociedades industrial e pós-industrial relativamente a ele desencadearam, trazendo-o, desse jeito, intensamente à material discursividade jurídico-penal dos nossos dias, antes advém aquela qualidade da própria estrutura onto-antropológica a que o perigo está indefectivelmente ligado. A relação de cuidado-de-perigo é, pois, o pressuposto essencial não só para a própria compreensão da categoria jurídico-penal do perigo como é, outrossim, o fundamento de todo o *multiversum* que o direito penal constitui. [33]

6. A prova e as garantias no caso em estudo

O poder de punir estatal é um só. Entretanto, o legislador pode escolher qual o tipo de consideração dará a cada conduta que entender ilícita. Assim, o critério de diferenciação entre sanção penal e sanção administrativa é puramente teórico, pois não existe nenhuma raiz ontológica a definir cada qual. Isto é de fundamental importância quando se trata de diferenciar o crime do art. 306 da infração administrativa do art. 165, ambos do CTB.

Art. 165. Dirigir sob a influencia de álcool ou de qualquer outra substancia psicoativa que determine dependência:

Infração – gravíssima;

Penalidade – multa (cinco vezes) e suspensão do direito de dirigir por 12 (doze) meses;

Medida Administrativa – retenção do veículo até a apresentação de condutor habilitado e recolhimento do documento de habilitação.

Parágrafo único. A embriaguez também poderá ser apurada na forma do art. 277.

---

[31] COSTA, op. cit., p. 647-650.

[32] Ibid., p. 651.

[33] Ibid., p. 653.

Art. 306. Conduzir veículo automotor, na via pública, estando com concentração de álcool por litro de sangue igual ou superior a 6 (seis) decigramas, ou sob a influencia de qualquer outra substancia psicoativa que determine dependência:

Penas – detenção, de seis meses a três anos, multa e suspensão ou proibição de se obter a permissão ou a habilitação para dirigir veículo automotor.

Parágrafo único. O Poder Executivo federal estipulará a equivalência entre distintos testes de alcoolemia, para efeito de caracterização do crime tipificado neste artigo.

A nota distintiva da sanção administrativa acaba sendo, além da presença da Administração Pública em um dos pólos, a ausência da natureza penal da sanção, caracterizada de um lado, pela decisão legislativa soberana e discricionária, e por outro, pela ausência de previsão, direta ou indireta, de pena privativa de liberdade. É aplicada como consequência de uma conduta ilegal tipificada em norma proibitiva, com uma finalidade repressora ou disciplinar, no âmbito de aplicação do Direito Administrativo[34]. Mas isto não se confunde com as chamadas medidas de polícia. Nesse âmbito, o poder administrativo de polícia, segundo Osório:

[...] é a faculdade de que dispõe a Administração Pública para condicionar e restringir o uso e o gozo de bens, atividades e direitos individuais, em benefício da coletividade e do próprio Estado. É o mecanismo de frenagem de que dispõe a Administração para conter os abusos do direito individual.[35]

Ainda neste sentido:

[...] as medidas de polícia, diferentemente do que ocorre com as sanções, podem ter um caráter preventivo, perseguindo o bem comum, a consecução da boa ordem no uso dos bens e serviços públicos, visando o exato cumprimento da lei e das disposições normativas pertinentes. [...] O certo é que o parentesco das medidas de polícia com as sanções administrativas é forte, podendo produzir confusões.[36]

No Direito Administrativo, é fundamental a presunção de veracidade e de legitimidade de determinados documentos ou provas produzidas pela acusação, "não sendo lícito ao intérprete invocar, genericamente, a presunção de inocência para derrubar a eficácia desses documentos". Poderá produzir a contraprova para derrubar a prova acusatória, que não tem natureza absoluta[37].

O Direito Administrativo não garante, como o Direito Penal, o direito de não produzir prova contra si mesmo (*nemo tenetur se detegere*) esculpido na Constituição Federal, no art. 5º, inc. LXIII, pois admite presunções em favor do coletivo. O que nos parece demasiado tipificar penalmente como desobediência o caso do indivíduo que não quis soprar o etilômetro ("bafômetro") ou não permitiu a coleta de sangue para exame, como ocorre hoje na Espanha. Diz o Código Penal espanhol, de 1995:

Art. 380: El conductor que, requerido por el agente de la autoridad, se negare a someterse a las pruebas legalmente establecidas para la comprobación de los hechos descritos en el artículo anterior, será castigado como autor de un delito de desobediencia grave, previsto en el art. 556 de este Código.

---

[34] OSÓRIO, Fábio Medina. *Direito Administrativo Sancionador*. São Paulo: Revista dos Tribunais, 2000, p. 79-80.

[35] Ibid., p. 80.

[36] Ibid., p. 84-85.

[37] Ibid., p. 363.

Art. 556: Los que, sin estar comprendidos en el art. 550, resistiren a la autoridad o sus agentes, o los desobedecieren gravemente, en el ejercicio de sus funciones, serán castigados con la pena de prisión de seis meses a un año.

Ocorre que o Tribunal Constitucional espanhol[38] já decidiu na Sentencia nº 161, de 2 de outubro de 1997, que tal previsão de "desobediência", inclusive com pena maior do que para o próprio motorista que dirija embriagado, não fere a Constituição porque o legislador tem a liberdade da configuração legislativa e também porque, se assim previsto, o indivíduo pode ser obrigado, por lei, a realizar tais exames[39]. E justificou o entendimento dizendo que os exames de teor alcoólico e de sangue seriam meras perícias, sem valor probatório definitivo, posto que de conteúdo incerto. Como diz Osório[40]: "Claro que se trata de provas que o indivíduo é obrigado a produzir contra si mesmo, colaborando com a acusação à custa de sua liberdade fisiopsíquica, o que, a meu ver, se revela nessas circunstancias, intolerável". E ainda preleciona o mesmo autor:

> O Direito Administrativo Sancionador não fica impossibilitado de valorar um comportamento de negativa de submissão a exame de rotina, mas tampouco deve tipificá-lo de forma autônoma, como um ilícito, pois não há, rigorosamente, uma desobediência.[41]

Disse o Tribunal Constitucional espanhol que tampouco há violação do princípio da proporcionalidade, eis que se por um lado se constrange a liberdade individual, por outro se tutela a segurança viária além de outros bens indiretamente protegidos como a vida e a integridade das pessoas, além do princípio da autoridade dos agentes encarregados da produção da prova. Na Alemanha também se admite, em alguns casos, a coerção para a realização de um exame corporal, conforme refere Juy-Birmann[42].

Muitas críticas têm sido formuladas à sentença espanhola citada. Como refere Muñoz Conde[43], uma coisa é o legislador estar preocupado e tentar remediar o problema do aumento crescente dos acidentes de trânsito motivados pela ingestão de álcool, outra é que esta forma adotada seja tecnicamente a mais correta ou que seja político-criminalmente a melhor. Refere o jurista espanhol:

> [...] no parece muy correcto desde el punto de vista del derecho constitucional a no declarar contra si mismo (CE art. 24,2) que se obligue a alguien, aunque sea indirectamente con la amenaza de una sanción penal, a que se someta a unas pruebas que pueden incriminarle, tanto más cuanto ya existe una sanción administrativa por el mismo hecho.[44]

---

[38] Sentencia n. 161/1997, de 02.10.97.

[39] OSÓRIO, op. cit., p. 370.

[40] Ibid., p. 378.

[41] Ibid., p. 379.

[42] JUY-BIRMANN, Rudolphe. O sistema alemão. In DELMAS-MARTY, Mireille (Coord.). *Processos Penais da Europa*. Rio de Janeiro: Ed. Lumen Juris, 2005, p. 24.

[43] MUÑOZ CONDE, Francisco. *Derecho Penal: parte especial*. Valencia: Tirant lo Blanch, 2004, p. 702.

[44] Ibid., p. 701.

Ademais, não vemos conflito entre a garantia constitucional da não auto-incriminação com o interesse estatal da persecução criminal. Refere Prado, neste sentido:

> [...] A ideia de defesa social, a qual permanece no âmbito dos discursos jurídico-penais e que, como consequência do movimento de lei e ordem, assume na atualidade, o enfoque da segurança social ou da segurança cidadã, sustenta a ilusão da existência de um conflito de interesses legítimos no processo penal, qual seja entre a segurança social e a liberdade individual.[45]

Em um Estado democrático de direito não se pode falar em segurança social divorciada do valor liberdade, nem "em um conceito de justiça penal desvinculado, ou pior, contraposto aos direitos e garantias fundamentais".[46] Consequentemente, não faz sentido falar-se num conflito entre o direito à prova e os direitos fundamentais do acusado. Prossegue Prado:

> [...] A prova, no processo penal, deve ser compreendida em um contexto garantista, constituindo assim uma garantia do acusado em face do poder punitivo estatal. Como garantia do acusado, não se contrapõe aos demais direitos fundamentais a ele garantidos pela Constituição. Ao contrário, apresenta-se como garantia desses direitos.[47]

Callegari e Lopes vão além, mencionando que o direito constitucional a não autoincriminar-se acaba sendo admitido, *in casu*, na área administrativa, já que os resultados dos testes de alcoolemia repercutirão na área processual penal:

> [...] Além disso, a Constituição Federal, no art. 5º, LXIII, assegura a qualquer investigado o direito de permanecer calado. Como regra, essa é uma garantia do processo penal, não se aplicando no momento de uma fiscalização administrativa no transito. Na situação específica, porém, os testes de alcoolemia produzirão reflexos, inexoravelmente, no âmbito do processo penal. Somente para ficar em um exemplo, registre-se que o motorista, ao soprar o bafômetro, poderá ser preso em flagrante logo após o teste, se constatada a presença mínima de álcool exigida pelo art. 306 do CTB. [...] Além do mais, como não está obrigado a produzir prova contra si mesmo, deve ser avisado sobre tal direito antes de ser submetido aos testes de alcoolemia. Inobservada tal garantia, deverá o resultado do bafômetro, tão-somente pelo fato de não se assegurar ao motorista o direito de informação, ser considerado como prova ilícita (art. 5º, LVI, da CF, e art. 157, caput e §§, do CPP).[48]

Poderíamos, e apenas para finalizar este tópico, acrescer que o art. 277, do Código de Trânsito Brasileiro está inserido dentro do capítulo XVII, o qual trata apenas das medidas de natureza administrativa, e não criminais. Possui o seguinte teor:

> Art. 277. Todo condutor de veículo automotor, envolvido em acidente de transito ou que for alvo de fiscalização de transito, sob suspeita de dirigir sob a influencia de álcool será submetido a testes de alcoolemia, exames clínicos, perícia ou outro exame que, por meios técnicos ou científicos, em aparelhos homologados pelo CONTRAN, permitam certificar seu estado.

---

[45] PRADO, Fabiana Lemes Zamalloa do. A ponderação de interesses em matéria de prova no processo penal. São Paulo: IBCCrim, 2006, p. 163.

[46] Ibid., p. 163-165.

[47] Ibid., p. 165.

[48] CALLEGARI, André Luis; LOPES, Fábio Mota. A imprestabilidade do bafômetro como prova no processo penal. São Paulo: Boletim IBCCRIM, ano 16, n. 191, p. 8, out. 2008.

§ 1° Medida correspondente aplica-se no caso de suspeita de uso de substancia entorpecente, tóxica ou de efeitos análogos.

§ 2° A infração prevista no art. 165 deste Código poderá ser caracterizada pelo agente de transito mediante a obtenção de outras provas em direito admitidas, acerca dos notórios sinais de embriaguez, excitação ou torpor apresentados pelo condutor.

§ 3° Serão aplicadas as penalidades e medidas administrativas estabelecidas no art. 165 deste Código ao condutor que se recusar a se submeter a qualquer dos procedimentos previstos no caput deste artigo.

Assim, no que tange à prova, concordamos com Callegari e Lopes[49], no sentido de que as alterações ao CTB em nada mudaram as exigências para a realização de provas periciais:

A embriaguez, sabidamente, é uma intoxicação transitória que deixa vestígios. Dessa forma, de acordo com o art. 158 do CPP, torna-se indispensável o exame de corpo de delito, dovondo o catodo clílico ser demonstrado por especialistas, ou seja, por perito oficial (art. 159, caput, do CPP) ou por dois peritos nomeados, com curso superior e, preferencialmente, com conhecimento técnico na área (art. 159, §§ 1° e 2°, do CPP). Portanto, não podem os policiais ou agentes de transito, que não são *experts* e que não foram nomeados como peritos — até porque nem sempre são portadores de diploma de nível superior —, demonstrar a embriaguez.

Além disso, a prova da embriaguez para efeitos criminais, até em função da exigência feita pelo tipo dos 0,6 decigramas de álcool no sangue, só poderá realizar-se através do exame do tecido sanguíneo (princípio da legalidade e da taxatividade). Tecido alveolar, mucosas, análise do fio de cabelo, além de prova testemunhal ou mesmo o exame clínico não cabem. Portanto, a antiga Resolução do CONTRAN n° 206/06 e o atual Decreto n°. 6.488/08 (que equiparam o exame de sangue à medição pelo aparelho de ar alveolar dos pulmões) são, a nosso juízo, *contra legem.*

7. Análise jurídica do novo art. 306 do CTB

Por fim, resta-nos, pois, analisar a nova redação do art. 306 do Código de Trânsito Brasileiro, conforme o que já foi explanado. A redação anterior do aludido artigo previa:

Conduzir veículo automotor, na via pública, sob a influencia de álcool ou substancia de efeitos análogos, expondo a dano potencial a incolumidade de outrem: Penas – detenção, de seis meses a três anos, multa e suspensão ou proibição de se obter a permissão ou a habilitação para dirigir veículo automotor.

A nova redação passou a dizer:

Conduzir veículo automotor, na via pública, estando com concentração de álcool por litro de sangue igual ou superior a 6 (seis) decigramas, ou sob a influencia de qualquer outra substancia psicoativa que determine dependência:

---

[49] CALLEGARI, André Luis; LOPES, Fábio Mota. A imprestabilidade do bafômetro como prova no processo penal. In: *Boletim IBCCRIM*, São Paulo: ano 16, n. 191, p. 8, out. 2008.

Penas – detenção, de seis meses a três anos, multa e suspensão ou proibição de se obter a permissão ou a habilitação para dirigir veículo automotor.

Parágrafo único. O Poder Executivo federal estipulará a equivalência entre distintos testes de alcoolemia, para efeito de caracterização do crime tipificado neste artigo.

A primeira conclusão a que chegamos é que a propalada "tolerância zero" quanto à alcoolemia no trânsito somente existe em relação à infração administrativa do art. 165, e não ao crime, que admite alguma tolerância, ainda que discutível o critério.

Além disso, a antiga redação não deixava margem para afirmar-se que o crime era de perigo abstrato, pois envolvia dirigir o veículo de forma anormal, causando um risco concreto ao bem jurídico (segurança de outrem), através de condutas como dirigir sobre a calçada, em ziguezague, na contramão. Este também era o entendimento do Superior Tribunal de Justiça, conforme se depreende do Recurso Especial nº 608.078/RS, cujo relator é o Min. Felix Fischer:

O delito de embriaguez ao volante previsto no art. 306 da Lei n.º.503/97, por ser de perigo concreto, necessita, para a sua configuração, da demonstração da potencialidade lesiva. *In casu*, em momento algum restou claro em que consistiu o perigo, razão pela qual se impõe a absolvição do réu-recorrente.

Desta forma, provava-se o perigo mas não havia necessidade da representação da vítima, pois o crime era de ação penal pública incondicionada, e o bem tutelado era a segurança viária, bem coletivo e indisponível. O único instituto despenalizador aplicável, conforme uma leitura combinada entre o então art. 291 do CTB e a Lei nº 9.099/95 permitia a aplicação da transação no caso do crime do art. 306 e nada mais. Na verdade, a política criminal sempre caminhou neste sentido, pois visava a coibir a impunidade. Entretanto, a nova redação do artigo 291, conforme a Lei nº 11.705/08, passou a excluir também a transação bem como qualquer outra medida despenalizadora da Lei nº 9.099/95, se o agente estiver sob influencia de álcool ou outra droga que determine dependência (§1º). Isto vale para qualquer hipótese, seja de perigo (ex. artigo 306), seja de dano (ex. artigo 302). Eis a nova redação:

Art. 291. Aos crimes cometidos na direção de veículos automotores, previstos neste Código, aplicam-se as normas gerais do Código Penal e do Código de Processo Penal, se este Capítulo não dispuser de modo diverso, bem como a Lei nº 9.099, de 26 de setembro de 1995, no que couber.

§ 1º Aplica-se aos crimes de transito de lesão corporal culposa o disposto nos arts. 74, 76 e 88 da Lei nº 9.099, de 26 de setembro de 1995, exceto se o agente estiver:

I – sob a influencia de álcool ou qualquer outra substancia psicoativa que determine dependência;

II – participando, em via pública, de corrida, disputa ou competição automobilística, de exibição ou demonstração de perícia em manobra de veículo automotor, não autorizada pela autoridade competente;

III – transitando em velocidade superior à máxima permitida para a via em 50 km/h (cinquenta quilômetros por hora).

Como se pode constatar com facilidade, o legislador não mencionou o perigo na nova redação do tipo incriminador do art. 306 do CTB (hipóteses como direção anormal ou a colocação em risco da vida e da incolumidade pública), mais uma razão a evidenciar a figura de perigo abstrato, a qual exige prova da conduta incriminada, mas não do perigo causado: um perigo baseado não em mera ficção como pensam alguns, mas sim em probabilidades (regras de experiência) a partir do conhecimento das estatísticas sobre acidentes e mortes no transito relacionados à bebida ou outras drogas, o que a nosso juízo não afronta a Constituição Federal. Nossa divergência reside noutro aspecto. A possível inconstitucionalidade nos crimes de perigo abstrato ocorre quando o legislador utiliza esta técnica de tipificação para fazer valer uma vontade sua sem que esta corresponda a uma lógica ou probabilidade razoável. O legislador, ao definir que 0.6 decigramas de álcool por litro de sangue configuram a embriaguez para efeito de enquadramento penal na figura delitiva do art. 306 do CTB, agiu com arbítrio. Afora toda a problemática que a "prova do bafômetro" enseja e que já foi referida, como saber se a quantidade que leva um indivíduo à embriaguez é 0,5 ou 06, ou 0,7? Para efeitos administrativos, isto é tolerável, pois admite presunções, porém no Direito Penal isto é inadmissível. É sabido de todos que a tolerância ao álcool varia de pessoa para pessoa, e até mesmo em razão do tipo de bebida que se está a consumir, da massa corporal etc. Melhor seria tivesse o legislador deixado a redação anterior, que exigia a direção "sob a influencia" de álcool ou outras drogas, isto sim merecedor de penalização. Evidentemente que só no caso concreto, pelo modo anormal de dirigir, pode-se averiguar se o sujeito está "sob a influencia" de álcool ou outras drogas. E isto é o mais coerente com um Direito Penal da culpabilidade, sem espaço para a responsabilidade objetiva.

Ao considerar-se apenas o valor de 0.6 em si mesmo, estamos diante da arbitrariedade, do crime de resultado de perigo, através do critério abstrato de perigo puro, do qual já falamos. Ademais, este critério (?) adotado pelo legislador acabou conferindo um tratamento jurídico distinto, no mesmo tipo penal, quando tratar-se de álcool e quando tratar-se de outras drogas: no primeiro caso exige uma quantidade mínima de álcool no sangue do motorista, no segundo, a "influencia". Isto significa, inclusive, um tratamento probatório muito distinto entre ambas as hipóteses, dentro do mesmo tipo penal, reitere-se.

Entendemos que ambos os casos deveriam e devem ser tratados com isonomia pelo tipo para que sejam válidos e legítimos à luz da Constituição devendo, portanto, ser lidos com a exigência da "influencia da substancia na direção". Neste sentido:

> Não basta, portanto, a mera ingestão de bebida alcoólica, é necessário que a bebida alcoólica ou substância análoga tenha exercido influencia sobre o condutor do veículo. Se o agente não estiver sob influencia da bebida alcoólica ou da substancia análoga, de forma a perturbar sua capacidade de bem dirigir um veículo, incidirá apenas na infração administrativa de que trata o art. 165 do CTB.[50]

---

[50] Apelação-Crime nº 70012342804, 5ª Câmara Criminal do Tribunal de Justiça RS. Julgado em 27/09/2006 Relatora: Des. Genacéia da Silva Alberton.

Na mesma esteira de entendimento, o Código Penal espanhol de 1995 prevê:

Art. 379: El que condujere un vehículo a motor o un ciclomotor bajo la influencia de drogas tóxicas, estupefacientes, sustancias psicotrópicas o de bebidas alcohólicas será castigado con la pena de prisión de tres a seis meses o multa de seis a 12 meses y, en su caso, trabajos en beneficio de la comunidad de 31 a 90 días y, en cualquier caso, privación del derecho a conducir vehículos a motor y ciclomotores por tiempo superior a uno y hasta cuatro anõs.

O tipo penal espanhol em comento não refere a quantidade de álcool no sangue, pois tem-se muito claro que qualquer índice verificado "deben ser valorado juntamente con otras pruebas que permitan una mayor seguridad en la determinación del efecto de las bebidas alcohólicas y similares en las facultades psíquicas para conducir", pois não basta "el grado de impregnación alcohólica, como la incidencia del mismo, si es que la hubo, en la capacidad para conducir el vehículo de motor."[51] Evidentemente, para fins administrativos, a questão é tratada de outro modo e haverá a infração caso o motorista esteja conduzindo com mais do que 0,5 decigramas de álcool por litro de sangue.

Também vale dizer que a literalidade do art. 379 do Código Penal espanhol não exige a demonstração da colocação em risco concreta, o que não impede a razoabilidade de buscar-se sempre a existência de um perigo mínimo para os bens jurídicos tutelados "para não cairmos no absurdo de castigar o bêbado que dirige, as três da manhã, numa praia deserta". Diz Muñoz Conde[52]:

[...] La solución correcta se deriva de una interpretación teleológica y de otra de índole sistemática, ya que al ser la seguridad del tráfico el bien jurídico protegido y encontrarse este delito situado sistemáticamente en conexión con otros delitos de peligro concreto, debe exigirse por lo menos que se haya creado con el hecho un riesgo para la circulación, aunque no se pongan en peligro concretamente bienes jurídicos individuales.

Ressalvamos, porém que, pelo princípio da legalidade e da taxatividade, e somente no caso do álcool, além da "influencia" (necessária à leitura do tipo como forma de "salvá-lo"), haverá ainda que ser respeitada a exigência mínima de 0.6 decigramas de álcool por litro de sangue.

8. Algumas novas alternativas para os crimes de perigo

Diante de todo o exposto, talvez a melhor forma de resolver-se definitivamente a problemática dos crimes de perigo, desde sua técnica legislativa até sua fundamentação material, seja encontrar-se um novo modelo jurídico para o seu tratamento, já que cada vez mais será necessária a proteção de bens jurídicos difusos e universais, principalmente diante dos riscos, permitidos ou não, com os quais já convivemos diariamente. Apresentamos, assim, um modelo de natureza

---

[51] MUÑOZ CONDE, op. cit., p. 688-689.
[52] Ibid., p. 690.

penal, sustentado pelo professor espanhol Jesus Maria Silva Sánchez, e outro, de natureza híbrida, ficando entre o Direito Administrativo e o Direito Penal, chamado Direito de Intervenção, do professor alemão Winfried Hassemer.

Silva Sánchez[53] adota uma posição moderada nesta discussão. Não deslegitima o Direito Penal como instrumento eficaz nesta nova criminalidade do risco, mas tampouco cede na defesa das garantias, algo desejado por quem sonha com uma "flexibilização" nesta seara. É neste sentido que Silva Sánchez propõe um Direito Penal de duas velocidades, cujo critério é a proporcionalidade entre o alcance das garantias e a severidade das sanções. Assim, teríamos um Direito Penal nuclear (com os princípios do Direito Penal liberal) e outro periférico (com certa "flexibilização" destes princípios, a fim de proteger novas áreas arriscadas e alguns bens coletivos, com menor intensidade garantista e com a cominação de sanções patrimoniais e restritivas de direitos). Neste núcleo periférico poderia, inclusive, haver novas regras de imputação. Mas de forma alguma abrir-se-ia mão de uma instância judicial a aplicar essas penas, até pela capacidade simbólico-comunicativa própria do Direito Penal[54]. Hoje, Silva Sanchez refere (juízo de constatação, e não de sugestão) um Direito Penal de terceira velocidade, muito próximo a um Direito Penal praticamente sem garantias, como pretende o chamado Direito Penal do inimigo. Mas esta é uma outra discussão.

Já para Hassemer, bens jurídicos supraindividuais ameaçados pelos novos riscos tecnológicos deveriam ser protegidos por outro ramo do ordenamento jurídico, e não pelo Direito Penal, o qual deveria ocupar-se apenas daquele núcleo composto por delitos de lesão a clássicos bens jurídicos individuais ou a bens jurídicos supraindividuais, mas estritamente vinculados à pessoa, delitos de perigo concreto graves, com regras de imputação rígidas e princípios de garantia clássicos. Esse novo campo jurídico seria chamado de Direito de Intervenção[55], este seria, pois mais apto e ágil para lidar com as situações da sociedade do risco e ficaria entre o Direito Penal e o Direito Administrativo, entre o Direito Privado e o Direito Público, atuando em matéria de drogas, delitos econômicos e ambientais, de modo prioritariamente preventivo. Admitiria, assim, maior flexibilidade em relação a matérias penais e processuais, teria sanções menos intensas que as tradicionais renunciando, definitivamente, à pena de prisão.[56] Este Direito Interventivo seria compatível com situações de grandes riscos e ameaças, com todas as garantias cabíveis e incorporando obrigações e sanções de outras áreas que podem ser mais eficazes, conforme o fato. Este modelo substituiria o Direito Penal naquelas situações em que este não poderia se imiscuir por suas características próprias, como por exemplo:

---

[53] SILVA SÁNCHEZ, Jesús Maria. *La expansión del Derecho Penal: aspectos de la política criminal en las sociedades postindustriales.* Madrid: Civitas Ediciones, 1999, p. 115-116.

[54] Ibid., p. 126-127.

[55] MACHADO, Marta Rodriguez de Assis. *Sociedade do Risco e Direito Penal: uma avaliação de novas tendências político-criminais.* São Paulo: IBCCrim, 2005, p. 197.

[56] Ibid., p. 197.

> [...] prevenção de danos em tempo hábil, domínio amplo sobre situações de risco em vez da punição pontual de algumas pessoas, imposição de decisões e ações a grupos, coletividades e estruturas ao invés da imputação individual por atos ilícitos, acesso irrestrito a procedimentos de gênese do perigo com possibilidade de atuar sobre eles em vez do emprego da violência como reação a danos consumados, possibilidade de influir em atos preparatórios e de execução de condutas lesivas em vez de punição de alguns indivíduos após o feito.[57]

Enquanto convivermos com os crimes de perigo no seu formato atual bastará lembrar que o próprio tipo penal não prescinde de conceitos eminentemente normativos ou de cláusulas gerais, ou mesmo de tipos abertos como são os casos dos crimes de negligencia e de omissão imprópria. Por isso, a dificuldade que o delito de perigo encontra na prática jurisdicional ou na dimensão pragmática da linguagem não o impede de ser reconhecido como um válido e importante elemento jurídico-penalmente intencionado, correspondendo até mesmo a um segmento ontoantropológico que determina toda a estrutura do Direito Penal[58].

Portanto e já encerrando, o Direito Penal precisa se atualizar e não pode ser descartado nem descartar institutos simplesmente porque novos desafios se impõem, apesar das dificuldades que naturalmente aparecerão sempre pelo caminho.

---

[57] HASSEMER, op. cit , p. 314.
[58] COSTA, op. cit., p. 591-592.

— 3 —

A embriaguez ao volante e as mudanças na esfera criminal

FÁBIO MOTTA LOPES

Professor de Direito Penal da UNISINOS. Mestre em Direitos Fundamentais
(Ulbra). Especialista em Direito Penal e Processo Penal (Ulbra). Professor da
Academia de Polícia do Rio Grande do Sul. Delegado de Polícia.

Sumário: 1. Introdução. 2. Alterações legislativas referentes à embriaguez ao volante. 3. Análise da nova redação do artigo 306 do CTB. 4. O direito ao silêncio e as consequências da recusa aos testes de alcoolemia. 5. A imprestabilidade do bafômetro em matéria criminal. 6. A embriaguez ao volante e os crimes de dano. 7. A retroatividade da lei penal mais benéfica. 8. Considerações finais. 9. Obras consultadas.

1. Introdução

No final de junho de 2008, entrou em vigor a Lei 11.705, que trouxe algumas mudanças substanciais nas normas de trânsito do Brasil, com a finalidade, entre outras, de "impor penalidades mais severas para o condutor que dirigir sob a influência do álcool" (art. 1º). No presente texto, então, ainda que a embriaguez abranja intoxicações agudas e transitórias decorrentes tanto do uso de álcool, quanto de qualquer outra substância que produza no motorista efeitos análogos,[1] voltar-se-á, precipuamente, à análise da questão referente à ingestão de bebidas alcoólicas, por ser a situação mais usual no trânsito e um problema que atinge a todos.

Inicialmente, mostrar-se-ão as principais alterações trazidas pela nova lei. Mesmo que sejam registradas algumas modificações ocorridas no âmbito administrativo e que podem gerar discussões, o objetivo deste artigo é abordar as mudanças que trarão reflexos no âmbito criminal.

---

[1] BARROS, Flávio Augusto Monteiro de. *Direito Penal – Parte Geral.* 5.ed. São Paulo: Saraiva, 2006, p. 374. De acordo com CROCE, Delton; CROCE JÚNIOR, Delton. *Manual de Medicina Legal.* 4.ed. São Paulo: Saraiva, 1998, p. 96, a embriaguez é a "intoxicação alcoólica, ou por substância de efeitos análogos, aguda, imediata e passageira".

Na sequência, analisar-se-á se a quantidade mínima de álcool estabelecida na nova redação do art. 306 do CTB é suficiente para a caracterização da infração penal ou se, além disso, o motorista deve, efetivamente, estar influenciado pela embriaguez.

Adiante, abordar-se-á se o motorista possui o direito de não realizar os testes de alcoolemia (exame de sangue e etilômetro) e se pode sofrer alguma sanção caso haja recusa aos exames. A seguir, verificar-se-á se o bafômetro, equipamento que tem sido bastante usado por policiais e agentes de trânsito durante as fiscalizações, é meio hábil para comprovar a embriaguez na esfera criminal.

Por derradeiro, nos dois últimos tópicos, respectivamente, far-se-á uma análise sobre o conflito aparente de normas que envolve os crimes de perigo e os de dano e acerca da retroatividade da lei penal mais benéfica.

2. Alterações legislativas referentes à embriaguez ao volante

Em 20.06.08, foi publicada a Lei 11.705, que modificou a Lei 9.503/97 – o Código de Trânsito Brasileiro (CTB) – e que está sendo chamada de "Lei Seca".[2]

Tal lei alterou o *caput* do artigo 165, retirando da redação anterior a quantidade de álcool que era exigida (acima de 6 decigramas por litro de sangue) para caracterizar a infração administrativa. Assim, hoje, o simples fato de alguém conduzir o veículo sob influência de álcool, independentemente da quantidade ingerida, já caracteriza infração administrativa no trânsito.[3] Isso também se depreende da redação do *caput* do art. 276, que impõe as penalidades previstas no art. 165 do CTB (multa, suspensão do direito de dirigir por um ano, retenção do automóvel e recolhimento da carteira nacional de habilitação) para quem conduzir veículo automotor com "qualquer concentração de álcool por litro de sangue".

Com a nova redação dada aos parágrafos do art. 277, percebe-se que o CTB impõe ao motorista suspeito de conduzir embriagado veículo automotor ou sob efeito de outra substância de efeitos análogos, como obrigatória, a realização de testes de alcoolemia, exames clínicos, perícia ou outro exame que, por meios técnicos ou científicos, permitam confirmar a embriaguez. Caso o condutor se recuse a se submeter a qualquer dos procedimentos referidos, segundo estabelece o § 3º do art. 277,[4] ser-lhe-ão aplicadas as sanções administrativas previstas no já referido art. 165 do CTB.

---

[2] GOMES, Luiz Flávio. Lei seca (Lei 11.705/2008): exageros, equívocos e abusos das operações policiais. Disponível em: <http://www.lfg.com.br> Acesso em: 02 jul. 2008.

[3] Nova redação do art. 165, *caput*, do CTB: "Dirigir sob a influência de álcool ou de qualquer outra substância psicoativa que determine dependência. Infração: gravíssima. Penalidade: multa (cinco vezes) e suspensão do direito de dirigir por 12 (doze) meses; Medida Administrativa: retenção do veículo até a apresentação de condutor habilitado e recolhimento do documento de habilitação".

[4] "Art. 277. [...] § 3º – Serão aplicadas as penalidades e medidas administrativas estabelecidas no art. 165 deste Código ao condutor que se recusar a se submeter a qualquer dos procedimentos previstos no caput deste artigo".

Na área criminal, surgem duas modificações substanciais no art. 306 do CTB, que trata do crime de embriaguez ao volante: retirou-se do tipo penal a expressa exigência de exposição da incolumidade pública a dano potencial e, para caracterizar a embriaguez alcoólica, se estabeleceu uma concentração mínima de 6 (seis) decigramas de álcool por litro de sangue.

Os testes de alcoolemia, de acordo com o parágrafo único do art. 306 do CTB e com o Decreto 6.488/08, poderão ser feitos através de exames de sangue ou de aparelhos que servem para verificar o ar expelido pelos pulmões. Este Decreto, no seu artigo 2º, fixou a equivalência entre o exame de sangue (concentração mínima de seis decigramas de álcool por litro de sangue) e o etilômetro (três décimos de miligrama por litro de ar expelido dos pulmões).

Cabe referir, outrossim, que a nova lei também trouxe alterações ao art. 291 do CTB, ao transformar o parágrafo único em outros dois. No inciso I do § 1º, vedou os benefícios previstos nos artigos 74 (conciliação), 76 (transação penal) e 88 (representação) da Lei 9.099/95, nos crimes de lesão corporal culposa, ao motorista que estiver embriagado. Dessarte, tais benesses não serão aplicáveis aos crimes de lesão corporal culposa no trânsito se o motorista, além das hipóteses estabelecidas nos incisos II (racha) e III (velocidade excessiva) do § 1º do art. 291 do CTB, estiver "sob a influência de álcool ou qualquer outra substância psicoativa que determine dependência". Além disso, determinou o legislador que a apuração da infração penal, nessas hipóteses, não mais seja feita através de termo circunstanciado, procedimento previsto no art. 69 da Lei 9.099/95, mas mediante inquérito policial (art. 291, § 2º, do CTB).

3. Análise da nova redação do artigo 306 do CTB

O Código de Trânsito, na redação original do art. 306, não exigia para a configuração do delito uma quantidade mínima de álcool (ou de outra substância com efeitos semelhantes) no organismo do motorista. Por outro lado, exigia a exposição da incolumidade pública a perigo, *in verbis*: "Conduzir veículo automotor, na via pública, sob a influência de álcool ou substância de efeitos análogos, expondo a dano potencial a incolumidade de outrem".

A partir da "Lei Seca", porém, conforme exposto no item anterior, passa-se a exigir uma quantidade mínima de álcool para a configuração da infração penal e transforma-se a embriaguez ao volante em crime de perigo abstrato:

Art. 306. Conduzir veículo automotor, na via pública, estando com concentração de álcool por litro de sangue igual ou superior a 6 (seis) decigramas, ou sob a influência de qualquer outra substância psicoativa que determine dependência.

Assim, de acordo com esta nova redação, será atípica a conduta do motorista que estiver com quantidade inferior a 6 (seis) decigramas de álcool por litro de sangue, influenciado ou não pela ingestão de bebidas alcoólicas.

Contudo, uma pergunta se impõe aqui: será suficiente a simples presença desta quantidade para a configuração do delito ou, além disso, o estado de embriaguez deve, efetivamente, influenciar o motorista?

Como visto no tópico anterior, o art. 165 do CTB exige, para a configuração da infração de trânsito, que o motorista dirija "sob a *influência* de álcool ou de qualquer outra substância psicoativa que determine dependência".

Também, de acordo com o inciso I do § 1º do art. 291 do CTB, alguns benefícios previstos na Lei 9.099/95, conforme já exposto, não serão aplicáveis aos crimes de lesão corporal culposa no trânsito se o motorista estiver "sob a *influência* de álcool ou qualquer outra substância psicoativa que determine dependência".

Claro está, pois, que a infração administrativa não se perfaz com o mero uso de álcool ou de substância de efeitos análogos, sendo necessário, portanto, que tais substâncias *influenciem* o motorista. Isso significa que o condutor deve dirigir de maneira imprudente ou anormal,[5] em decorrência da perda do senso de julgamento, provocada pelo uso do álcool ou de substâncias psicoativas que causem dependência. Com isso, se o motorista estiver conduzindo o veículo automotor de forma normal, não haverá transgressão às normas de trânsito.[6]

Aliás, o próprio art. 306 do CTB, quando trata do uso de substâncias psicoativas que causem dependência, exige, sem fixar uma concentração mínima, que determinem *influência* no condutor do veículo. Dessa forma, não faria sentido exigir-se essa influência somente nos casos em que o motorista faça uso de substâncias psicoativas. O que importa, em última análise, é verificar se, além da concentração mínima, dirigia sob influência da embriaguez, estado que pode decorrer tanto do uso de álcool, quanto da utilização de outras drogas de efeitos similares.

Como se não bastasse, o art. 7º da Lei 11.705/08 alterou a Lei 9.294/96, acrescentando nela o art. 4º-A, com a seguinte redação: "Na parte interna dos locais em que se vende bebida alcoólica, deverá ser afixado advertência escrita de forma legível e ostensiva de que é crime dirigir sob a influência de álcool, punível com detenção".

Assim, em uma interpretação sistemática do CTB, deve-se chegar à conclusão de que essa exigência também deve ser feita no crime de embriaguez ao volante. Se para a configuração da infração administrativa deve o motorista estar sob a *influência* de álcool ou de qualquer outra substância entorpecente, não haveria razão lógica para se exigir, com relação ao crime de embriaguez ao volante, situação mais grave que a transgressão administrativa, tão somente a presença de

---

[5] São exemplos de direção anormal os seguintes: excesso de velocidade, ziguezague, ultrapassagens em locais proibidos, trafegar na contramão, dar "cavalo de pau", cruzar no sinal vermelho, não manter a distância suficiente do veículo da frente, subir com o carro em calçadas, colisão em outro veículo etc.

[6] Nesse sentido: GOMES, Luiz Flávio. Embriaguez ao volante (Lei 11.705/2008): exigência de perigo concreto indeterminado. Disponível em: <http://www.lfg.com.br> Acesso em: 02 jul. 2008.

6 (seis) decigramas de álcool por litro de sangue. É necessário que, além dessa quantidade mínima, o uso do álcool ou das substâncias de efeitos análogos cause, efetivamente, alterações no comportamento do condutor,[7] retirando-lhe, por exemplo, o senso de decisão quando estiver na direção de veículo automotor, fazendo com que dirija de maneira anormal.

Cabe referir, ainda, que não se compreende as razões que levaram o legislador a criar um tipo de perigo abstrato, com a finalidade de punir criminalmente quem não gera qualquer perigo concreto aos demais motoristas e aos pedestres. O simples fato de alguém dirigir embriagado, sem expor, no entanto, a dano potencial a coletividade, é circunstância que poderia ser resolvida, tranquilamente, no âmbito administrativo, com severas multas aos motoristas infratores, não havendo necessidade de se banalizar o Direito Penal.

Para Callegari, essa mudança representa um retrocesso do legislador, levando-se em conta a natureza material da ilicitude e a visão moderna do Direito Penal, que implica não só considerar o desvalor da ação, mas, também, o desvalor do resultado.[8] Delmanto, aliás, entende que a responsabilização criminal de quem não exponha a incolumidade de outrem, ao menos, a dano potencial fere o princípio da ofensividade, registrando que "não se admite em Direito Penal a punição de alguém por um perigo abstrato, presumido, hipotético, exigindo-se seja o perigo *concreto, real* e *efetivo.*[9]

4. O direito ao silêncio e as consequências da recusa aos testes de alcoolemia

A Constituição Federal, no art. 5º, LXIII, assegura ao preso o direito de permanecer calado. Apesar de o texto constitucional fazer menção apenas a *preso*, tal direito se estende a qualquer investigado, mesmo que esteja solto.[10]

---

[7] De acordo com cartilha distribuída pela Sociedade Brasileira de Ortopedia e Traumatologia ("Recomendações dos Ortopedistas Brasileiros da SBOT para Redução de Riscos no Trânsito"), as alterações de comportamento, em razão do uso de bebidas alcoólicas ou drogas, causam, v.g., menor controle sobre o corpo, perda da noção de profundidade, visão turva e retardamento no tempo de reação (frenagem). Em síntese, perde o motorista a capacidade sensorial, restando diminuídos os seus reflexos e a sua concentração.

[8] CALLEGARI, André Luis. "Delito de perigo abstrato: um retrocesso no Código de Trânsito Brasileiro". *Boletim do IBCCRIM*, São Paulo, ano 16, n. 189, ago. 2008, p. 14.

[9] DELMANTO, Roberto. "As inconstitucionalidades da lei seca". Boletim do IBCCRIM, São Paulo, ano 16, n. 189, ago. 2008, p. 18. Na mesma linha: GOMES, Embriaguez ao volante ..., artigo citado.

[10] QUEIJO, Maria Elizabeth. *O direito de não produzir prova contra si mesmo: o princípio nemo tenetur se detegere e suas decorrências no processo penal.* São Paulo: Saraiva, 2003, p. 106; GRINOVER, Ada Pellegrini; FERNANDES, Antonio Scarance; GOMES FILHO, Antonio Magalhães. *As Nulidades no Processo Penal.* 8.ed. São Paulo: RT, 2004, p. 96-7; SAAD, Marta. *O Direito de Defesa no Inquérito Policial.* São Paulo: RT, 2004, p. 289; COUCEIRO, João Cláudio. *A Garantia Constitucional do Direito ao Silêncio.* São Paulo: RT, 2004, p. 185; LOPES JÚNIOR, Aury. *Sistemas de Investigação Preliminar no Processo Penal.* 4.ed. Rio de Janeiro: Lumen Juris, 2006, p. 371; MORAES, Maurício Zanoide de; MOURA, Maria Thereza Rocha de Assis. "Direito ao Silêncio no Interrogatório". *Revista Brasileira de Ciências Criminais*, São Paulo, n. 6, abr.-jun. 1994, p. 136.

Como regra, essa é uma garantia do processo penal, não se aplicando, *a priori*, durante fiscalizações no trânsito.[11] No caso específico, porém, os testes de alcoolemia realizados durante fiscalização administrativa, inexoravelmente, produzirão reflexos na esfera criminal, como prova emprestada, motivo pelo qual os motoristas estarão protegidos pelo direito ao silêncio desde o momento da abordagem feita por policiais ou agentes de trânsito.

Sabidamente, o direito ao silêncio é uma garantia que decorre da ampla defesa, que se consubstancia na defesa técnica e na autodefesa.[12] O direito de defesa compreende, destarte, a assistência de advogado (defesa técnica) e a possibilidade de o imputado defender-se pessoalmente (autodefesa).[13] A autodefesa, por sua vez, poderá ser positiva (direito de presença e audiência) e negativa (direito ao silêncio).[14]

Quando se fala em autodefesa negativa, está-se assegurando aos investigados o direito ao silêncio, que engloba a garantia de que ninguém é obrigado a produzir prova contra si mesmo. O direito ao silêncio é, portanto, uma manifestação do princípio *nemo tenetur se deterege*. Isso significa, conforme explica Lopes Júnior, que o "sujeito passivo não pode sofrer nenhum prejuízo jurídico por omitir-se de colaborar em uma atividade probatória de acusação".[15]

Assim, mesmo que se esteja, em um primeiro momento, diante de imposições no âmbito do Direito Administrativo, não estará o motorista obrigado a se submeter aos testes de alcoolemia, pois tal medida poderá trazer-lhe prejuízos no campo criminal. Somente para ficar em um exemplo, registre-se que o motorista, ao soprar o bafômetro, poderá ser preso em flagrante logo após o teste. Ainda que o bafômetro não seja meio capaz para demonstrar a presença de álcool no sangue, como se mostrará no próximo tópico, tem sido considerado por boa parte dos profissionais do Direito como prova suficiente para prisões em flagrante e, até mesmo, condenações.

Em suma, não se poderá impor ao condutor que participe de maneira positiva na produção de prova contra ele próprio. Em respeito ao princípio da não autoincriminação, não será obrigado a colaborar ativamente soprando o bafômetro ou fornecendo sangue para exame laboratorial,[16] somente sendo possível a coleta de sangue quando houver autorização do motorista[17] ou quando a polícia judiciária, ainda que sem o consentimento do condutor, coletar amostras de sangue encon-

---

[11] COUCEIRO, op. cit., p. 262.

[12] SAAD, op. cit., p. 225-9; FERNANDES, Antonio Scarance. *Processo Penal Constitucional*. 3.ed. São Paulo: RT, 2002, p. 270; GRINOVER et al., op. cit., p. 92.

[13] PICÓ i JUNOY, Joan. *Las Garantías Constitucionales del Proceso*. Barcelona: José Maria Bosch Editor, 1997, p. 103.

[14] GRINOVER *et al.*, op. cit., p. 93.

[15] LOPES JÚNIOR, op. cit., p. 343.

[16] GRINOVER *et al.*, op. cit., p. 158.

[17] CAPEZ, Fernando; GONÇALVES, Victor Eduardo Rios. *Aspectos Criminais do Código de Trânsito Brasileiro*. São Paulo: Saraiva, 1999, p. 45.

tradas, por exemplo, no local do acidente. Nesta segunda hipótese, é importante registrar que a coleta do material não ocorre de forma invasiva, restando preservada a dignidade do investigado. Igualmente, não há violação a qualquer outro direito fundamental do motorista. Assim, a prova da embriaguez que for obtida dessa forma deve ser considerada como lícita.[18]

Não sendo, então, o motorista obrigado a produzir prova contra si mesmo, não se pode impor a ele qualquer sanção administrativa, pois estará exercendo regularmente um direito. Dessa forma, a imposição de penalidades administrativas, em tal caso, é inconstitucional.[19]

Na Espanha, a respeito do assunto, o Tribunal Constitucional, na STC 197, de 21.12.95, já decidiu que o direito ao silêncio também se estende aos procedimentos destinados a aplicação de sanções administrativas.[20] No Brasil, diante da Constituição Federal, não se pode chegar, ademais, a outra conclusão.

Como bem lembra Callegari, o direito de defesa já se aplica no momento em que o motorista sofre a abordagem policial, ainda que não haja "a imputação formal de um delito", pois a prova colhida na polícia pode levar à imputação judicial, restando ferido o princípio constitucional da presunção de inocência caso se obrigue o motorista a submeter-se, sob coação, aos testes de alcoolemia.[21]

Além disso, não se pode olvidar que a Constituição Federal (art. 5º, inciso LV) assegura a ampla defesa – que congrega, como visto, o direito ao silêncio – aos litigantes em processo administrativo e aos *acusados em geral*. Essa diretriz também é seguida pelo CTB, que estabelece, no art. 265, que deve ser assegurado ao infrator amplo direito de defesa para a suspensão do direito de dirigir e cassação da carteira de habilitação, duas das penalidades, aliás, previstas no referido art. 165 do CTB. Assim, claro está que o motorista, desde o momento em que é abordado por policiais ou agentes de trânsito, não poderá ser submetido, contra a sua vontade, aos testes de alcoolemia, em obediência ao direito ao silêncio, que decorre da ampla defesa.

Também não se caracteriza, caso o motorista se recuse a se submeter aos testes de alcoolemia, o crime de desobediência (art. 330 do CP), porque, como já dito, o motorista estará exercendo um direito constitucional.[22] Entretanto, ainda que se admita para efeitos de argumentação que não possua tal direito, não poderá o condutor responder pelo crime de desobediência. No presente caso, existem

---

[18] A respeito do assunto, confiram-se os seguintes autores: PACELLI, Eugênio Pacelli de. *Curso de Processo Penal*. 4.ed. Belo Horizonte: Del Rey, 2005, p. 318; GOMES, Luiz Flávio. "Caso Roberta Jamilly: Prova Válida". Disponível em: <http://www.ielf.com.br> Acesso em: 30 jun. 2003; LOPES, Fábio Motta. *Os Direitos de Informação e de Defesa na Investigação Criminal*. Porto Alegre: Livraria do Advogado, 2009, p. 157-8.

[19] DELMANTO, Roberto. "As inconstitucionalidades da lei seca". *Boletim do IBCCRIM*, São Paulo, ano 16, n. 189, ago. 2008, p. 18; GOMES, *Lei seca ...*, artigo citado.

[20] COUCEIRO, op. cit., p. 272, nota 124.

[21] CALLEGARI, André Luís. "A inconstitucionalidade do teste de alcoolemia e novo código de trânsito". *Boletim do IBCCRIM*, São Paulo, n. 66, maio 1998, p. 12-3.

[22] DELMANTO, artigo citado, p. 18; GOMES, Lei seca ..., *artigo citado*.

sanções administrativas – inaplicáveis, repita-se, em obediência à CF – previstas para a hipótese de recusa (art. 277, § 3º, c/c art. 165, ambos do CTB), sem que o legislador fizesse qualquer ressalva com relação à possibilidade de se acumular com sanções penais, exigência da doutrina e da jurisprudência para a configuração do crime de desobediência.[23] Com isso, esta situação já seria suficiente para afastar a possibilidade de se responsabilizar criminalmente, pelo delito de desobediência, o motorista que não concorda com a realização dos testes de alcoolemia.

No entanto, o motorista não poderá recusar-se ao exame clínico, por ser passiva sua eventual colaboração em tal ato.[24] Contudo, de acordo com a atual redação do art. 306 do CTB, é impossível ao médico, através desse exame, constatar a presença de, no mínimo, 6 dg de álcool por litro de sangue, como exige o novo tipo penal.[25] Da mesma forma, também será insuficiente a prova testemunhal, que era utilizada, anteriormente, para confirmar a embriaguez.

Antes da Lei 11.705/2008, quando o motorista se recusava a se submeter ao teste do bafômetro (ou ao exame de sangue), no exercício regular de um direito, havia outros meios de provas válidos para a comprovação da embriaguez. Por expressa disposição legal,[26] o motorista podia ser submetido, mesmo que compulsoriamente, a exame clínico. Além disso, após a Lei 11.275/2005, também se passou a admitir como meio de prova da embriaguez, inclusive, os relatos dos agentes de trânsito que realizavam a abordagem do motorista.[27]

O grande problema que agora surge, após as mudanças trazidas pela Lei 11.705/2008, repise-se, é que se estabeleceu uma dosagem mínima de álcool por litro de sangue para a caracterização do crime previsto no art. 306 do CTB. Assim, ainda que seja possível a submissão compulsória do motorista ao exame

---

[23] Na doutrina: NUCCI, Guilherme de Souza. *Código Penal Comentado*. 8.ed. São Paulo: RT, 2008, p. 1.086-7; GRECO, Rogério. *Código Penal Comentado*. Niterói: Impetus, 2008, p. 1.314-5. Na jurisprudência: STF, 6ª Turma. HC 88.452/RS. Relator: Min. Eros Grau. 02 de maio de 2006. In: DJU 19.05.2006, p. 43; STJ, 5ª Turma. HC 92.655/ES. Relator: Min. Napoleão Nunes Maia Filho. 18 de dezembro de 2007. In: DJU 25.02.2008, p. 352; STJ, 5ª Turma. RHC 19.661/MS. Relator: Min. Arnaldo Esteves Lima. 22 de agosto de 2006. In: DJU 18.09.2006, p. 339; STJ, 6ª Turma. RHC 15.596/SP. Relator: Min. Hamilton Carvalhido. 16 de dezembro de 2004. In: DJU 28.02.2005, p. 370; STJ, 5ª Turma. RHC 14.490/MG. Relator: Min. Gilson Dipp, 16 de março de 2004. In: DJU 19.04.2004, p. 210.

[24] LOPES, op. cit., p. 156; SAAD, op. cit., p. 302.

[25] TJRS, 3ª Câmara Criminal. RSE 70026084269. Relatora: Des. Elba Aparecida Nicolli Bastos. 16 de outubro de 2008. Disponível em: <http://www.tj.rs.gov.br> Acesso em: 17 nov. 2008.

[26] "Art. 277 – Todo condutor de veículo automotor, envolvido em acidente de trânsito ou que for alvo de fiscalização de trânsito, sob suspeita de dirigir sob a influência de álcool será submetido a testes de alcoolemia, *exames clínicos*, perícia ou outro exame que, por meios técnicos ou científicos, em aparelhos homologados pelo CONTRAN, permitam cientificar seu estado".[grifou-se]

[27] "Art. 277, § 2° – No caso de recusa do condutor à realização dos testes, exames e da perícia previstos no *caput* deste artigo, a infração poderá ser caracterizada mediante a obtenção de outras provas em direito admitidas pelo agente de trânsito acerca dos notórios sinais de embriaguez, excitação ou torpor, resultantes do consumo de álcool ou entorpecentes, apresentados pelo condutor". Após a Lei 11.705/08, no entanto, a redação do § 2° passou a ser a seguinte: "A infração prevista no art. 165 deste Código poderá ser caracterizada pelo agente de trânsito mediante a obtenção de outras provas em direito admitidas, acerca dos notórios sinais de embriaguez, excitação ou torpor apresentados pelo condutor".

clínico[28] ou que haja prova testemunhal no sentido de que esteja embriagado, não poderão os médicos e as testemunhas, respectivamente, atestarem que o condutor esteja "com concentração de álcool por litro de sangue igual ou superior a 6 (seis) decigramas", nova exigência para a configuração do crime.

Já para as demais substâncias psicoativas (lícitas ou ilícitas) que determinem dependência, como a maconha e a cocaína, por exemplo, não se exige uma concentração mínima no organismo do motorista, bastando que esteja "sob influência" dessas outras drogas. ·

5. A imprestabilidade do bafômetro em matéria criminal[29]

Subidamente, a embriaguez é uma intoxicação produzida pelo álcool ou por substâncias de efeitos análogos que deixa vestígios. Dessa forma, de acordo com o art. 158 do CPP, torna-se indispensável o exame de corpo de delito, devendo o estado etílico ser demonstrado por especialistas, ou seja, por perito oficial (art. 159, *caput*, do CPP) ou, na sua ausência, por dois peritos nomeados, com curso superior e, preferencialmente, com conhecimento técnico na área (art. 159, §§ 1º e 2º, do CPP). Portanto, não podem os policiais ou agentes de trânsito, que não são *experts* e que não foram nomeados como peritos – até porque nem sempre são portadores de diploma de nível superior –, demonstrar a embriaguez com a utilização do etilômetro (bafômetro).

É importante salientar, outrossim, que as alterações ao CTB em nada mudaram as exigências para a realização de provas periciais. Percorrem-se os dispositivos modificados e não se verifica qualquer autorização para emprego do bafômetro sem observância aos critérios exigidos pelo CPP para a realização de perícias. E isso, aliás, nem poderia ocorrer, sob pena de se criar na área criminal uma única prova – que, a rigor, deve ser técnica – capaz de ser produzida por leigos, permitindo-se, destarte, uma disparidade processual com relação aos exames de corpo de delito e às perícias em geral.

Além do mais, como o motorista não está obrigado a produzir prova contra si mesmo, deve ser avisado sobre tal direito antes de ser submetido aos testes de alcoolemia. Inobservada tal garantia, deverá o resultado do bafômetro, tão somente pelo fato de não se assegurar ao condutor o direito de informação, ser considerado como prova ilícita (art. 5º, LVI, da CF, e art. 157, *caput* e §§, do CPP).

Mas não é só isso. Três outras questões envolvendo o uso do etilômetro são bastante sérias e capazes de invalidar o resultado do teste.

---

[28] Nesse sentido: LEON, Altair Ramos; MULLER, Walter Martins. "Bafômetro: exame obrigatório ou não?". *Boletim do IBCCRIM*, São Paulo, nº 66, maio 1998, p. 10; CALLEGARI, André Luís. *Imputação Objetiva, Lavagem de Dinheiro e Outros Temas de Direito Penal*. 2.ed. Porto Alegre: Livraria do Advogado, 2004, p. 176; GOMES, Lei seca ..., artigo citado.

[29] A respeito do assunto, cf. CALLEGARI, André Luís; LOPES, Fábio Motta. "A imprestabilidade do bafômetro como prova no Processo Penal". *Boletim do IBCCRIM*, São Paulo, n. 191, p. 8, out. 2008.

A primeira delas diz respeito à falibilidade do exame.[30] Recentemente, dois aparelhos que estavam sendo utilizados pelo policiamento em Passo Fundo/RS estragaram.[31] Ainda que a matéria veiculada na imprensa não tenha apontado as reais causas do estrago dos equipamentos, isso é um fator secundário. Se os etilômetros estragaram é porque, obviamente, apresentaram problemas, motivo por que não poderiam servir como prova da materialidade para homologação de prisões em flagrante, muito menos para condenações, circunstâncias que podem ter ocorrido naquele município e que vem acontecendo em tantos outros.

O segundo aspecto preocupante é que, no relatório que é impresso depois do teste, não existe menção de que foi constatada a concentração de *álcool* por litro de ar expelido dos pulmões, sendo defesa, em matéria processual penal, qualquer presunção nesse sentido.

O terceiro fator diz respeito à realização de uma "perícia" sem contraprova. Quanto a este último aspecto, motoristas estão sendo submetidos, já faz algum tempo, a processos criminais, com ingresso na esfera do injusto penal, sem qualquer possibilidade de defesa, nem de contestação acerca do resultado do exame.[32]

Mas ainda existe outro problema (não menos importante) referente ao uso do bafômetro. Segundo expõe Peluso, o art. 306 do CTB é expresso no sentido de que o crime só se caracteriza se houver concentração de, no mínimo, 6 (seis) decigramas de álcool por litro de *sangue*, não sendo o bafômetro, em respeito ao princípio da legalidade, equipamento adequado para tal constatação, tendo em vista que somente evidencia a quantidade de álcool por litro de *ar* expelido pelos pulmões.[33]

Poder-se-ia sustentar, no entanto, que o parágrafo único do art. 306 do CTB estabeleceu a possibilidade da adoção de critérios de equiparação entre os testes de alcoolemia, circunstância que foi regulamentada através do Decreto 6.488/08, que reconheceu, no art. 2º, a equivalência entre três décimos de miligrama de álcool por litro de ar expelido dos pulmões (inciso II) e seis decigramas de álcool por litro de sangue (inciso I).

Ocorre, todavia, que o tipo penal previsto no *caput* é fechado. Traz, na realidade, uma descrição completa, não necessitando de nenhum complemento em outro texto legal. De acordo com Zaffaroni e Pierangeli, nos tipos fechados, ao contrário do que acontece nos abertos, "a conduta proibida pode ser perfeitamen-

---

[30] CALLEGARI, *Imputação Objetiva, Lavagem de Dinheiro e Outros Temas de Direito Penal*, cit., p. 174.

[31] Cf. Jornal O Nacional, de Passo Fundo/RS, de 18.07.2008, cujo título da matéria é o seguinte: "Bafômetros: dois aparelhos apresentam problemas e Brigada Militar busca apoio da Polícia Rodoviária Federal". Disponível em: <http://www.onacional.com.br/v2-noticias.asp?ID=18310&idcat=9> Acesso em: 11.11.2008.

[32] CALLEGARI, *Imputação Objetiva, Lavagem de Dinheiro e Outros Temas de Direito Penal*, cit., p. 174. Aliás, para OLIVEIRA, op. cit., p. 316, que até sustenta que tal teste não viola o direito ao silêncio, o bafômetro deve ser criticado por questões técnicas, no plano da qualidade e da idoneidade de sua eficácia probatória.

[33] PELUSO, Vinicius de Toledo Piza. "O crime de embriaguez ao volante e o 'bafômetro': algumas observações". *Boletim do IBCCRIM*, São Paulo, n. 189, ago. 2008, p. 16.

te individualizada sem que haja necessidade de recorrer-se a outros elementos além daqueles fornecidos pela própria lei penal no tipo".[34] Ao contrário das leis penais incompletas (normas penais em branco e os tipos penais abertos), que devem ser complementadas por outra lei, por ato administrativo ou pelo próprio magistrado quando analisa o caso concreto, como acontece, por exemplo, nos crimes culposos e nos omissivos impróprios, a situação prevista como crime no artigo sob análise está definida de forma completa (lei penal completa), deixando o legislador claro o comportamento delituoso.[35]

Com isso, não se tem dúvida de que a nova redação respeita o princípio da reserva legal ou da legalidade. De acordo com Toledo, tal princípio impõe a taxatividade, que exige lei certa, ou seja, "clareza dos tipos" penais, que não podem ser genéricos, vazios.[36] A taxatividade, nos dizeres de Prado, impõe ao legislador a elaboração de lei "suficientemente clara e precisa na formulação do conteúdo do tipo legal".[37] E isso é obedecido, perfeitamente, no art. 306 do CTB, não exigindo qualquer complemento para se verificar o que significa a "concentração de álcool por litro de sangue", redação suficientemente clara, determinada (*lex certa*).

Assim, correta a linha no sentido de que a única forma disponível para demonstrar a presença de *álcool por litro de sangue*, com o perdão da redundância, é através do *exame de sangue*,[38] sob pena de se ferir o princípio da reserva legal.

6. A embriaguez ao volante e os crimes de dano

Os tipos penais, entre outras classificações, subdividem-se em crimes *de perigo* e em crimes *de dano* ou *de lesão*. Segundo lição de Toledo, os crimes de dano são aqueles que causam lesão efetiva ao bem jurídico tutelado, enquanto os de perigo são os que levam a uma "potencialidade de lesão, realizável ou não".[39] Prado, por sua vez, afirma que, no crime de dano, se exige "uma lesão efetiva do bem jurídico"; no de perigo, porém, "basta a existência de uma situação de perigo" ao bem jurídico protegido.[40]

Dito isso, resta esclarecer que o delito de embriaguez ao volante é um crime de perigo, enquanto os de lesão corporal culposa no trânsito (art. 303 do CTB)

---

[34] ZAFFARONI, Eugenio Raúl; PIERANGELI, José Henrique. *Manual de Direito Penal Brasileiro. Parte Geral.* 7.ed. São Paulo: Revista dos Tribunais, 2007, p. 386.

[35] A respeito dos tipos fechados e abertos, conferir também: GRECO, Rogério. *Curso de Direito Penal – Parte Geral.* 9.ed. Niterói: Impetus, 2007; BARROS, op. cit., p. 30; TOLEDO, Francisco de Assis. *Princípios Básicos de Direito Penal.* 5.ed. São Paulo: Saraiva, 1994, p. 136-7.

[36] TOLEDO, op. cit., p. 29.

[37] PRADO, Luiz Regis. *Curso de Direito Penal Brasileiro. Parte Geral.* 4.ed. São Paulo: RT, 2004, v. I, p. 135.

[38] Conforme divulgou o *Jornal Zero Hora*, na edição de 12.09.2008, na p. 59, também é essa a conclusão de Andrea Hoch Cenne, Juíza de Direito que atua na Comarca de Cruz Alta/RS.

[39] TOLEDO, op. cit., p. 143.

[40] PRADO, op. cit., p. 240-1. Cf., ainda, ZAFFARONI e PIERANGELI, op. cit., p. 483-4.

e de homicídio culposo no trânsito (art. 302 do CTB), por atingirem, respectivamente, a integridade física e a vida, são tipos de dano.

Em 2006, através da Lei 11.275, o legislador, alterando a redação original do Código de Trânsito, acrescentou o inciso V ao parágrafo único do art. 302, *in verbis*: "Parágrafo único – No homicídio culposo cometido na direção de veículo automotor, a pena é aumentada de um terço à metade, se o agente: [...] V – estiver sob a influência de álcool ou substância tóxica ou entorpecente de efeitos análogos". Dessa forma, se o motorista embriagado, na direção de veículo automotor, cometesse homicídio culposo, responderia pelo crime previsto no art. 302 do CTB, com a incidência dessa causa de aumento de pena. Essa circunstância, por força do parágrafo único do art. 303, também se estendia ao crime de lesão corporal culposa no trânsito.[41]

Agora, com o advento da Lei 11.705/08, o inciso V do art. 302 foi revogado, talvez com a intenção de se possibilitar o concurso de crimes entre a embriaguez ao volante e a lesão corporal culposa ou o homicídio culposo. Mas, afinal, isso será possível?

Ainda que a intenção do legislador com a reforma fosse essa, tem-se como inviável tal situação, tendo em vista que os crimes de dano (artigos 302 e 303 do CTB) absorvem os crimes de perigo (art. 306 do CTB).[42] É verdade que existem decisões, inclusive do STJ, reconhecendo a possibilidade de concurso entre tais infrações penais, sob argumento de serem distintos os bens jurídicos protegidos.[43] Contudo, ainda que se reconheça que o objeto jurídico tutelado no crime de embriaguez ao volante seja a segurança viária, protege-se, na realidade, a vida e a saúde dos pedestres, dos motoristas e dos passageiros. Quer-se deixar claro, aqui, que não existe como pensar em proteção à segurança no trânsito sem que se busque a preservar, em última análise, a vida (bem tutelado no art. 302 do CTB) e integridade física das pessoas (bem tutelado no art. 303 do CTB). Assim, deve o delito de embriaguez ao volante restar absorvido pelos crimes de dano, por protegerem idênticos bens jurídicos.[44]

---

[41] Nesse sentido, cf. COSTA, Leonardo Luiz de Figueiredo. "A alteração da embriaguez ao volante e o crime de lesões corporais na direção de veículo automotor – reflexos da Lei n. 11.275/06". *Boletim do IBCCRIM*, São Paulo, ano 14, n. 164, p. 19, jul. 2006.

[42] Nesse sentido: NUCCI, Guilherme de Souza. *Leis Penais e Processuais Penais Comentadas*. São Paulo: RT, 2006, p. 845; PRADO, op. cit., p. 216; EBERHARDT, Marcos; SILVA, Davi André Costa. *Leis Penais e Processuais Penais Comentadas*. Porto Alegre: Verbo Jurídico, 2008, p. 262-3; CAPEZ e GONÇALVES, op. cit., p. 47.

[43] STJ, HC 76.566/PA. Relator: Min. Napoleão Nunes Maia Filho. 13 de setembro de 2007. In: DJ 08.10.07, p. 333; STJ, RHC 19.044. Relator: Min. Paulo Medina. 18 de maio de 2006. In: DJ 01.08.06, p. 546. Nesta última decisão, entendeu o STJ que a embriaguez ao volante é crime autônomo, punido com pena mais grave que a lesão corporal no trânsito, motivo pelo qual não pode ser por ela absorvido, não se aplicando o princípio da consunção. Em sentido contrário, porém, entendendo que o homicídio culposo absorve a embriaguez ao volante: STJ, REsp 629.087/MG. Relator: Min. José Arnaldo da Fonseca. 07 de abril de 2005. In: DJ 09.05.05, p. 462.

[44] Conforme CAPEZ e GONÇALVES, op. cit., p. 42, a embriaguez ao volante possui como objetos jurídicos a segurança viária (principal) e os direitos à vida e à saúde (secundários).

7. A retroatividade da lei penal mais benéfica

De acordo com o art. 5º, XL, da CF, a lei penal que for mais benéfica ao réu deverá retroagir para contemplá-lo. Semelhante disposição existe no parágrafo único do artigo 2º do CP, *in verbis*: "A lei posterior, que de qualquer modo favorecer o agente, aplica-se aos fatos anteriores, ainda que decididos por sentença condenatória transitada em julgado".

Como visto no tópico 3, o Código de Trânsito passou a exigir que o motorista esteja com uma concentração mínima de 6 decigramas de álcool por litro de sangue para a configuração do crime de embriaguez ao volante.

Dessa forma, outra discussão que também surgiu com a alteração ao art. 306 do CTB é se tal situação retroagirá para beneficiar os réus que estejam respondendo a processos criminais ou que já tenham sido condenados por embriaguez ao volante, sem a prova de que estivessem com a concentração mínima referida.

De fato, a nova lei tornou atípica a conduta de quem esteja dirigindo veículo automotor em via pública com quantidade de álcool inferior a seis decigramas por litro de sangue, ainda que a intenção do legislador fosse agravar a situação de quem fosse flagrado bêbado na direção de veículo automotor. Com isso, de acordo com o art. 5º, XL, da CF e com o art. 2º, parágrafo único, do CP, a nova lei, por ser mais favorável ao réu nesse aspecto, deverá retroagir para beneficiá-lo, estando ou não o processo criminal encerrado. Da mesma maneira, eventuais procedimentos policiais em andamento deverão ser arquivados, haja vista que tal benefício também deve contemplar os investigados.[45]

Essa é a linha que já está sendo adotada pelo Tribunal de Justiça do Rio Grande do Sul nos últimos julgados. Com base no art. 5º, XL, da CF e do art. 2º, parágrafo único, do CP, o TJRS vem decidindo que a nova lei retroage para beneficiar todos aqueles motoristas que estão respondendo a processos criminais ou que foram condenados por embriaguez ao volante sem demonstração da quantidade mínima (6 dg de álcool por litro de sangue) exigida pela atual redação do art. 306 do CTB.[46]

8. Considerações finais

Cabe referir, por derradeiro, que não se está apregoando a impunidade de quem, embriagado ao volante, provoca verdadeiras chacinas no trânsito brasileiro, mas que as carnificinas em vias públicas podem ser evitadas, tranquilamente,

---

[45] Nessa linha: PAGLIUCA, José Carlos Gobbis. *Breves considerações sobre o art. 306 do Código de Trânsito.* Disponível em: <http://www.ibccrim.org.br> Acesso em: 13 nov. 2008.

[46] TJRS, 3ª Câmara Criminal. RSE 70026084269. Relatora: Des. Elba Aparecida Nicolli Bastos. 16 de outubro de 2008; TJRS, 1ª Câmara Criminal. Apelação Crime 70026202069. Relator: Des. Marco Antônio Ribeiro de Oliveira. 08 de outubro de 2008; TJRS, 1º Grupo de Câmaras Criminais. Embargos Infringentes 70021768551. Relatora: Des. Laís Rogéria Alves Barbosa. 03 de outubro de 2008. Disponíveis em: <http://www.tj.rs.gov.br> Acesso em: 03 dez. 2008.

com educação, com permanente fiscalização – principal fator que fez baixar, nos primeiros dias após a alteração ao CTB, o número de acidentes com vítimas fatais no Brasil – e com respeito às normas constitucionais.

Também não se afirmou no texto, em momento algum, que nunca será possível submeter-se o motorista sob suspeita de dirigir embriagado, mesmo contra a sua vontade, a exames de alcoolemia, por não ser a garantia ao silêncio um direito absoluto. Para isso, no entanto, deve haver uma legislação que regulamente o assunto de forma detalhada, possibilitando, por exemplo, a intervenção corporal, com base na ponderação de valores, quando não houver risco à sua saúde e quando for feita por médico, mediante autorização judicial.[47]

Outra solução possível é a não fixação na legislação de uma quantidade mínima de álcool para a caracterização do crime de embriaguez ao volante, mas que se estabeleça como suficiente para a infração penal "dirigir sob influência de álcool", como previa a redação original do art. 306 do CTB. Dessa maneira, como visto ao longo do texto, poderá o motorista ser submetido, compulsoriamente, a exame clínico, momento em que médicos, profissionais habilitados para isso, poderão comprovar a embriaguez. Além do mais, voltando-se ao texto anterior, ainda se poderá valer da prova testemunhal para corroborar a embriaguez do condutor de veículo automotor, conforme vinham decidindo os tribunais.[48]

Por fim, até se poderia cogitar em acrescentar na atual redação do artigo 306 do CTB, para aceitação dos testes envolvendo o emprego de etilômetros, a seguinte expressão: "ou concentração de álcool igual ou superior a três décimos de miligrama por litro de ar expelido dos pulmões". Todavia, em razão dos problemas apresentados com relação ao uso de bafômetros, não se vê essa possibilidade como uma medida adequada, preferindo-se uma das duas outras soluções apresentadas. Para isso, no entanto, urge que o parlamento proceda às necessárias alterações legislativas, sob pena de não se conseguir demonstrar a embriaguez daqueles motoristas que não queiram se submeter aos exames de sangue.

9. Obras consultadas

BARROS, Flávio Augusto Monteiro de. *Direito Penal – Parte Geral.* 5.ed. São Paulo: Saraiva, 2006, v. 1.

CALLEGARI, André Luís. "A inconstitucionalidade do teste de alcoolemia e novo código de trânsito". In: *Boletim do IBCCRIM.* São Paulo, n. 66, maio 1998, p. 12-3.

---

[47] Nesse sentido: LOPES JÚNIOR, *Sistemas de Investigação Preliminar no Processo Penal.* 4.ed. Rio de Janeiro: Lumen Juris, 2006, p. 378; QUEIJO, Maria Elizabeth. *O direito de não produzir prova contra si mesmo: o princípio nemo tenetur se detegere e suas decorrências no processo penal.* São Paulo: Saraiva, 2003, p. 356-7.

[48] TJRS, 3ª Câmara Criminal. Apelação Crime 70021560032. Relatora: Des. Elba Aparecida Nicolli Bastos. 13 de dezembro de 2007; TJRS, 8ª Câmara Criminal. Apelação Crime 70013543368. Relatora: Des. Fabianne Breton Baisch. 28 de março de 2007; TJRS, 4º Grupo de Câmaras Criminais. Embargos Infringentes 70018197962. Relator: Des. Roque Miguel Fank. 26 de janeiro de 2007. TJRS, 8ª Câmara Criminal. Apelação Crime 70015294614. Relator: Des. Marco Antônio Ribeiro de Oliveira. 04 de outubro de 2006. Decisões disponíveis em: <http://www.tj.rs.gov.br> Acesso em: 18 nov. 2008.

——. *Imputação Objetiva, Lavagem de Dinheiro e Outros Temas de Direito Penal.* 2.ed. Porto Alegre: Livraria do Advogado, 2004.

——. "Delito de perigo abstrato: um retrocesso no Código de Trânsito Brasileiro". In: *Boletim do IBCCRIM,* São Paulo, ano 16, n. 189, p. 14, ago. 2008.

——. LOPES, Fábio Motta. "A imprestabilidade do bafômetro como prova no Processo Penal". *Boletim do IBCCRIM,* São Paulo, n. 191, p. 8, out. 2008.

CAPEZ, Fernando; GONÇALVES, Victor Eduardo Rios. *Aspectos Criminais do Código de Trânsito Brasileiro.* São Paulo: Saraiva, 1999.

COSTA, Leonardo Luiz de Figueiredo. "A alteração da embriaguez ao volante e o crime de lesões corporais na direção de veículo automotor – reflexos da Lei n. 11.275/06". *Boletim do IBCCRIM,* São Paulo, ano 14, n. 164, p. 19, jul. 2006.

COUCEIRO, João Cláudio. *A Garantia Constitucional do Direito ao Silêncio.* São Paulo: Revista dos Tribunais, 2004.

CROCE, Delton; CROCE JÚNIOR, Delton. *Manual de Medicina Legal.* 4.ed. São Paulo: Saraiva, 1998.

DELMANTO, Roberto. "As inconstitucionalidades da lei seca". In: *Boletim do IBCCRIM,* São Paulo, ano 16, n. 189, p. 18, ago. 2008.

EBERHARDT, Marcos; SILVA, Davi André Costa. *Leis Penais e Processuais Penais Comentadas.* Porto Alegre: Verbo Jurídico, 2008.

FERNANDES, Antônio Scarance. *Processo Penal Constitucional.* 3.ed. São Paulo: Revista dos Tribunais, 2002.

GOMES, Luiz Flávio. Lei seca (Lei 11.705/2008): exageros, equívocos e abusos das operações policiais. Disponível em: <http://www.lfg.com.br> Acesso em: 02 jul. 2008.

——. Embriaguez ao volante (Lei 11.705/2008): exigência de perigo concreto indeterminado. Disponível em: <http://www.lfg.com.br> Acesso em: 02 jul. 2008.

——. "Caso Roberta Jamilly: Prova Válida". Disponível em: <http://www.ielf.com.br> Acesso em: 30 jun. 2003.

GRECO, Rogério. *Curso de Direito Penal – Parte Geral.* 9.ed. Niterói: Impetus, 2007.

——. *Código Penal Comentado.* Niterói: Impetus, 2008.

GRINOVER, Ada Pellegrini; FERNANDES, Antonio Scarance; GOMES FILHO, Antonio Magalhães. *As Nulidades no Processo Penal.* 8. ed. São Paulo: Revista dos Tribunais, 2004.

LEON, Altair Ramos; MULLER, Walter Martins. "Bafômetro: exame obrigatório ou não?". In: *Boletim do IBCCRIM,* São Paulo, nº 66, p. 10, maio 1998.

LOPES, Fábio Motta. *Os Direitos de Informação e de Defesa na Investigação Criminal.* Porto Alegre: Livraria do Advogado, 2009.

——; CALLEGARI, André Luís. "A imprestabilidade do bafômetro como prova no Processo Penal". In: *Boletim do IBCCRIM,* São Paulo, n. 191, p. 8, out. 2008.

LOPES JÚNIOR, Aury. *Sistemas de Investigação Preliminar no Processo Penal.* 4.ed. Rio de Janeiro: Lumen Juris, 2006.

MORAES, Maurício Zanoide de; MOURA, Maria Thereza Rocha de Assis. "Direito ao Silêncio no Interrogatório". In: *Revista Brasileira de Ciências Criminais,* São Paulo, n. 6, abr.-jun. 1994, p. 133-47.

NUCCI, Guilherme de Souza. *Leis Penais e Processuais Penais Comentadas.* São Paulo: Revista dos Tribunais, 2006.

——. *Código Penal Comentado.* 8.ed. São Paulo: Revista dos Tribunais, 2008.

PAGLIUCA, José Carlos Gobbis. *Breves considerações sobre o art. 306 do Código de Trânsito.* Disponível em: <http://www.ibccrim.org.br> Acesso em: 13 nov. 2008.

PELUSO, Vinicius de Toledo Piza. "O crime de embriaguez ao volante e o 'bafômetro': algumas observações". In: *Boletim do IBCCRIM,* São Paulo, n. 189, p. 16, ago. 2008.

PICÓ i JUNOY, Joan. *Las Garantías Constitucionales del Proceso.* Barcelona: José Maria Bosch Editor, 1997.

PRADO, Luiz Regis. *Curso de Direito Penal Brasileiro. Parte Geral.* 4.ed. São Paulo: Revista dos Tribunais, 2004, v. I.

QUEIJO, Maria Elizabeth. *O direito de não produzir prova contra si mesmo: o princípio nemo tenetur se detegere e suas decorrências no processo penal.* São Paulo: Saraiva, 2003.

SAAD, Marta. *O Direito de Defesa no Inquérito Policial.* São Paulo: Revista dos Tribunais, 2004.

TOLEDO, Francisco de Assis. *Princípios Básicos de Direito Penal.* 5.ed. São Paulo: Saraiva, 1994.

ZAFFARONI, Eugenio Raúl; PIERANGELI, José Henrique. *Manual de Direito Penal Brasileiro. Parte Geral.* 7.ed. São Paulo: Revista dos Tribunais, 2007.

— 4 —

Apontamentos críticos sobre as reformas processuais penais

FERNANDO GERSON

Promotor de Justiça Criminal. Mestre em Direito. Doutorando em Ciências Sociais
pela UNISINOS. Professor de Direito Penal e Processual Penal
na UNISINOS e na FEMP-RS.

Sumário: Introdução; 1. A histórica idéia de lide no processo criminal; 2. O recebimento da peça acusatória e o juízo de admissibilidade da acusação; 2.1 Fluxograma; 3. O aditamento e o princípio da correlação da sentença no processo penal; Conclusão. Referências bibliográficas.

Introdução

Este breve ensaio trata de algumas situações controvertidas trazidas ao Direito Processual Penal com o advento das Leis nº 11.689/2008, nº 11.690/2008 e nº 11.719/2008. Há muito que se propugna a elaboração de um novo Código de Processo Penal, na medida em que o atual foi publicado há quase sete décadas, mantendo uma série de disposições originais que não se coadunam com realidade social atual, a qual reclama uma legislação mais célere, efetiva e de interpretação minimamente uniforme entre os operadores do Direito.

Inicialmente é abordado um aspecto que, a nosso ver, merece aprofundado debate para o estudo do direito instrumental que é a idéia de lide no processo penal. Afinal existe lide no processo criminal? Muitos autores pugnam de maneira direta, ou mesmo por vias transversas, uma aproximação mais contundente do processo penal com o processo civil, já que uma aproximação lenta e gradual vem sendo observada com a publicação de algumas alterações legislativas importantes, tais como, a fixação do valor mínimo para reparação dos danos causados pela infração, considerando os prejuízos sofridos pelo ofendido, na sentença penal condenatória (artigo 387, inciso IV, do CPP) e a hipótese de o réu ocultar-se para não ser citado, ocasião em que o oficial de justiça certificará a ocorrência e procederá à citação com hora certa, na forma estabelecida no Código de Processo Civil (artigo 362 do CPP).

Na segunda parte do ensaio é abordado o recebimento da peça acusatória e o juízo de admissibilidade da acusação. Analisa-se qual o momento processual de efetivo recebimento da denúncia hábil a desencadear oficialmente o processo criminal mediante a interrupção do lapso prescricional, uma vez que as alterações normativas, de maneira pouco sistemática, usaram o verdo receber em duas oportunidades distintas após o oferecimento da denúncia ou da queixa, ou seja, o recebimento dar-se-á após a análise da ausência de alguma das hipóteses de rejeição liminar que precede a citação do acusado para responder à acusação, ou mesmo após a mencionada manifestação de defesa e afastada a eventual hipótese absolvição liminar.

Por fim, são investigadas as alterações realizadas na *emendatio libelli* e na *mutatio libelli*, antigos institutos intimamente ligados ao princípio da correlação entre a acusação e a sentença penal, segundo o qual deve haver estrita correspondência entre o fato descrito na exordial acusatória e o fato em que se baseia o acusado para o exercício de sua defesa ao longo do processo. A opção pelo sistema acusatório que se extrai da Constituição Federal e do princípio da inércia jurisdicional seria, ou não, um contundente óbice para o Magistrado, ao vislumbrar uma nova possibilidade de definição jurídica do fato, instar o Ministério Público ao aditamento.

1. A histórica idéia de lide no processo criminal

Como se sabe, o direito de punir é irrenunciável por parte do Estado. No direito moderno a expressão "punir" é mitigada pela possibilidade de medidas alternativas à pena de prisão e inclusive terapêuticas aplicadas ao acusado no processo penal. Se a reação privada é tolerada nos limites do Direito, a formalidade do processo é absolutamente inafastável para a concretização e a efetividade da sanção cominada em lei. Neste aspecto, todo processo representa a idéia de movimento. Expressões tais como processo biológico, processo metabólico, processo evolutivo, processamento de sistemas, processamento de dados, etc., denotam a antítese da idéia de estagnação. Mesmo quando verbalizado o ato de processar alguma coisa, fato ou circunstância, tem-se a idéia de armazenamento em concomitância com a idéia de movimentação.

Quando transposta a idéia de processo para o plano judicial, para o plano do sistema do Direito, essa noção de avanço ou caminhada, muitas vezes em conjunto com a idéia de armazenamento, não perde sua essência. A palavra *processo* deriva do vocábulo *pro cedere*, o qual denota a ação de caminhar, avançar, adiantar ou progredir que, no dizer de Rogério Lauria Tucci, se apresenta como o instrumento da atividade judiciária, formalizando-se em um procedimento, *a que corresponde a sua esquematização formal.*[1]

Se o Direito material encontra sua efetivação no Direito processual, percebe-se claramente o caráter instrumental do processo. Muito embora instrumento, o processo também cria direitos e obrigações, mas estes de plano processual. Daí por que muitos consideram ação como sinônimo de processo, em que pese a ação revele, basicamente, evitando-se polêmicas que se afastam do foco do presente ensaio, a idéia do exercício de um direito, enquanto o processo traduz a idéia de uma relação jurídica instalada sob a égide de regramentos que estipulam direito, obrigações e sujeições. De qualquer forma, o processo é o meio pelo qual se vale o Estado para a efetivação da função jurisdicional, por isso o processo é o instrumento da jurisdição, constituindo-se de uma série de atos processuais envolvendo as partes que aceitaram a tutela do Estado. Por outro lado, o procedimento é o conjunto de atos processuais previamente regulados pela lei para a instrumentalização do processo, é o aspecto formal do processo, é a sua peculiaridade, o seu diferencial, ou seja, um processo judicial pode tramitar por intermédio das mais variadas formas de procedimentos ou ritos que regulam o início, o desenvolvimento e o seu término.

O artigo 363 do Código de Processo Penal dispõe que *O processo terá completada a sua formação quando realizada a citação do acusado.* Assim, visando à perfectibilização da relação processual penal é indispensável o estabelecimento da relação triangular que envolve a acusação mediante o oferecimento em juízo da exordial acusatória, o Magistrado com o recebimento judicial da acusação formulada e o acusado com a citação válida. Para alguns doutrinadores, antes da última grande reforma do Código de Processo Penal, a formação jurídica válida do processo penal carecia apenas do recebimento formal da acusação pelo Juiz, ou seja, antes mesmo da citação estaria formada a relação processual propriamente dita, posição agora insustentável diante da modificação legislativa. No entanto, matéria a ser enfrentada e posteriormente analisada é saber em que momento procedimental ocorre o recebimento da denúncia ou da queixa.

A inovação trazida pela Lei n° 11.719/2008 trouxe a lume novamente a idéia da transposição teórica do conceito de lide do processo privado para o processo penal. Pretende-se, com isso, encarar o Direito Processual Penal sob o viés crítico de um novo horizonte teórico baseado em uma espécie de *privatização de conflitos* que não se coaduna com o sistema persecutório criminal desencadeado a partir da notícia da infração de alguma norma penal incriminadora. Na realidade, é da essência do processo criminal a inexistência de uma contenda pessoal, um desacordo entre acusador e acusado, inviabilizando-se a compreensão da chamada *pessoalização* do processo penal, inclusive nas ações penais privadas, na medida em que a indisponibilidade dos direitos (públicos) em jogo e a sistemati-

---

[1]TUCCI, Rogério Lauria. *Teoria do Direito Processual Penal: Jurisdição, Ação e Processo Penal (Estudo Sistemático)*. São Paulo: Revista dos Tribunais, 2002, pp. 157-161.

Apontamentos críticos sobre as reformas
processuais penais

zação da produção da prova em pauta não permitem a concepção de lide supostamente transposta do processo civil para o cenário processual penal.

Tal diagnóstico jurídico, por exemplo, é constatado quando analisado o tratamento jurídico dispensado ao usuário de drogas pelo artigo 28 da Lei nº 11.343/06, na medida em que o acusador público, que não se encontra na situação de uma *lide* processual, poderá postular, inclusive, a pretensão de assistir ao demandado no seu problema de saúde pessoal com o uso de ilegal de tóxicos nas inovações assistencialistas previstas na lei em análise.

Neste aspecto, o processo, sob a ótica criminal, como instrumento do Direito Penal, versará acerca de uma zona de tensão entre os dois direitos eminentemente indisponíveis que representam o *ius puniendi* do Estado e o *status libertatis* do acusado quando existente a notícia da eventual violação de uma norma penal incriminadora. A necessária diferenciação da jurisdição ordinária em jurisdição civil e jurisdição penal conduz à inevitável conclusão acerca da existência de conteúdos essencialmente distintos destes processos, razão pela qual entendemos inexistente no processo criminal a existência de uma "lide" tal como concebida na jurisdição contenciosa do processo civil, isso porque inexiste propriamente uma contenda, um desacordo entre acusador e acusado. Não há que se falar em pessoalidade na disputa judicial penal, inclusive nas ações penais privadas, mesmo porque a indisponibilidade dos direitos (públicos) em pauta e a indivisibilidade da ação são da essência do processo criminal, na medida em que o processo encontra justificativa na necessidade, pois somente atingir-se-á a punição jurídica do acusado que violou uma regra geral de cunho penal por intermédio deste instrumento chamado processo, cujo procedimento é o seu diferencial.

2. O recebimento da peça acusatória e o juízo de admissibilidade da acusação

De longa data que os operadores do Direito propugnam reformas significativas no processo penal brasileiro, elencando inúmeros argumentos reveladores do anacronismo instalado no vigente Código de Processo Penal, que ainda tece regras originais do ano de sua longínqua publicação. Dentre as principais críticas historicamente lançadas no sistema estão, dentre outras, a ineficácia normativa quanto aos meios legais para o exercício da atividade persecutória, sobretudo em sede policial, as atribuições de um único Magistrado, atuante na fase de investigação e na fase judicial, a coexistência de princípios e preceitos antitéticos incidentes nas regras processuais, os quais prejudicam a uniformização mínima quanto ao tratamento legal de casos concretos semelhantes ou mesmo rigorosamente iguais, bem como a existência de regras excessivamente procrastinatórias, como a impossibilidade do reconhecimento do denominado *pre-trial discovery* no curso da instrução, e uma interpretação segura (e minimamente uniforme) à luz da Constituição Federal de regras processuais vigentes há muitas décadas em nosso ordenamento jurídico.

Atendendo aos reclamos da atualização legislativa, foram publicadas as Leis nº 11.689/2008, nº 11.690/2008 e nº 11.719/2008 as quais trouxeram significativas mudanças, sobremaneira, nos procedimentos processuais penais e nas regras ligadas à teoria geral da prova, oportunidade em que este breve ensaio analisará alguns tópicos da atual reforma, tais como o recebimento da denúncia e da queixa e o juízo de admissibilidade da acusação, bem como o princípio da correlação da sentença.

Uma das questões mais tormentosas postas em discussão a partir da grande reforma é a definição do momento processual em que se dá efetivamente o recebimento da denúncia ou da queixa no processo penal, tendo em vista as novas disposições colocadas em vigor pela Lei nº11.719/2008.

Como é cediço, oferecida a denúncia ou a queixa, deverá o Magistrado providenciar a imediata análise formal da exordial acusatória, verificando os elementos de prova do caso em concreto, podendo rejeitar a peça liminarmente, nos termos propostos no artigo 395 do Código de Processo Penal, na hipótese de inépcia manifesta da peça acusatória, falta de pressuposto processual ou condição da ação penal, ou ainda, faltar justa causa para o exercício da ação penal. No entanto, não operada qualquer das causas que fundamentem a rejeição liminar, entendendo o Juiz criminal viável a acusação, deverá proferir decisão de recebimento da denúncia ou da queixa e ordenar a citação do acusado para responder à acusação, por escrito, no prazo de dez dias, consoante o disposto no artigo 396 do Diploma Processual. Ocorre que, como o artigo 399, *caput*, do Código de Processo Penal prescreve um novo recebimento da denúncia ou da queixa após o oferecimento da resposta à acusação, oportunidade em que será designada a grande audiência de instrução (*super audiência*), uma vez exarada a decisão de segundo recebimento da exordial acusatória, de modo que o primeiro recebimento da denúncia estatuído no artigo 396, *caput*, do CPP teria inaugurado o momento do juízo preliminar ou prévio da admissibilidade da acusação.

Como já referido anteriormente, o artigo 363 do Código de Processo Penal dispõe que o processo somente terá completada a sua formação quando realizada a citação do acusado, motivo pelo qual para a formação da relação processual penal é indispensável o estabelecimento da relação triangular que envolve a acusação com o oferecimento em juízo da denúncia, o Magistrado com a decisão de recebimento da acusação em juízo e, por fim, o acusado com a citação válida e regular no processo.

Muito embora a Lei nº 11.719/08 referir o recebimento da denúncia em duas oportunidades diversas, evidentemente não implica a existência de dois recebimentos formais da inicial acusatória, daí porque necessário distinguir o recebimento (prévio e efetivo) da denúncia ou queixa, ocorrido no momento processual previsto no artigo 396 do CPP, do juízo de admissibilidade da acusação postergado previsto no artigo 399 do CPP. Mesmo porque, pretendendo-se a sistematização do ordenamento processual, a desejável uniformização procedimental impende uma aproximação à estrutura apresentada pelo procedimento do júri, no qual o artigo 406 do Diploma Processual, com a redação conferida pela Lei nº 11.689/2008, insinua a opção do legislador de determinar o efetivo recebimento da peça acusatória antes mesmo de mandar citar o denunciado para apresentação de resposta escrita.

Uma interpretação sistêmica do Direito deve primar, inicialmente, pela preservação e pela efetividade das normas jurídicas em vigor, bem como pela harmonização dos comandos normativos coexistentes no ordenamento, mesmo que, num primeiro momento, sejam fundamentalmente antagônicos. Neste aspecto, forçoso reconhecer que o entendimento alicerçado no recebimento da denúncia apenas por ocasião preconizada no artigo 399 do Código de Processo Penal resultaria na negativa de vigência do artigo 363 do mesmo Diploma e desconsideraria parcialmente o disposto no *caput* do artigo 396, o qual determina que o Magistrado, em relação à peça acusatória, *se não a rejeitar liminarmente, recebê-la-á e ordenará a citação do acusado para responder à acusação, por escrito, no prazo de 10 (dez) dias.* Todavia, este entendimento está longe de ser pacificado, pois no dizer bem fundamentado de Cezar Roberto Bitencourt e Jose Fernando Gonzalez:[2]

> Diante desse conjunto de argumentos, acreditamos que o novo modelo é sim de contraditório antecipado, e que o recebimento da denúncia ou queixa, assim considerado o juízo de admissibilidade da ação, dar-se-á após a manifestação defensiva, ou seja, no segundo momento, aquele de que cuida o art. 399 do Código de Processo Penal com a redação que agora lhe foi dada. Reconheça-se que a controvérsia inicial sobre o tema guarda relação tão somente com o marco interruptivo da prescrição: não fosse esse "efeito" da admissibilidade e inexistiria relevância alguma em estabelecer qual o momento em que se dá o recebimento da denúncia ou queixa. O que nos parece necessário compreender — e defender — é que a reforma da legislação processual penal, por mais profunda que possa ter sido, não irá "derrogar" convicções há muito consolidadas, entre elas a de que recebimento da denúncia ou queixa, para que se erga à condição de causa interruptiva da prescrição, precisa ser tido como um equivalente ao juízo de admissibilidade.

A legislação menciona expressamente a rejeição da denúncia e a absolvição sumária e, no interregno entre estes dois momentos processuais, haverá o recebimento da peça acusatória e a citação do acusado. Haverá rejeição antes do recebimento da inicial acusatória, segundo a intenção semântica do legislador, muito embora se deva entender da possibilidade de rejeição da denúncia ou da queixa pelo Juiz criminal após a apresentação da resposta à acusação, na medida em que eventualmente trazidos aos autos elementos de prova pela defesa que possam conduzir a algumas das situações elencadas no artigo 395 do CPP, inexistindo, portanto, vedação para a rejeição da exordial após a apresentação da aludida resposta à denúncia, enquanto, por outro lado, a absolvição sumária dar-se-á após a efetiva instauração da ação penal, ou seja, após o recebimento formal da acusação

---

[2] BITENCOURT Cezar Roberto & GONZÁLES Jose Fernando. *O recebimento da denúncia segundo a Lei 11.719/08*. Disponível na Internet: http://www.conjur.com.br.

e a citação do réu, quando já perfectibilizada a relação triangular para a formação do processo.

Dessa forma, o procedimento comum ordinário pode ser sintetizado da seguinte maneira:

2.1 Fluxograma

```
              ┌─────────────────┐
              │  OFERECIMENTO   │
              │ DE DENÚNCIA OU  │
              │   DE QUEIXA     │
              └─────────────────┘
                      ⇩
┌───────────┐                      ┌─────────────────┐
│ REJEIÇÃO  │ ⇦──────────────⇨     │   RECEBIMENTO   │
└───────────┘                      │   DA EXORDIAL   │
                                   └─────────────────┘
                                           ⇩
                                   ┌─────────────────┐
                                   │  CITAÇÃO DO     │
                                   │   ACUSADO       │
                                   └─────────────────┘
                                           ⇩
┌─────────────┐   ┌─────────────┐   ┌─────────────────┐
│  SUPENSÃO   │⇦──│ RESPOSTA À  │──⇨│  ABSOLVIÇÃO     │
│ CONDICIONAL │   │  ACUSAÇÃO   │   │   SUMÁRIA       │
│ DO PROCESSO │   └─────────────┘   └─────────────────┘
└─────────────┘          ⇩
                 ┌─────────────────┐
                 │  ADMISSÃO DA    │
                 │    DENÚNCIA     │
                 └─────────────────┘
                         ⇩
                 ┌─────────────────┐
                 │   INTIMAÇÃO     │
                 └─────────────────┘
                         ⇩
                 ┌─────────────────┐
                 │  AUDIÊNCIA DE   │
                 │   INSTRUÇÃO     │
                 │   DEBATE E      │
                 │  JULGAMENTO     │
                 └─────────────────┘
```

É evidente que o legislador, primando por uma melhor técnica e explicitando o ordenamento sem alusões genéricas ou mesmo repetidas, deveria ter evitado utilizar o verbo receber e suas inflexões em duas oportunidades ao normatizar o rito processual, pois, evidentemente, trata-se de um dos momentos processuais mais importantes para o processo criminal, na medida em que o recebimento da exordial assinala a existência de um processo judicial formalmente instaurado contra o réu, apto a interromper a prescrição.

Além disso, convém ressaltar que o artigo 397 do Código de Processo Penal, ao dispor que o Magistrado, após valorar o conteúdo e as provas juntadas na resposta escrita, poderá absolver sumariamente o acusado, não poderia prever a possibilidade de ser proferida sentença absolutória sem que haja processo penal formalmente instaurado, fato ocorrido com o primeiro recebimento da denúncia ou da queixa, não prosperando a tese, a nosso ver, de que o recebimento efetivo só ocorrerá na oportunidade preconizada pelo artigo 399 do Código de Processo Penal, o qual redige os seus preceitos utilizando a expressão *recebida* flexionada no tempo passado, portanto recebida a denúncia, não reconhecendo o Magistrado a existência manifesta de causa excludente da ilicitude do fato, a existência manifesta de causa excludente da culpabilidade do agente, salvo inimputabilidade, a atipicidade do fato ou a extinção da punibilidade, hipóteses expressas de absolvição sumária, determinará a continuidade do processo, já anteriormente definitivamente instaurado, com a designação da grande audiência de instrução e julgamento, ordenando a intimação do acusado e de seu defensor.

3. O aditamento e o princípio da correlação da sentença no processo penal

Como se sabe, o princípio da correlação da sentença, também chamado de princípio da congruência, garante a exata correspondência entre o pedido deduzido em juízo e a sentença do processo, impossibilitando o exercício da jurisdição sem o requerimento expresso do acusador, por isso no processo penal, tal como no processo privado, é vedado ao Magistrado, como princípio, proferir sentenças *ultra petita* ou *extra petita*, na medida em que o juiz, como corolário do princípio da inércia, não pode realizar atos de jurisdição sem que seja solicitado (*ne procedat judex ex officio*), salvo em casos expressamente previstos em lei, porquanto o Ministério Público detém a titularidade da acusação nas ações penais públicas e nas ações penais de cunho privado a persecução *in judicio* passa pela titularidade exclusiva da vítima ou de seu representante legal.

Quando alterada a imputação no curso do processo criminal já instaurado, o princípio acusatório traduz a necessidade de o Juiz permanecer adstrito aos termos do aditamento, ou seja, à nova acusação, não podendo condenar com base na imputação original. As reformas processuais alteraram quanto à hipótese de haver nova definição jurídica do fato original em conseqüência de elementar ou circunstância não descrita na denúncia. A hipótese de *mutatio libelli*, ainda que para o novo fato previsto apenamento menor, afigura-se imprescindível o aditamento.

O *caput* do artigo 383 do Código de Processo Penal manteve os mesmos termos da legislação revogada ao dispor que: *O juiz, sem modificar a descrição do fato contida na denúncia ou queixa, poderá atribuir-lhe definição jurídica diversa, ainda que, em conseqüência, tenha de aplicar pena mais grave.* Com relação à redação revogada foi incluída a determinação acerca da impossibilidade expressa de o Magistrado modificar a descrição do fato contida na denúncia ou queixa, ou seja, permanecer vinculado à descrição do fato delituoso realizada pelo acusador. Por isso, mantêm-se válida a máxima de há muito consagrada no Direito Processual Penal brasileiro no sentido de que o réu defende-se dos fatos narrados na denúncia e não da capitulação realizada na peça pórtico. No mencionado dispositivo foi acrescentado o § 1º para erigir a texto de lei os termos da Súmula 337 do Superior Tribunal de Justiça, na qual já dispunha que cabível a suspensão condicional do processo na desclassificação do crime e na procedência parcial da pretensão punitiva, de modo que, se em conseqüência de definição jurídica diversa, houver a desclassificação para infração de competência de outro Juízo, a este serão encaminhados os autos (artigo 383, § 2°, do CPP).

De qualquer forma, a modificação mais importante quanto à revogada disposição contida no artigo 384 do Código de Processo Penal toca à indispensabilidade de aditamento da exordial quando surgir prova nova no processo de elemento ou circunstância a respeito do fato delituoso não contido na acusação original, independentemente de a nova definição jurídica do fato implicar aplicação de apenamento mais grave ou mais brando ao réu, na medida em que a lei revogada dispunha que somente nas hipóteses em que a pena cominada ao novo crime fosse mais grave é que o aditamento fazia-se necessário.

A alteração legislativa institucionalizou a saudável prática já existente no sistema forense, antes mesmo das alterações legislativas, quanto ao oferecimento de aditamento quando da modificação da acusação mais grave para a imputação de infração menos grave de elemento ou circunstância não contida na denúncia ou na queixa, a fim de preservar os princípios constitucionais do contraditório e da ampla defesa, pois inviável que o réu possa defender-se judicialmente durante a instrução de um determinado fato delituoso e surpreendentemente condenado por fato diverso, ainda que prevista pena menor no preceito secundário da norma. A correta delimitação da acusação na narrativa da peça inicial, portanto, constitui dever do acusador e, em havendo dissonância entre as circunstâncias narradas na denúncia ou na queixa e a sentença penal, a declaração de invalidade do ato sentencial é medida que se impõe por desobediência às mencionadas garantias processuais.[3]

Por outro lado, a fim de preservar a imparcialidade da função jurisdicional, não foi reproduzida a possibilidade de o Magistrado instar o Ministério Público a aditar a denúncia quando vislumbrar a prática de crime mais grave. A novel legislação refere que o aditamento será providenciado pelo Ministério Público quando encerrada a instrução probatória. No entanto, o encerramento da instrução não constitui marco inicial para o oferecimento de aditamento, pois resta claro que a qualquer tempo ao Ministério Público é facultado aditar a inicial acusatória (princípio da eficiência), não necessitando aguardar o término da instrução judicial, quando convencido da necessidade de retificação da acusação, possibilitando ao Órgão Ministerial arrolar até três testemunhas por ocasião do oferecimento do aditamento, nos termos do disposto no artigo 384, § 2°, do Código de Processo Penal.

---

[3] "O fundamento do aditamento no processo penal é a necessidade que se tem de se fazer uma imputação clara e precisa ao acusado, possibilitando-lhe o exercício pleno e amplo de defesa, porém sem descuidar, também, da necessidade de se proteger a sociedade, pois, na medida em que o fato não está bem individualizado, ou todos os sujeitos não estão na relação processual, há, ainda, uma dívida do acusado ou autor do fato para com seus pares. Neste caso, o órgão responsável pela integralização da verdade processual é o Ministério Público, através do aditamento." In: RANGEL, Paulo. *Direito Processual Penal*. Rio de Janeiro: Lumen Juris, 13ª ed., 2007, p. 281.

Por outro lado, a ausência de referência expressa quanto à possibilidade de o Magistrado intimar o Ministério Público para a promoção de eventual aditamento à denúncia quando vislumbrar a prática de crime mais grave hipótese em relação à imputação original não significa, a nosso ver, proibição expressa de o Magistrado proceder dessa maneira, porque ao Juiz é dever dizer o Direito, e não dizer a acusação ou dizer a defesa, por isso a necessidade ou não de aditamento também toca ao crivo do Juiz criminal, pois se trata de discussão acerca da adequação típica da conduta posta em julgamento, tanto que o § 1º do mencionado artigo 384 estabelece que não procedendo o Ministério Público ao aditamento, aplica-se, *mutatis mutandis*, o disposto no artigo 28 do Código de Processo Penal, ou seja, a remessa dos autos ao Procurador-Geral como chefe do Ministério Público que está a atuar no processo criminal, a fim de que o representante da Instituição mantenha a acusação nos termos propostos inicialmente pelo agente do Ministério Público com atuação no primeiro grau, ou para que adite a peça pórtico, ainda que designe outro membro do Ministério Público para tal tarefa, não havendo, dessa forma, suposta ingerência abusiva do Magistrado na atividade da acusação, mas, sim, na possibilidade que tem o Poder Judiciário em buscar a correta adequação típica da conduta do acusado para dar guarida ao aludido princípio da correlação da sentença.

Não há que se falar em atentado ao princípio acusatório, pois a possibilidade do aditamento vislumbrada pelo Magistrado (o que não necessariamente representará o entendimento do Ministério Público) é que garante a desejada separação institucional entre as funções de acusar e de julgar, ocasião em que a valoração ou o próprio silogismo do fato com a norma, tal como ocorre com a desclassificação de uma infração no ato sentencial, representa necessidade e reclama a participação do Magistrado no processo, não se podendo atrelar o Juiz criminal quando deparar-se com um fato jurídico não adequadamente tipificado na peça inaugural.

Uma vez realizado o aditamento, o prazo para manifestação defensiva passa a ser de cinco dias, podendo arrolar o acusado até três testemunhas, consoante o disposto nos §§ 2º e 4º do artigo 384 do Código do Processo Penal, sendo que na legislação revogada o número máximo de testemunhas era idêntico, no entanto o prazo para manifestação da defesa era de três dias. Após o recebimento, o Magistrado designará data para continuação da audiência (princípio da unicidade) com a reabertura da instrução judicial, inquirindo-se as testemunhas arroladas pela acusação e pela defesa, realizando-se novo interrogatório do acusado, seguindo-se os debates e o julgamento, nos termos do disposto no artigo 384, § 2º, do Estatuto Processual. Neste ínterim, realizado o aditamento, o Magistrado permanece adstrito na sentença aos seus termos (artigo 384, § 4º, do CPP), não podendo condenar o acusado pelo crime originalmente narrado, pois agora, alterada a imputação, a defesa fica encarregada em trabalhar na nova acusação retificada judicialmente.

Convém ressaltar que o Ministério Público possui atribuição e legitimidade para aditar a queixa somente na hipótese desta inaugurar a instauração de processo cuja ação penal seja pública, ou seja, na ação penal privada subsidiária da ação penal pública, prevista no artigo 5º, inciso LIX, da Constituição Federal e artigo 29 do Código de Processo Penal, na medida em que, se o aditamento envolvesse uma ação penal privada genuína,[4] não estaria satisfeita a condição genérica da ação penal consubstanciada na legitimidade do pólo ativo da ação, não havendo possibilidade de o Ministério Público velar pela indivisibilidade da ação penal puramente privada (artigos 45 e 48 do CPP), sendo este um tópico, forçoso reconhecer, que poderia ter sido abarcado pela última reforma, uma vez que as disposições legais nesta seara não se coadunam com os preceitos essenciais da Teoria Geral do Processo.

Conclusão

Toda alteração legislativa significativa representa um desafio para os operadores do direito e para o mundo acadêmico. Falar em reforma significa aceitar o fim de uma égide normativa que se encontrava assentada nas práticas jurídicas. Buscar a utilidade do Direito no aprimoramento e na evolução da sociedade é vital, sobretudo quando voltada para alterações em matéria processual penal, umbilicalmente ligadas na difícil e importantíssima tarefa de regulação das duas grandes zonas de tensão do processo criminal, quais sejam, de um lado o *status libertatis* do indivíduo e, de outro, o *jus puniendi* estatal.

A transposição da idéia de lide para o processo penal não resiste a uma análise mais aprofundada na gênese deste instrumento de efetivação e concretização do Direito material, pois fundamentalmente inexistem matizes de pessoalidade na disputa judicial penal, inclusive nas ações meramente privadas, na medida em que essa indisponibilidade dos mencionados direitos em pauta e a indivisibilidade das ações tocam à própria estrutura do processo criminal, pois, como já referido alhures, o processo justifica-se pela necessidade, pois somente por intermédio do processo judicial é alcançada a punição jurídica ou mesmo a absolvição do acusado que alegadamente teria violado uma regra penal.

Das recentes alterações havidas no Código de Processo Penal, uma das mais debatidas é a real delimitação do exato momento do recebimento da denúncia no processo, já que utilizado o verbo *receber* no artigo 396, *caput*, e artigo 399, *caput*, do Diploma Processual. Por isso, em que pese a Lei nº 11.719/08 referir o recebimento da denúncia em duas oportunidades distintas, evidentemente não implica a ocorrência de dois recebimentos formais da exordial acusatória, razão pela qual necessário distinguir o efetivo recebimento da denúncia ou da queixa, ocorrido no momento processual previsto no artigo 396, *caput*, do juízo de ad-

---

[4] BOSCHI, José Antonio Paganella. *Ação Penal: denúncia, queixa e aditamento.* Rio de Janeiro: Aide Editora, 1997, p. 226-232.

Apontamentos críticos sobre as reformas
processuais penais

missibilidade da acusação postergado ou diferido previsto no artigo 399, *caput*, do Código de Processo Penal.

Por fim, quanto às alterações correspondentes aos institutos da *emendatio libelli* e da *mutatio libelli*, a falta de previsão expressa quanto à possibilidade de o Juiz intimar o Ministério Público para a promoção de eventual aditamento à denúncia quando vislumbrar a prática de delito mais grave quando cotejada com a imputação original não significa proibição expressa de o Magistrado proceder dessa maneira, porque ao Juiz é dever dizer o Direito, daí porque a necessidade ou não de aditamento também toca ao crivo do Juiz criminal, pois se trata de discussão acerca do silogismo jurídico em relação ao fato jurídico em debate, tanto que o § 1º do mencionado artigo 384 estabelece que não procedendo o Ministério Público ao aditamento aplica-se o disposto no artigo 28 do Código de Processo Penal, inexistindo, como antes afirmado, ingerência abusiva do Magistrado na atividade da acusação, mas, sim, a possibilidade (necessidade) que tem o Poder Judiciário em buscar a correta adequação típica da conduta do acusado para dar guarida ao referido princípio da correlação da sentença.

Referências bibliográficas

BITENCOURT Cezar Roberto & GONZÁLES Jose Fernando. *O recebimento da denúncia segundo a Lei 11.719/08*. Disponível na Internet: http://www.conjur.com.br.

BOSCHI, José Antonio Paganella. *Ação Penal: denúncia, queixa e aditamento*. Rio de Janeiro: Aide Editora, 1997.

RANGEL, Paulo. *Direito Processual Penal*. Rio de Janeiro: Lumen Juris, 13ª ed., 2007.

TUCCI, Rogério Lauria. *Teoria do Direito Processual Penal: Jurisdição, Ação e Processo Penal (Estudo Sistemático)*. São Paulo: Revista dos Tribunais, 2002.

— 5 —

Inovações quanto ao papel do ofendido no Processo Penal brasileiro: entre o texto, a necessidade e a efetividade

FRANCIS RAFAEL BECK

Advogado criminalista, Doutorando em Direito (UNISINOS), Mestre em Direito (UNISINOS), Especialista em Direito Penal Econômico Internacional (Universidade de Coimbra - Portugal) e em Direito Penal (Universidade de Salamanca - Espanha), Professor de Direito Penal e Processo Penal (UNISINOS), Escola Superior da Magistratura do Estado do Rio Grande do Sul (ESM) e Instituto de Desenvolvimento Cultural (IDC).

Sumário: 1. Considerações iniciais; 2. Contextualização histórica do papel da vítima/ofendido no Direito Penal e Processo Penal e tendências político-criminais contemporâneas; 3. As inovações quanto ao tratamento do ofendido no Processo Penal brasileiro: entre o texto, a necessidade e a efetividade; 3.1. Comunicação dos atos processuais; 3.2. Espaço separado antes e durante a audiência; 3.3. Atendimento multidisciplinar; 3.4. Da intimidade, vida privada, honra e imagem do ofendido; 3.5. Reparação do dano; 4. Considerações finais; Referências bibliográficas.

1. Considerações iniciais

O papel da vítima no direito penal e do ofendido no processo penal desde muito tempo é motivo de diversas discussões jurídicas e político-criminais, ora pendendo para um quase abandono, ora para um considerável prestígio.[1] O Código Penal e o Código de Processo Penal, mantidos praticamente inertes desde a década de quarenta (ressalvada a reforma da parte geral do Código Penal, de 1940), muito pouco estabelecem em benefício da vítima/ofendido, já que inspi-

---

[1] Em muitos textos, as expressões "vítima" e "ofendido" são utilizadas como sinônimos, não obstante, sob um prisma técnico mais estrito, representem definições inerentes ao direito penal e processo penal, respectivamente. Dessa forma, para manter a fidelidade aos autores consultados, por vezes os termos poderão ser usados como sinônimos ou gêneros ao longo do texto, circunstância sem maiores consequências científicas ou de compreensão.

rados em uma concepção político-criminal exclusivamente voltada para o autor do delito.

Com a aprovação das Leis 11.689/08, 11.690/08 e 11.719/08 e o advento da chamada "reforma processual penal" (parcial e, por diversos momentos, muito mais simbólica do que prática), surge a rediscussão, no Brasil, quanto ao lugar do ofendido no processo penal, oportunidade em que se torna indicada uma análise extramuros do que vem sendo discutido na ciência penal e realizado na legislação alienígena quanto à relação vítima/direito penal e ofendido/processo penal.

Dessa forma, o presente texto se aventura em contextualizar o histórico papel da vítima/ofendido no sistema penal, direcionando o foco para o atual destaque da vitimologia e as consequências geradas na política criminal e no próprio sistema penal contemporâneos, sem descuidar de uma análise das inovações legislativas trazidas pela já referida "reforma processual penal".

2. Contextualização histórica do papel da vítima/ofendido no Direito Penal e Processo Penal e tendências político-criminais contemporâneas

Quando hoje se fala da vítima, no direito penal, ou de ofendido, no direito processual penal, se tem a impressão de uma "nova onda" político-criminal. Embora se trate de um tema "da moda", não se pode dizer, em um estudo evolutivo do sistema penal, que a vítima esteja pela primeira vez em um ponto de destaque. De fato, lá esteve no início da reflexão penal, onde reinava a composição como forma comum de solução dos conflitos sociais e o sistema acusatório privado como forma principal de persecução penal. A vítima foi desalojada desse pedestal, abruptamente, pela inquisição, que expropriou todas as suas faculdades ao criar a persecução pública e transformar todo o sistema penal em um instrumento do controle estatal direto sobre os súditos, sem necessidade de uma queixa externa. Naquele momento histórico, já não importava o dano real produzido ou a compensação do dano sofrido, mas apenas a pena estatal como instrumento de coação. Por muito tempo, a vítima passou a ser o "convidado de pedra" do sistema penal e a reparação se manteve apenas como objeto da disputa de interesses privados, na medida em que o direito penal não incluiu a vítima ou a reparação do dano entre seus fins ou tarefas. E o direito processual penal apenas reservou ao ofendido um papel secundário e penoso de informar para o conhecimento da verdade.[2]

Ao contrário do imputado, que de certa forma constitui a figura central do procedimento penal – já que tudo gira em torno da sua culpabilidade ou não

---

[2] MAIER, Julio B. J. La víctima y el sistema penal. In: *De los Delictos Y de Las Víctimas*. Julio B. J. Maier (org.). Buenos Aires: Ad-Hoc. 1992. p. 185-186.

culpabilidade – o ofendido sempre foi, no fundo, somente uma figura marginal. Em contraste com o procedimento civil, onde o ofendido tem um papel decisivo como "demandante", no procedimento penal foi em grande parte destronado pelo Estado.[3]

De fato, durante muitos anos preponderou o argumento de que o horizonte de projeção do direito penal estatal deveria restar limitado à racionalidade de seu poder punitivo. Dessa forma, o afastamento do ofendido, no processo penal, a fim de evitar a influência de seus anseios de vingança privada, seria salutar para a resolução dos conflitos em que ele estivesse inserido.[4]

Atualmente, como afirma Julio Maier, em um âmbito universal, já não são defensáveis as perspectivas que perpetuam o afastamento da vítima do caso penal, ao menos mediante a justificativa de sua expulsão inicial: a vingança privada ou busca de represálias, espécies de retribuição privada que explicaram e explicam até hoje, parcialmente, a pena estatal. Em verdade, para o autor, isso nunca teria sido demonstrado. Ao contrário, se forem investigados os índices de conciliação na ação penal privada, se pode dizer que a figura da vítima "vingativa", ao menos excluindo os delitos de maior gravidade, não é encontrada ou existe apenas em seus justos limites, na medida em que a vítima tem direito, em primeiro lugar, à desculpa do agressor e, em segundo, a que seja reparada pelos danos suportados, bem como o direito, como qualquer cidadão, de esperar a aplicação racional da lei penal por parte dos órgãos judiciais e a colaborar na busca da verdade. A ansiedade por ultrapassar esses limites seria rara, e perfeitamente neutralizada pelas regras procedimentais.[5]

Assim, a proteção da vítima e a compensação autor-vítima estão atualmente no centro da discussão político-criminal em todo o mundo. Se durante a euforia da ressocialização, nos anos sessenta e começo dos anos setenta, a atenção estava fixada exclusivamente no autor, agora se dirige para o ofendido, de uma forma não menos comprometida. Anuncia-se o "redescobrimento" da vítima e, como um contragolpe à política criminal de outrora, reclama-se maiores possibilidade de o ofendido participar do processo penal, bem como outras respostas ao delito (depois do fracasso dos conceitos fundados unilateralmente no tratamento), colocando em um ponto central a compensação autor-vítima relativa à reparação do dano.[6]

Partindo dessas bases, os novos movimentos sociais a favor das vítimas (ou, ao menos, de alguns grupos) solicitam uma intervenção mais enérgica

---

[3] ESER, Albin. Acerca del renacimiento de la víctima en el procedimiento penal. In: *De los Delictos Y de Las Víctimas*. Julio B. J. Maier (org.). Buenos Aires: Ad-Hoc. 1992. p. 16.

[4] WUNDERLICH, Alexandre. A vítima no processo penal (impressões sobre o fracasso da Lei nº 9.099/95). *In Novos Diálogos sobre os Juizados Especiais Criminais*. Alexandre Wunderlich e Salo de Carvalho (org). Rio de Janeiro: Lumen Juris, 2005. p. 25.

[5] MAIER, Julio B. J. Op. Cit. p. 214-215.

[6] HIRSCH, Hans Joachim. La reparación del daño en el marco del derecho penal material. In: *De los Delictos Y de Las Víctimas*. Julio B. J. Maier (org.). Buenos Aires: Ad-Hoc. 1992. p. 55-56.

do direito penal na repressão e prevenção dos delitos que mais lhe afetam. Essa demanda, acompanhada de uma divulgação da ideia de desproteção das vítimas junto ao sistema traduziram-se em uma determinada política criminal que está provocando uma série de reformas legais que afetam a idéia de neutralização da vítima que serviu de base para a construção do direito penal moderno.[7]

Para Claus Roxin, as causas do "renascimento" do ofendido são muito variadas: a força publicitária, a frustração dos resultados obtidos com o tratamento e, sobretudo, a escalada da vitimologia como ramo jurídico independente. A eles se agrega a visão crescente da injustiça social de uma justiça penal que não toma em consideração o ofendido.[8]

Ainda, segundo o autor, as novas aspirações podem ser concentradas em três grandes linhas: composição privada do conflito, incorporação da reparação como nova classe de pena e, finalmente, o estabelecimento de um novo fim para a pena, a reparação, alcançável por prestações compensatórias do direito civil.[9]

Em análise semelhante, mas considerando outras circunstâncias, sustentam Muñoz Conde e Winfried Hassemer que as tendências político-criminais que atualmente se manifestam em favor da vítima refletem quatro âmbitos distintos. No primeiro, a restrição das garantias e direitos do imputado no processo penal (considerando válidas, por exemplo, provas ilícitas, ou dando a todo custo maior valor à palavra da mulher supostamente vitimada em detrimento daquela do homem), assim como facilitando a prisão cautelar e criticando nos meios de comunicação decisões que não se ajustam aos preconceitos vigentes na opinião pública sobre a punibilidade do fato. O segundo âmbito guarda relação com a aplicação e execução das penas, insistindo na prevenção geral intimidatória e deixando de lado a finalidade de reinserção social, pleiteando a pena de morte ou perpétua para o estuprador, terrorista ou assassino em série ou, pelo menos, que não receba qualquer tipo de benefício na execução penal. Da mesma forma, ampliam-se os tipos delitivos tradicionais a condutas periféricas ou anteriores à execução, como a posse de material pornográfico[10] e o pagamento por favores sexuais prestados voluntariamente por pessoas adultas. O terceiro é o crescente protagonismo dado à vítima no exercício da ação, como nos acordos realizados com o acusado. O

---

[7] MUÑOZ CONDE, Francisco; HASSEMER, Winfried. *Introdução à Criminologia*. Cíntia Toledo Miranda Chaves (Trad.). Rio de Janeiro: Lumen Juris, 2008. p. 148.

[8] ROXIN, Claus. La reparación en el sistema de los fines de la pena. In: *De los Delictos Y de Las Víctimas*. Julio B. J. Maier (org.). Buenos Aires: Ad-Hoc. 1992 p. 139-140.

[9] ROXIN, Claus. Op. Cit. p. 141.

[10] No Brasil, recentemente, a Lei 11.829/08 passou a criminalizar também as condutas de possuir ou armazenar fotografia, vídeo ou outra forma de registro que contenha cena de sexo explícito ou pornográfica envolvendo criança ou adolescente (art. 241-B do ECA) ou, até mesmo, a posse ou armazenamento de fotografia, vídeo ou outra forma de representação virtual adulterado, montado ou modificado que simule a participação de criança ou adolescente em cena de sexo explícito ou pornográfica (art. 241-C, parágrafo único, do ECA), hipóteses até então atípicas na legislação penal.

quarto âmbito tendencial, por derradeiro, é o fomento à atenção e ajuda à vítima por parte das instituições públicas, à indenização e ressarcimento do prejuízo causado pelo delito, sendo que cada uma destas tendências vem se materializando pouco a pouco no direito penal de boa parte dos países.[11]

Em uma análise um pouco mais comedida ao enfocar o desenvolvimento previsível na dogmática do direito penal e na política criminal, Winfried Hassemer acrescenta que o direito penal europeu continental ainda é historicamente orientado pelo autor, com a neutralização da vítima no processo de controle do crime e nas próprias representações dos fins da pena. Para o autor, em princípio, não há alternativas para a orientação pelo autor no moderno direito penal. Entretanto, pode-se crer que um direito penal futuro levará (e deve levar) mais em consideração a vítima, especialmente quanto ao direito de intervenção no processo penal, especialmente para fins de reparação.[12]

De qualquer forma, certo é que o tema do papel da vítima/ofendido no direito/processo penal, ainda incipiente no Brasil, é cada vez mais debatido nas tradicionais fontes do conhecimento penal. Como não se poderia esperar fosse diferente, começam a permear novas legislações que, ainda timidamente, começam a dar destaque ao assunto.[13]

Nesse sentido, destaca Albin Eser que não é apenas na lei alemã de proteção à vítima que se encontra uma tendência favorável ao ofendido,[14] já que a observância de legislações, além das fronteiras, mostra o fortalecimento da sua proteção como uma conjuntura generalizada, frequentemente vinculada ao intento de outorgar-lhe um maior espaço ao ressarcimento do dano ocasionado pelo delito.[15]

É a partir dessas ideias que serão analisadas as inovações processuais penais brasileiras em relação ao ofendido.

---

[11] MUÑOZ CONDE, Francisco; HASSEMER, Winfried. Op. Cit. p. 148-151.

[12] HASSEMER, Winfried. Desenvolvimentos previsíveis na dogmática do direito penal e na política criminal. In: *Revista Eletrônica de Direitos Humanos e Política Criminal* – REDHPC. n. 2, abr. 2008, Porto Alegre. p. 16.

[13] Cumpre destacar que a Declaração sobre os Princípios Fundamentais de Justiça para as Vítimas de Delitos e de Abuso em Geral, adotada pela Assembléia Geral das Nações Unidas já em 29/11/85 (Resolução 40/34), já estabelece, dentre diversas outras regras, que: a) serão estabelecidos mecanismos judiciais e administrativos que permitam às vítimas obter reparação pelos danos sofridos; b) serão prestadas informações e assistência apropriadas às vítimas durante todo o processo judicial; c) quando não for suficiente a indenização proveniente do autor do delito, ao Estado caberá indenizar financeiramente; d) as vítimas receberão toda assistência material, médica, psicológica e social que seja necessária, por meios governamentais, voluntários, comunitários e autônomos.

[14] No Brasil, a Lei 9.807/99 (Lei de Proteção a Vítimas e Testemunhas) apenas prevê medidas de proteção a vítimas ou testemunhas de crimes que estejam coagidas ou expostas a grave ameaça em razão de colaborarem com a investigação ou processo criminal (artigo 1º), nada prevendo quanto à participação do ofendido no processo penal ou seu auxílio nos demais casos.

[15] ESER, Albin. Op. Cit. p. 31.

3. As inovações quanto ao tratamento do ofendido no Processo Penal brasileiro: entre o texto, a necessidade e a efetividade

O Código de Processo Penal, em sua redação original, apenas dispensava atenção ao ofendido no seu Título VII (Da Prova), Capítulo V (Das Perguntas ao Ofendido). Assim, o artigo 201 limitava-se a dispor que, "sempre que possível, o ofendido será qualificado e perguntado sobre as circunstâncias da infração, quem seja ou presuma ser o seu autor, as provas que possa indicar, tomando-se por termo as suas declarações". Acrescentava o parágrafo único que "se, intimado para esse fim, deixar de comparecer sem motivo justo, o ofendido poderá ser conduzido à presença da autoridade".

Tal redação original não foi modificada pela Lei 11.690/08, porém realocada no *caput* e §1º do mesmo artigo. Por outro lado, ocorreram consideráveis inovações no texto legal, estabelecidas nos §§ 2º a 6º, e que serão objeto de análise nos itens que seguem.

3.1. Comunicação dos atos processuais

Determina o §2º do artigo 201 que "o ofendido será comunicado dos atos processuais relativos ao ingresso e à saída do acusado da prisão, à designação de data para audiência e à sentença e respectivos acórdãos que a mantenham ou modifiquem". Acrescenta o §3º do mesmo artigo que "as comunicações ao ofendido deverão ser feitas no endereço por ele indicado, admitindo-se, por opção do ofendido, o uso de meio eletrônico".

Quanto ao ingresso e à saída do acusado da prisão, três análises merecem ser realizadas. Uma quanto à imperiosidade da comunicação, outra quanto ao alcance da expressão acusado e, por fim, quanto às hipóteses de prisão que exigem a comunicação de entrada e saída.

Inicialmente, a norma legal, ao rigor de seu texto, não estabelece uma facultatividade, mas sim uma obrigatoriedade ("será") de comunicação ao ofendido dos atos que envolvam a prisão e liberdade do acusado, bem como das audiências, sentenças e acórdãos relativos ao processo.

Logo, ainda que o ofendido não manifeste interesse nas referidas comunicações, seja por estar alheio à solução do processo, seja por querer esquecer de vez o fato que – em maior ou menor grau – lhe tenha traumatizado, deverá ser comunicado.

O mais razoável seria questionar a vítima – no momento mais adequado da sua oitiva em juízo[16] – acerca do seu interesse em receber as comunicações, tor-

---

[16] Na prática, os próprios boletins de ocorrência policial poderão questionar o interesse da vítima, bem como coletar o endereço para a comunicação, nos mesmos moldes do que já é feito para a obtenção da representação nos casos de delitos de ação penal pública a ela condicionada.

nando-se a autorização condição para que fossem expedidas. Interpretação nesse sentido, embora aparentemente contraditória com o disposto no §2°, pode ser extraída do §3°, que dispõe que as comunicações ao ofendido deverão ser feitas no endereço "por ele indicado", admitindo-se, "por opção do ofendido", o uso de meio eletrônico. Na medida em que o ofendido deve indicar um endereço para a comunicação (podendo optar por meio eletrônico), pode-se ter por conclusão que a ela deve ser precedida a apresentação do endereço, o que – ainda que implicitamente – significa que o ofendido manifestou sua vontade quanto ao recebimento das comunicações.

No entanto, ainda que desconsiderada a interpretação anterior, um mínimo de bom senso permite concluir que, ao menos a pedido do ofendido (pessoalmente ou por procurador devidamente habilitado), em qualquer fase do processo, o julgador poderá determinar a não comunicação dos atos processuais, preservando a sua vontade acerca de um direito que lhe é plenamente disponível.

Nunca é demais lembrar que, caso o ofendido tenha interesse em acompanhar de perto o andamento processual, poderá habilitar-se como assistente da acusação, ainda que apenas para tomar ciência dos atos processuais e comparecer às audiências designadas. Ainda, poderá optar por buscar informações diretamente em Cartório, pessoalmente ou por procurador judicial (procedimento que, como sabido, nem sempre se mostra de fácil realização).[17]

Dessa forma, a interpretação mais adequada parece ser a de que o ofendido, frente à reforma processual, passou a contar com uma nova forma de tomar ciência dos principais atos processuais. No entanto, como o Estado não pode obrigar que alguém tome conhecimento de algo que não quer, deverá o ofendido ser questionado acerca do seu interesse nas referidas comunicações, hipótese em que declinará o endereço ou meio eletrônico que deverá ser utilizado.

Em um segundo momento, a lei usa a expressão "acusado", aparentemente referindo-se apenas aos casos de prisão provisória. A vingar uma interpretação meramente gramatical, tornar-se-iam desnecessárias as comunicações quanto à prisão e liberação em decorrência de sentenças definitivas. No entanto, certamente não é essa a finalidade da lei, dirigida a abarcar a entrada e saída da prisão tanto de "acusados" quanto de "condenados".

Em terceiro lugar, por "ingresso na prisão" devem ser compreendidas todas as modalidades de entrada na prisão, seja ela cautelar ou decorrente de sentença penal condenatória. Por "saída da prisão", todas as hipóteses legais em que o acusado ou condenado deixa o estabelecimento prisional, sem estar submetido às limitações físicas de uma prisão provisória ou de uma pena privativa de liberdade. Assim, deverá haver a comunicação do ofendido, dentre outras possibilidades, nos casos de relaxamento ou revogação da prisão, liberdade provisória, progressão para o regime aberto e livramento condicional. Não parece razoável que a co-

---

[17] Estabelece o artigo 5°, LX, da Constituição Federal, que "a lei só poderá restringir a publicidade dos atos processuais quando a defesa da intimidade ou o interesse social o exigirem".

municação seja feita nos casos de autorização para o trabalho externo, permissão de saída ou saída temporária, já que, nesses casos, é necessário – de acordo com o benefício – que o preso esteja detido, seja provisoriamente ou nos regimes fechado ou semi-aberto. De fato, por "saída" da prisão não deve ser compreendida qualquer hipótese de saída dos muros do estabelecimento penitenciário, mas sim apenas aquelas em que o acusado ou apenado volta para o convívio social com integral ou relativa liberdade. Do contrário, deveria ser o ofendido comunicado da saída da prisão para interrogatório, acompanhamento de audiência, visita a parente doente, consulta médica ou exames especializados etc., o que se mostraria desarrazoado.[18]

Teoricamente, a comunicação da prisão serviria para "tranquilizar" o ofendido, seja pelo sentimento de satisfação do seu presumível interesse na vingança contra o algoz, seja pelo de confiança no Judiciário, diante da percepção de que o "seu" caso está sendo "levado adiante" e que "algo está sendo feito". Em suma, seria a manifestação da "feitura da Justiça" aos olhos do ofendido. Por outro lado, a comunicação da saída da prisão serviria para alertar o ofendido de que o autor do crime contra ele cometido retornou ao convívio social (e, talvez, poderia topar com a vítima em qualquer rua da cidade ou, quem sabe, procurá-la em seu endereço com o intuito de se vingar). Nas palavras de Luiz Flávio Gomes, Rogério Cunha e Ronaldo Pinto, trata-se de uma "questão de segurança".[19]

No entanto, a previsão legal necessita ser analisada com reservas. A comunicação – em regra – ocorrerá em crimes de médio ou alto poder ofensivo (especialmente nesses últimos), tendo em vista que os institutos da composição civil dos danos, transação, suspensão condicional do processo, substituição da pena privativa de liberdade e suspensão condicional da pena (reservados, em regra, aos crimes de pequeno ou médio potencial ofensivo) afastarão – ao menos inicialmente – a possibilidade de prisão do condenado e dificultarão a prisão cautelar. Assim, a aplicação da regra é dirigida a uma delimitada parcela de delitos, dentre as quais se inclui a maioria daqueles que podem ter elevada carga de dramaticidade e trauma.

Por essa razão, tanto a comunicação da entrada quanto – e principalmente – da saída do agressor da prisão colaboram para a rememoração do fato criminoso, o que pode desencadear um novo processo de vitimização (vitimização secundária). Como não bastasse, a notícia da saída do ofensor da prisão, por vezes ocorrida vários anos após o fato, pode ainda funcionar como elemento de catalisação do medo de uma repetição do evento, não raro gerando um clima de histeria e prejudicando um longo trabalho íntimo de superação de um possível trauma.

---

[18] Para Nereu Giacomolli, a determinação da comunicação ao ofendido dos atos processuais relativos ao ingresso e saída do acusado da prisão não tem aplicação nas hipóteses de alteração de regime de cumprimento da pena e do livramento condicional – pelo mesmo motivo de que o apenado continua preso – bem como das fugas e recapturas de presos (GIACOMOLLI, Nereu José. *Reformas (?) do Processo Penal*: considerações críticas. Rio de Janeiro: Lumen Juris, 2008. p. 54).

[19] GOMES, Luiz Flávio; CUNHA, Rogério Sanches; PINTO, Ronaldo Batista. *Comentários às Reformas do Código de Processo Penal e da Lei de Trânsito*. São Paulo: Revista dos Tribunais, 2008. p. 298.

Quanto à comunicação da data para a audiência, a determinação legal parece tratar-se desnecessária na medida em que a reforma processual penal estabeleceu como regra a audiência una, de instrução e julgamento, em que deverá ser tomado o depoimento do ofendido (arts. 400 e 531 do CPP). Assim, para a referida solenidade, o ofendido já deverá ter sido devidamente notificado para comparecimento. Não se pode crer que o texto legal possa ter abrangido a obrigatoriedade de comunicação de eventuais audiências de prosseguimento ou de oitivas por carta precatória, o que também se mostraria injustificável.

O novo texto também determina a comunicação do ofendido quanto à sentença e respectivos acórdãos que a mantenham ou modifiquem.[20] Se a sentença ou acórdãos disserem respeito a uma decisão absolutória ou extintiva da punibilidade, a comunicação servirá apenas para que o ofendido tome conhecimento do desfecho do processo, bem como dos motivos que levaram a ele. Em relação à sentença ou acórdãos condenatórios, além da comunicação do resultado, existe a possibilidade do interesse do ofendido em liquidar e executar a decisão no juízo civil, caso lá já não esteja promovendo a busca da reparação decorrente da conduta delitiva.

Embora o foco principal da alteração legislativa tenha sido a pessoa física, não existe qualquer restrição no texto legal quanto à dispensa de comunicação quando o ofendido for pessoa jurídica. Isso porque os mesmos fundamentos que justificam a medida para a pessoa física, com algumas adaptações, podem ser estendidos à pessoa jurídica. Entretanto, por total impossibilidade prática, a comunicação deverá ser dispensada quando o crime tiver como vítima uma coletividade indeterminada, como em regra ocorre, por exemplo, nos crimes ambientais, contra a ordem tributária, econômica, relações de consumo, tráfico de drogas etc.

Por fim, para Luiz Flávio Gomes, Rogério Cunha e Ronaldo Pinto, é nítida a preocupação do legislador em "prestar alguma espécie de satisfação" ao ofendido, tão ignorado pela legislação, que é mais voltada à figura do réu.[21] No entanto, como adverte Nereu Giacomolli, essas comunicações desvirtuam o processo penal, na medida em que o direito de acusar e de aplicar a pena pertence ao Estado e não ao ofendido.[22] Como não bastasse, essas comunicações criam falsas expectativas no ofendido, reavivam os sentimentos em relação ao causador do dano e aumentam o sofrimento, especialmente frente à costumeira ausência de conhecimentos técnicos acerca do processo penal.[23]

3.2. Espaço separado antes e durante a audiência

O §4º do artigo 201 determina que "antes do início da audiência e durante a sua realização, será reservado espaço separado para o ofendido".

---

[20] Para Nereu Giacomolli, as comunicações deverão ser feitas pelo juízo de origem e não pelos Tribunais (GIACOMOLLI, Nereu José. Op. Cit. p. 54).

[21] GOMES, Luiz Flávio; CUNHA, Rogério Sanches; PINTO, Ronaldo Batista. Op. Cit. p. 298.

[22] GIACOMOLLI, Nereu José. Op. Cit. p. 55.

[23] GIACOMOLLI, Nereu José. Op. Cit. p. 55.

Mais uma vez, uma interpretação literal do texto leva à constatação de que a utilização da expressão "será" torna obrigatória a reserva do espaço separado ao ofendido, independentemente do caso concreto, do requerimento do interessado ou da análise do magistrado.

A justificativa para o espaço separado, argumenta-se, é evitar o constrangimento da espera pela audiência em um local comum. Para Luiz Flávio Gomes, Rogério Cunha e Ronaldo Pinto, no entanto, a preocupação do dispositivo é ainda maior, dirigida a preservar a própria segurança do ofendido, "seriamente comprometida caso, por exemplo, tivesse que ocupar o mesmo espaço físico do réu".[24]

No que tange ao constrangimento, deve ser ponderado que grande parte das audiências criminais que acontecem diariamente no Brasil envolve a presença do acusado e do ofendido (e, com o estabelecimento da audiência única de instrução e julgamento, esse número deve aumentar), sem que se possa afirmar que existam dados concretos para amparar um fundado temor na divisão do espaço do foro entre acusado e ofendido. O constrangimento causado pela presença de partes contrárias, via de regra, faz parte do próprio litígio judicial, ocorrendo entre acusado e vítima de forma semelhante como ocorre com reclamante e reclamado – na Justiça do Trabalho – ou entre requerente e requerido – na Justiça Civil. Ademais, não pode ser afirmado que, necessariamente, a animosidade na esfera penal é maior do que nas outras esferas de conflito judicial (como, por exemplo, nos casos de ações que envolvem direito de família e prova de justas causas delicadas em reclamações trabalhistas).

Dessa forma, o constrangimento deriva do próprio ambiente pouco receptivo dos foruns brasileiros e da certeza do encontro com a parte adversa. A visão ou não do acusado pela vítima na entrada da sala de audiência, por si só, pouca contribuição trará, já que as partes estarão certas que, em pouco tempo, terão o enfrentamento dentro da sala de audiências. Sob certo aspecto, o contato visual prévio entre acusado e ofendido pode, inclusive, fazer com que o temor do encontro seja atenuado até o início da audiência, colaborando para a tranquilidade do seu desenvolvimento. Em outras palavras, o constrangimento decorrente da presença de partes contrárias sempre estará presente, seja no saguão do foro, seja diretamente na sala de audiências. E isso a lei não poderá modificar.

Não se pode transformar o fato em uma questão de segurança, já que esta não será assegurada por um espaço separado para o ofendido, mas por um adequado serviço de segurança garantido pelo próprio Estado em todas as dependências do foro, especialmente próximo às varas criminais, se assim for desejado. De fato, embora não existam estatísticas, não se tem notícia de notáveis taxas de violência do acusado contra o ofendido nas solenidades judiciais.

Em relação ao espaço separado para o ofendido durante a audiência, existe ainda outra ponderação. Se não se habilitar como assistente de acusação, o ofendido ingressará na sala de audiências apenas quando for prestar o

---

[24] GOMES, Luiz Flávio; CUNHA, Rogério Sanches; PINTO, Ronaldo Batista. Op. Cit. p. 299.

seu depoimento e, tão logo o realize, será dela dispensado. Não parece haver motivo, portanto, para a criação desse espaço separado ao longo da solenidade.[25] Ademais, ainda que assim não o fosse (como no caso de o magistrado determinar que todas as testemunhas sejam ouvidas antes da sua liberação, aguardando na sala de audiências aquelas que forem ouvidas por primeiro) nem se cogitaria de acomodar o ofendido ao lado do acusado, mas sim em poltronas distintas daquelas da defesa, acusado e acusação, em regra junto às demais testemunhas.

Acaso a simples presença do acusado cause humilhação, temor, ou sério constrangimento ao ofendido (assim como à testemunha), de modo que prejudique a verdade do depoimento, o magistrado passou a ter autorização legal para fazer a inquirição por videoconferência e, somente na impossibilidade dessa forma, determinar a retirada do réu, prosseguindo na inquirição, com a presença do seu defensor (art. 217, *caput*), sendo que a adoção de qualquer dessas medidas deverá constar do termo, assim como os motivos que a determinaram (art. 217, parágrafo único). Dessa forma, em caso de qualquer constrangimento causado pela presença do acusado, a mesma reforma processual atribuiu ao juiz o poder/dever de intervir para contornar a situação, medida que parece suficiente para assegurar a liberdade psíquica do ofendido.

Por derradeiro, merece ser ainda considerada a inevitável questão estrutural. Conhecendo a realidade física dos foros, parece pouco provável a disponibilidade de salas para vítima, testemunhas de acusação e de defesa.

3.3. Atendimento multidisciplinar

Estabelece o §5° do artigo 201 que, se o juiz entender necessário, poderá encaminhar o ofendido para atendimento multidisciplinar, especialmente nas áreas psicossocial, de assistência jurídica e de saúde, às expensas do ofensor ou do Estado.

Pela primeira vez, o texto estabelece uma "possibilidade", a critério do juiz. Embora não se faça menção à origem do requerimento, é razoável que parta do próprio ofendido, do Ministério Público ou, até mesmo, *ex officio*.

A lei não delimita o conteúdo do denominado "atendimento multidisciplinar", pelo que – em tese – pode englobar qualquer tipo de atendimento passível de ser trazido ao ofendido. No entanto, indica o texto a prioridade de encaminhamento para a área psicossocial, de assistência jurídica e de saúde. A área psicossocial permite o atendimento especializado através do serviço de psicologia e assistência social, a fim de prestar o auxílio para a solução de problemas derivados do crime e que possam estar interferindo na vida do ofendido. A assistência jurídica dirige-se a possibilitar o esclarecimento e promoção de todos os direitos

---

[25] Distinta é a hipótese do artigo 210, parágrafo único, que prevê a reserva de espaços separados para as testemunhas, antes do início da audiência e durante a sua realização, "para a garantia da incomunicabilidade das testemunhas", o que se mostra razoável.

derivados da condição de ofendido, especialmente o de atuar junto ao processo como assistente de acusação e promover a reparação dos danos derivados do delito. Ao mesmo passo, poderá servir para que o ofendido tenha uma real compreensão da sua posição processual e de toda a sequência de atos que serão desenvolvidos até final julgamento. Por fim, a possibilidade de encaminhamento à área de saúde é prevista com a intenção de permitir o acompanhamento e tratamento de eventuais consequências que o crime praticado possa ter trazido ao ofendido no que tange à sua saúde, tanto física quanto mental (inclusive em complementação ao atendimento psicossocial).

Ao final do parágrafo, a grande inovação: quem deverá arcar com as expensas deverá ser o ofensor ou o Estado.

Entende Luiz Flávio Gomes, Rogério Cunha e Ronaldo Pinto, que é "de se aplaudir, mais uma vez, a inovação legislativa", fortemente preocupada com o ofendido, até então praticamente ignorado em nosso sistema. No entanto, acrescentam que, apesar da incapacidade de aplicação do que vem previsto em lei, o dispositivo indica um norte, cabendo que se cobrem das autoridades competentes o efetivo cumprimento das medidas.[26]

De fato, embora talvez não devesse constar em um Código de Processo Penal, ainda assim o texto legal (enquanto mero texto) é digno de nota. No entanto, mais uma vez, uma mínima lembrança e compreensão do passado e do presente já possibilitam realizar a previsão de que, como em diversos outros diplomas legislativos,[27] nada ou pouca coisa de concreto será verificada. A questão não é penal ou processual penal, mas sim de cunho social/estrutural, na medida em que depende que o Estado[28] assegure em sua rede pública de saúde ou de Defensoria Pública o acesso aos referidos atendimentos.

---

[26] GOMES, Luiz Flávio; CUNHA, Rogério Sanches; PINTO, Ronaldo Batista. Op. Cit. p. 300.

[27] A própria Constituição Federal assegura, já em seu artigo 1º, a dignidade da pessoa humana. O artigo 6º estabelece que são direitos sociais, dentre outros, a saúde e a assistência aos desamparados e o artigo 196, por fim, prevê que a saúde é direito de todos e dever do Estado, garantido mediante políticas sociais e econômicas que visem à redução do risco de doença e de outros agravos e ao acesso universal e igualitário às ações e serviços para sua promoção, proteção e recuperação. Direitos semelhantes já foram previstos em várias outras normas. Assim, prevê a Lei de Execuções Penais que o Estado tem o dever de assistência material, saúde, jurídica, educacional, social e religiosa ao preso, ao internado e ao egresso (arts. 10 e 11); o Estatuto da Criança e do Adolescente, que "é dever da família, da comunidade, da sociedade em geral e do poder público assegurar, com absoluta prioridade, a efetivação dos direitos referentes à vida, à saúde, à alimentação, à educação, ao esporte, ao lazer, à profissionalização, à cultura, à dignidade, ao respeito, à liberdade e à convivência familiar e comunitária" (art. 4ª); em redação quase idêntica, o Estatuto do Idoso prevê que "é obrigação da família, da comunidade, da sociedade e do Poder Público assegurar ao idoso, com absoluta prioridade, a efetivação do direito à vida, à saúde, à alimentação, à educação, à cultura, ao esporte, ao lazer, ao trabalho, à cidadania, à liberdade, à dignidade, ao respeito e à convivência familiar e comunitária"; a Lei de Violência Doméstica e Familiar contra a Mulher, que "serão asseguradas às mulheres as condições para o exercício efetivo dos direitos à vida, à segurança, à saúde, à alimentação, à educação, à cultura, à moradia, ao acesso à justiça, ao esporte, ao lazer, ao trabalho, à cidadania, à liberdade, à dignidade, ao respeito e à convivência familiar e comunitária", apenas a título de exemplificação.

[28] Como afirma Lenio Streck, "é evidente, pois, que em países como o Brasil, em que o Estado Social não existiu, o agente principal de toda a política social deve ser o Estado" (STRECK, Lenio Luiz. *Hermenêutica Jurídica e(m) Crise*: uma exploração hermenêutica da construção do Direito. 7ª ed. Porto Alegre: Livraria do Advogado, 2007. p. 26).

Ademais, munido de um encaminhamento judicial, caberia ao ofendido dirigir-se às filas dos atendimentos públicos (seja na área psicossocial, de assistência jurídica ou de saúde), já que restaria inconstitucional que o encaminhamento lhe garantisse um acesso privilegiado, violando as regras da universalidade e da igualitariedade (de fato, descabe à autoridade judiciária determinar que uma vítima de um roubo, por exemplo, necessite preferência no atendimento psicossocial do que qualquer outra pessoa que sofra de trauma de igual ou maior intensidade não derivada de um crime). Em suma, pouca coisa seria modificada quanto ao acesso aos referidos atendimentos.

Por outro lado, não há como imaginar-se que o juiz possa determinar o atendimento às expensas do ofensor, por total impossibilidade prática de que isso ocorra. Isso porque não é crível que um profissional atenda na modalidade particular alguém encaminhado pelo juiz com à determinação de que seja o ofensor quem pague o custo do tratamento. Esperaria o agressor comparecer ao consultório/escritório para pagar antecipadamente os honorários? Se não, após o tratamento, como o profissional cobraria? Diretamente do ofensor, em uma ação judicial? Certamente que isso não funcionaria dessa forma. Igualmente não tem razoabilidade o argumento de que a determinação judicial permitiria que o ofendido adiantasse o custo do tratamento para o profissional e, após, cobrasse o valor do agressor, já que se partiria de um pressuposto de que o ofendido teria considerável capacidade econômica, fazendo com que a nova previsão apenas trouxesse para o âmbito penal o que poderia ter sido buscado, da mesma forma, diretamente no âmbito civil (para onde, mais cedo ou mais tarde, a discussão terá que ser levada). Por fim, em qualquer das hipóteses, o pagamento das despesas pelo ofensor dependeria de ter ele condições econômicas para tanto, o que, como sabido, não é o que ocorre na maioria dos crimes verificados no Brasil.

Logo, embora louvável a previsão legal, sua efetividade certamente dependerá de uma organização específica do Estado para esse fim, sob pena de transformar-se em "letra morta", tal como ocorre em diversos outros diplomas protetivos.

3.4. Da intimidade, vida privada, honra e imagem do ofendido

Prevê o § 6º do artigo 201 que "o juiz tomará as providências necessárias à preservação da intimidade, vida privada, honra e imagem do ofendido, podendo, inclusive, determinar o segredo de justiça em relação aos dados, depoimentos e outras informações constantes dos autos a seu respeito para evitar sua exposição aos meios de comunicação".

A própria Constituição Federal já estabelece em seu artigo 5º, inciso X, que "são invioláveis a intimidade, a vida privada, a honra e a imagem das pessoas, assegurado o direito a indenização pelo dano material ou moral decorrente de sua violação". Assim, o texto processual penal nada mais fez do que repetir o mandamento de inviolabilidade constitucional – fazendo menção específica ao ofendido (já abarcado pela Carta Magna pela indistinta expressão "pessoas") – com o acréscimo da possibilidade de decretação do segredo de justiça quanto a dados, depoimentos e outras informações, a fim de evitar sua exposição aos meios de investigação.

No sistema processual brasileiro, a publicidade do processo (artigos. 5°, inciso LX, e 93, inciso IX, da Constituição Federal) é a regra, sendo o sigilo é a exceção. No entanto, tem se tornado cada vez mais comuns os casos de decretação do sigilo, a fim de manter em segredo processos judiciais ou investigações policiais, por força de lei ou de decisão judicial. Embora o ordenamento jurídico não ofereça uma regulamentação clara e única quanto ao segredo de justiça, há previsões quanto à sua aplicação em artigos esparsos e atos administrativos, além de farta jurisprudência.

Assim, quanto à primeira parte do dispositivo, nada de novo no sistema jurídico. Em relação à segunda parte, embora não houvesse até então previsão específica de segredo de justiça como forma de proteção ao ofendido (já que usualmente eram lembrados apenas a intimidade dos investigados/acusados ou o interesse da investigação/processo), certo é que a própria previsão constitucional já seria suficiente para amparar a sua decretação, como forma de tutela da intimidade, vida privada, honra e imagem do ofendido.

No entanto, em um sistema ainda arraigado em um positivismo/legalismo por vezes exagerado, deve ser considerada a grande possibilidade de que, a partir da alteração legislativa, tornem-se mais comuns os casos de decretação do segredo de justiça em benefício do ofendido, já que a efetividade conferida pelos tribunais aos textos ordinários não raro é maior do que ao próprio texto constitucional.

3.5. Reparação do dano

Estabelece o artigo 387 que, em caso de sentença condenatória, o juiz deverá fixar o "valor mínimo para reparação dos danos causados pela infração, considerando os prejuízos sofridos pelo ofendido" (inciso IV). A mesma previsão se aplica ao procedimento do tribunal do júri, na medida em que o artigo 492, após estabelecer algumas regras específicas para a sentença condenatória, determina que o *decisum* "observará as demais disposições do artigo 387 deste Código".

Acerca da execução do valor, prevê o artigo 63, parágrafo único, que "transitada em julgado a sentença condenatória, a execução poderá ser efetuada pelo valor fixado nos termos do inciso IV do *caput* do art. 387 deste Código sem prejuízo da liquidação para a apuração do dano efetivamente sofrido".

A expressão "danos" é utilizada em sentido amplo, abrangendo tanto os de natureza material quanto moral. De fato, existe uma gama de delitos que, em um primeiro momento, não geram danos de cunho material (calúnia, atentado ao pudor mediante fraude e assédio sexual, por exemplo), mas que podem implicar danos morais.

Luiz Flávio Gomes, Rogério Cunha e Ronaldo Pinto entendem ser uma "louvável iniciativa do legislador", que rompe com a tradicional divisão entre as esferas civil e penal.[29]

Assim, para os autores, cumpre ao julgador investigar o prejuízo, de cunho material, para, a partir daí, arbitrar "um valor que mais se aproxime do devido, propiciando, assim, uma reparação que seja satisfatória e que desestimule a propositura da ação no cível, com toda demora e dissabores que são conhecidos".[30]

Reconhecendo que a quantificação desse valor pelo magistrado não se mostra uma tarefa fácil, bem como que não cabe ao *parquet* investigar aprofundadamente o valor do prejuízo, sustentam que o melhor seria que o ofendido se habilitasse como assistente de acusação e, a partir daí, municiasse o juiz de dados que permitissem a fixação do valor a ser pago a título de indenização.[31]

Mais uma vez, os encômios à modificação legal, exaltada por alguns juristas, não resiste a uma análise mais racional do dispositivo.

Ao determinar que o magistrado deverá fixar um valor mínimo para reparação dos danos causados pela infração, considerando os prejuízos sofridos pelo ofendido, sem dúvida o legislador traz para a seara penal uma discussão eminentemente civil. Não se trata, portanto, de uma pena, mas sim de um dispositivo ressarcitório contido na sentença penal condenatória.

Afora a discussão já travada quanto a uma tendência contemporânea de aproximação entre o direito penal e civil,[32] determinados problemas que poderão ser encontrados na aplicação do dispositivo no processo penal brasileiro devem ser avaliados.

Mais uma vez, a lei traz a expressão "deverá", estabelecendo uma obrigatoriedade de fixação do valor mínimo para reparação dos danos. Havendo elementos nos autos para a apuração de tal valor, não existirão maiores problemas de cunho formal para a sentença. No entanto, ao rigor da imperatividade da lei, ainda que não tenha havido dilação probatória a justificar a fixação de um patamar mínimo reparatório, ainda assim deverá o juiz fixá-lo, o que se afigura inadmissível. De fato, qualquer fixação de valor reparatório sem base em provas implicaria a

---

[29] GOMES, Luiz Flávio; CUNHA, Rogério Sanches; PINTO, Ronaldo Batista. Op. Cit. p. 332. Cumpre ser mencionado que, recentemente, no âmbito da Lei 11.340/06 (Violência Doméstica e Familiar contra a Mulher), o artigo 14 inovou ao estabelecer que "os Juizados de Violência Doméstica e Familiar contra a Mulher, órgãos da Justiça Ordinária *com competência cível e criminal*, poderão ser criados pela União, no Distrito Federal e nos Territórios, e pelos Estados, para o processo, o julgamento e a execução das causas decorrentes da prática de violência doméstica e familiar contra a mulher" (grifado).

[30] Ibid. p. 315.

[31] Ibid.

[32] Para Claus Roxin, se o jurista hoje tem dificuldades para familiarizar-se com a idéia de que a reparação é uma pena ou, muito menos, que poderia substituir a pena, total ou parcialmente, tal se justifica pela estrita separação criada entre o direito penal e o direito civil, apenas imposta na segunda metade do século XIX, especialmente pela influência de Binding que, diferenciando pena e reparação pelo dano, afirmava que aquela deveria ser fixada sempre em favor do Estado, jamais de um particular, prevalecendo a concepção de que todas as medidas tomadas para favorecer o ofendido são assunto do direito civil (ROXIN, Claus. Op. Cit. p. 135)

nulidade da sentença nesse particular, por total ausência de justa causa ou fundamento válido. Na prática, apesar do pouco tempo de vigência da nova lei, o que se tem visto é que a maioria das sentenças deixa de fixar o valor reparatório em razão da ausência de provas, o que acaba por violar a obrigação legal, mas, ao mesmo tempo, mantém a higidez da sentença.

Ademais, eventual dilação probatória acerca dos danos suportados, se trazidas para dentro do processo penal, não só tirariam o foco da discussão[33] como aumentariam em muito o prazo para a solução do feito. Na medida em que os danos devem restar provados dos autos, surge o ônus da prova para a acusação, que deveria juntar documentos, requerer diligências, perícias, ou mesmo arrolar testemunhas para a prova dos danos. Se houvesse ainda a assistência de acusação, como sugerem alguns autores (agora especialmente para o fim reparatório), a questão seria ainda mais complexa, demandando maior tempo e coleta de provas em nada relacionadas com a apuração penal da infração. Por outro lado, caberia à defesa impugnar a prova realizada pela acusação (assistida ou não), o que importaria na mesma carga probatória em sentido contrário.

Em suma, a instrução do processo abarcaria matéria penal e civil, gerando um desserviço para a já complicada, demorada e criticada jurisdição penal. Por fim, não é difícil prever-se que, quando do trânsito em julgado da sentença penal condenatória (com todo o incremento probatório do procedimento), já haveria tempo suficiente para o encerramento de uma demanda na esfera civil (especialmente se em valor não superior a quarenta salários mínimos, hipótese em que poderia ser encaminhada aos Juizados Especiais Cíveis), dessa vez não com base no valor "mínimo" para reparação, mas sim no valor "total". Não haverá, possivelmente, prevenção de demandas civis, já que esta terá que ser acionada para a complementação da reparação (e, depois, ainda para a normal execução do título). Logo, infla-se a demanda do processo penal sem afastar ou reduzir a demanda do processo civil. Tudo isso, em uma sociedade que cada vez mais prima pela velocidade e efetividade.

Como entende Nereu Giacomolli, é mais um entrave à resposta da jurisdição dentro do tempo razoável. Para o autor, em razão disso, são inadmissíveis os meios de prova e a metodologia de busca desta, quando objetivarem a reparação civil. Assim, o juiz deverá fixar o valor mínimo com base na prova produzida na perspectiva criminal.[34] De fato, esta parece ser a melhor forma de proteger o processo penal de uma confusão com o processo civil, sem desatender o preceito legal.

Por fim, na medida em que a indenização está na esfera de disponibilidade da vítima, poderá ela manifestar o interesse em dispensar o arbitramento na esfera criminal e discutir toda a questão reparatória no juízo civil,[35] evitando a

---

[33] Como bem afirma Nereu Giacomolli, embora a determinação do valor deva ser feita com amparo nas provas constantes dos autos, a perspectiva probatória, desde a proposição de meios de prova até a sua avaliação, é diferente no âmbito criminal e reparatório (GIACOMOLLI, Nereu José. Op. Cit. p. 110).

[34] GIACOMOLLI, Nereu José. Op. Cit. p. 110.

[35] Ibid. p. 111.

86   *Francis Rafael Beck*

existência de dois títulos executivos e, possivelmente, dois distintos processos de execução.

Caso ocorra a fixação de determinada quantia na esfera penal, deverá ser descontada do valor a ser estabelecido na esfera civil, na medida em que, como já referido, o valor fixado na seara penal possui natureza ressarcitória, não correspondendo a uma pena.

4. Considerações finais

Para que se possa chegar a uma valoração cientificamente equilibrada acerca das questões que atualmente envolvem a vítima, deve-se estar consciente das oscilações pendulares da política criminal recente. Nos anos sessenta, era considerado reacionário quem opusesse dúvidas frente a uma ideologia unilateral do tratamento, que determinava vistas grossas à vítima e à necessidade de justiça que resultava do olhar sobre ela. Hoje em dia, deve ser temida uma reprovação similar para aquele que defenda uma ideia oposta. É também inexato, segundo atualmente se afirma, que agora o ofendido foi novamente descoberto para o processo penal depois de – no transcurso da evolução jurídica – ter sido mais e mais dele desalojado, já que a vítima não foi excluída como fator de determinação da pena nem como sujeito portador de faculdades processuais.[36]

Levar em consideração os interesses da vítima é hoje um efeito benéfico das correntes vitimológicas e uma exigência iniludível de respeito a seus direitos, desde que isso não redunde em uma lesão ou restrição dos direitos fundamentais do imputado no processo penal ou fomente uma atitude vingativa ou justiceira dos direitos da vítima que as converta em algoz de seus antigos vitimários, desencadeando uma política mais de enfrentamento do que de apaziguamento entre os protagonistas do conflito penal.[37]

Como adverte Nereu Giacomolli, a incorporação do ofendido no processo penal, na extensão da reforma processual penal, é uma das características do expansionismo dos sistemas penais contemporâneos que abre margem a um desequilíbrio na situação processual (habilitação do ofendido como assistente de acusação), um aumento na duração do processo (intimação do ofendido), desnaturando a sua atividade finalística (incidência do *jus puniendi* e proteção do *status libertatis*).[38]

Acrescenta o autor que o legislador pretende que o ofendido se torne um sujeito processual com mais direitos que as próprias partes e demais envolvidos

---

[36] HIRSCH, Hans Joachim. Acerca de la posición de la víctima en el Derecho penal y en el Derecho procesal penal. In: *De los Delictos Y de Las Víctimas*. Julio B. J. Maier (org.). Buenos Aires: Ad-Hoc. 1992. p. 94-95

[37] MUÑOZ CONDE, Francisco; HASSEMER, Winfried. Op. Cit. p. 161-162.

[38] GIACOMOLLI, Nereu José. Op. Cit. p. 53.

no processo, como se observa na determinação de a vítima possuir espaço reservado nos locais de realização das audiências (prerrogativa, em regra, que sequer é alcançada à própria Defensoria Pública, constantemente presente nos foros e nas varas criminais) e na falsa expectativa de assistência e tratamento do ofendido (que, embora positivada, não é dada ao encarcerado).[39]

Nesse contexto, o debate estendido mundialmente sobre a reparação no âmbito do direito penal material não é tão revolucionário como se tem pretendido. As funções do direito penal não podem ser ampliadas arbitrariamente, já que estão ontologicamente limitadas. Por isso, conserva a reparação o seu caráter civil, inclusive quando incorporada ao direito penal. Assim, apenas se pode ter em conta que o autor tenha a possibilidade de alcançar consequências penais favoráveis com a reparação do dano, o que redunda, mediatamente, em um benefício para a vítima. No entanto, errada é a ideia hoje difundida de que, depois do fracasso do conceito de tratamento, os conceitos de composição autor-vítima e reparação poderiam ser os indicadores político-criminais gerais.[40]

Em derradeira análise, de tudo o que até aqui foi analisado, pode-se constatar que o papel da vítima não é um problema específico do direito processual penal, tampouco unicamente do direito penal material. Trata-se, antes de qualquer coisa, de um problema do sistema penal em seu conjunto, dos fins que persegue e, por fim, dos meios de realização que são colocados à disposição pelo direito processual penal. É, portanto, um problema político-criminal comum, que deve ser solucionado pelo sistema em seu conjunto. Além disso, consiste também em um problema que põe em jogo a fronteira entre o direito privado e o direito penal, frente às duas reações características de cada um deles: reparação e pena.[41]

Por outro lado, a ajuda e assistência ao ofendido (que não se confundem com o seu papel no direito/processo penal) não é um problema político-criminal, mas um problema – sobretudo – de política social.[42] E cumpre ao Estado, portanto, o asseguramento de todo tipo de auxílio à vítima (ressalvados os casos em que o ofensor seja compelido a arcar antecipadamente com as despesas, o que se afigura pouco provável e viável).

Se o legislador preferiu trazer para o diploma processual penal disposições de auxílio à vítima (lugar que talvez não seja o mais indicado), poderia ter ousado em disciplinar de forma mais objetiva a forma como esse auxílio deve ser realizado.

Apenas a título de ilustração, deve ser apontado que, nos últimos anos, vêm se estabelecendo em numerosos países fundos de compensações estatais para

---

[39] GIACOMOLLI, Nereu José. Op. Cit. p. 53-54.

[40] HIRSCH, Hans Joachim. La reparación del daño en el marco del derecho penal material. Op. Cit. p. 89-90. Na opinião de Roxin, o legislador deveria decidir-se por conceder à reparação um espaço mais amplo no direito penal, sendo que a separação entre direito penal e civil não constitui obstáculo alguma para esse desenvolvimento.(ROXIN, Claus. Op. Cit. p. 156).

[41] MAIER, Julio B. J. Op. Cit. p. 190-191.

[42] MUÑOZ CONDE, Francisco; HASSEMER, Winfried. Op. Cit. p. 162.

amenizar as necessidades econômicas de vítimas de delitos violentos. A justificativa para a criação dos referidos fundos se dá na medida em que o Estado, ao assumir o monopólio da defesa do cidadão, torna-se responsável por custear os gastos que a sua falta de defesa ocasiona. A este fundamento se une o fato de que, como a maioria dos delinquentes não são presos ou são insolventes, é necessária a intervenção do Estado para que a vítima não seja abandonada à própria sorte.[43] Nada semelhante foi previsto ou sequer discutido no Brasil.

Em suma, a reforma processual penal, ao menos em relação ao ofendido, é muito mais retórica do que efetiva, pouco trazendo de substancial na alteração do seu papel no processo penal ou mesmo em sua ajuda e assistência. Embora tenha se pautado por uma tendência mundial de valorização do ofendido, a nova legislação foi muito tímida, seja no incremento da sua participação no procedimento, seja na tentativa de assegurar-lhe o direito ao ressarcimento via esfera penal. Em relação ao seu auxílio, mais uma vez peca por tentar transformar em uma questão processual algo que é eminentemente social/estrutural. Finalmente, quanto à preservação da sua intimidade, imagem, honra e vida privada, limita-se a transportar para o Código de Processo Penal o já vintenário texto constitucional.

Referências bibliográficas

ESER, Albin. Acerca del renacimiento de la víctima en el procedimiento penal. In: *De los Delictos Y de Las Víctimas.* Julio B. J. Maier (org.). Buenos Aires: Ad-Hoc. 1992.

GIACOMOLLI, Nereu José. *Reformas (?) do Processo Penal:* considerações críticas. Rio de Janeiro: Lumen Juris, 2008.

GOMES, Luiz Flávio; CUNHA, Rogério Sanches; PINTO, Ronaldo Batista. *Comentários às Reformas do Código de Processo Penal e da Lei de Trânsito.* São Paulo: Revista dos Tribunais, 2008.

HASSEMER, Winfried. Desenvolvimentos previsíveis na dogmática do direito penal e na política criminal. In: *Revista Eletrônica de Direitos Humanos e Política Criminal –* REDHPC. n. 2, abr. 2008, Porto Alegre.

HIRSCH, Hans Joachim. La reparación del daño en el marco del derecho penal material. In: *De los Delictos Y de Las Víctimas.* Julio B. J. Maier (org.). Buenos Aires: Ad-Hoc. 1992.

——. Acerca de la posición de la víctima en el Derecho penal y en el Derecho procesal penal. In: *De los Delictos Y de Las Víctimas.* Julio B. J. Maier (org.). Buenos Aires: Ad-Hoc. 1992.

LARRAURI, Elena. Victimología. *In De los Delictos Y de Las Víctimas.* Julio B. J. Maier (org.). Buenos Aires: Ad-Hoc. 1992.

MAIER, Julio B. J. La víctima y el sistema penal. In: *De los Delictos Y de Las Víctimas.* Julio B. J. Maier (org.). Buenos Aires: Ad-Hoc. 1992.

MUÑOZ CONDE, Francisco; HASSEMER, Winfried. *Introdução à Criminologia.* Cíntia Toledo Miranda Chaves (Trad.). Rio de Janeiro: Lumen Juris, 2008.

ROXIN, Claus. La reparación en el sistema de los fines de la pena. In: *De los Delictos Y de Las Víctimas.* Julio B. J. Maier (org.). Buenos Aires: Ad-Hoc. 1992.

STRECK, Lenio Luiz. *Hermenêutica Jurídica e(m) Crise:* uma exploração hermenêutica da construção do Direito. 7ª ed. Porto Alegre: Livraria do Advogado, 2007.

WUNDERLICH, Alexandre. A vítima no processo penal (impressões sobre o fracasso da Lei nº 9.099/95). In: *Novos Diálogos sobre os Juizados Especiais Criminais.* Alexandre Wunderlich e Salo de Carvalho (org). Rio de Janeiro: Lumen Juris, 2005.

---

[43] LARRAURI, Elena. Victimología. In: *De los Delictos Y de Las Víctimas.* Julio B. J. Maier (org.). Buenos Aires: Ad-Hoc. 1992. p. 309-310.

— 6 —

Controvérsias jurídicas no diagnóstico da embriaguez alcoólica: uma abordagem técnica sobre o tema

FRANCISCO SILVEIRA BENFICA

Perito Médico Legista do Departamento Médico Legal de Porto Alegre; Professor Adjunto de Medicina Legal da UNISINOS; Professor Titular de Medicina Legal do UNIRITTER; Professor Assistente de Medicina Legal do UNILASALLE; Mestre em Medicina pela UFRGS.

Sumário: 1. Introdução; 2. A confusão de conceitos; 3. A finalidade da perícia; 4. Conteúdos insignificantes na análise da embriaguez; 5. O diagnóstico da embriaguez; 6. Por que não conseguimos fazer diagnóstico de embriaguez baseado no volume de bebida ingerida?; 7. Considerações finais; Referências bibliográficas.

1. Introdução

A pesar de ser um tema amplamente presente no Direito, com tratamento penal específico dispensado por diversas legislações, o estudo da embriaguez alcoólica continua dando origem a inúmeras controvérsias doutrinárias. Mesmo com o avanço da ciência médica a serviço do Direito e a simplificação das formas de acesso às informações técnicas, uma revisão bibliográfica superficial nos permite ainda visualizar acórdãos e comentários apresentando conceitos equivocados como: "perante a estreita correlação entre a concentração de álcool do ar alveolar e no sangue, está cientificamente demonstrada a eficiência do bafômetro na constatação de embriaguez"; ou ainda, "a existência, no sangue, de 'x' quantidade de álcool por litro, constitui índice indicativo de estado de embriaguez".

Não se admite que o profissional do Direito, independente da área de atuação, não esteja familiarizado com este tema. O álcool é um poderoso fator contribuinte para vários tipos de acidentes e interfere em praticamente todas as áreas da sociedade. Nos Estados Unidos, já em 1899, foram adotadas as primeiras regras proibindo o uso de bebidas alcoólicas em serviço. Sob o ponto de vista médico-legal, talvez não haja outro composto químico mais frequentemente relacionado como fator contribuinte ou causador de mortes naturais ou violentas. O risco de um acidente aumenta com o aumento da concentração sanguínea de álcool. Num estudo realizado na Finlândia, o álcool estava envolvido em 19% dos acidentes industriais, 35% dos acidentes de trânsito, 36% dos acidentes caseiros e 69% das vítimas de brigas, assaltos ou tentativas de suicídio. Pesquisa realizada pela EPTC, no período de janeiro a dezembro de 2001, em Porto Alegre, envolvendo 131 casos de acidentes de trânsito demonstrou que 27,7% (vinte e sete vírgula sete por cento) dos condutores envolvidos em acidentes apresentavam alcoolemia positiva. Nos casos de atropelamentos o uso do álcool mostrou-se um fator de grande influência, sendo que 10,4% (dez vírgula quatro por cento) das vítimas apresentavam alcoolemia positiva (Gomes et alli, 2002).

O álcool é responsável por metade dos acidentes graves e fatais que ocorrem na Austrália. Já na década de 80 morriam nas estradas americanas, anualmente, cerca de 50.000 pessoas, e o álcool representava o principal fator causal em mais de 50% destes acidentes, incluindo motoristas e pedestres (KAYE, 1980). Para o National Safety Council o custo econômico de um acidente fatal em estrada está estimado em U$90.000 dólares, o que corresponde a uma perda anual acima de U$ 4 bilhões de dólares.

No Brasil, 75% dos acidentes automobilísticos com morte e 39% das ocorrências policiais estão associados ao uso de bebidas alcoólicas. O significado desta estatística cresce em importância quando avaliamos dados do Ministério dos Transportes demonstrando que nosso país perde US$ 1,5 bilhão anualmente com acidentes de trânsito, num registro assustador de 700 mil acidentes por ano, que incluem cerca de 350 mil feridos e 25 mil mortos. Os dados apontam o Brasil como um dos países do mundo onde mais ocorrem acidentes de trânsito, sendo que uma das causas reside provavelmente no fato de que 19% da população apresentam pelo menos um quadro de embriaguez semanal.

Considerando portanto a importância do tema, e sem entrar nas questões de discussão exclusivamente jurídica, mas procurando antes disso, estabelecer um conjunto de conhecimentos técnicos que permita uma discussão baseada em evidências, este artigo irá resumir, de forma objetiva, os principais pontos geradores de controvérsia a respeito do tema "embriaguez alcoólica".

2. A confusão de conceitos

A questão conceitual é fundamental para o estabelecimento de qualquer consideração a respeito do tema. Ou seja, o que é "embriaguez"? Para facilitar o entendimento, vamos apresentar duas ideias conceituais sobre o tema

Segundo Celso Delmanto, embriaguez nada mais é que: "...o estado de intoxicação aguda e passageira provocada pelo álcool, que reduz ou priva a capacidade de entendimento" (Delmanto et al, 1998). Já Damásio de Jesus, por sua vez, cita o conceito do doutrinador italiano Manzini: "Embriaguez é a intoxicação aguda e transitória causada pelo álcool, cujos efeitos podem progredir de uma ligeira excitação inicial até ao estado de paralisia e coma" (Jesus, 1999). Para Odon Ramos Maranhão, a embriaguez é a "intoxicação por álcool etílico, de caráter agudo, em que os fenômenos tóxicos guardam certa relação com a quantidade de bebida ingerida, é chamada embriaguez simples" (Maranhão, 1995).

Numa outra corrente conceitual, para Delton Croce e Delton Croce Júnior (1998), Daniel Carnio Costa e Juliana Velho Costa (2001) e William Douglas Resinente dos Santos (2001) embriaguez "é a intoxicação alcoólica, ou por substância de efeitos análogos, aguda, imediata e passageira".

Todos os autores definem a embriaguez como um estado de intoxicação aguda, limitando, de forma correta, o conceito a uma interação do ser humano com uma substância exógena, de caráter transitório. Este conceito, no entanto, como demonstrado pelo segundo grupo de autores, deve incluir também outras drogas além do álcool. Este elemento é extremamente importante nos nossos dias, já que o uso de drogas alternativas está muito disseminado. Segundo Hélio Gomes, existem vários tipos de embriaguez, não somente aquela provocada pelo álcool. A embriaguez também pode ocorrer pelo uso de cocaína, maconha, morfinas e outras drogas tóxicas (Gomes, 1992).

Durante muitos anos o foco da atenção em relação aos riscos ocasionados por motoristas usuários de drogas, por exemplo, esteve quase exclusivamente relacionado ao álcool. Tanto que inúmeros países, incluindo o Brasil, estabelecem limites legais para a concentração de álcool no sangue permitida aos motoristas. Atualmente, as restrições legais para alcoolemia em motoristas na Comunidade Européia variam entre 2 e 8 dg/l, enquanto nos Estados Unidos existe um limite nacional de 10 dg/l. Neste último, no entanto, cada Estado apresenta restrições adicionais, para populações específicas, como por exemplo na Califórnia, onde a alcoolemia aceitável para menores de 21 anos é zero (Mourão et alli, 2000). Nos últimos anos, no entanto, tem aumentado de forma dramática o uso de drogas psicoativas entre motoristas, particularmente a maconha. Num estudo realizado na França, com 900 motoristas envolvidos em acidentes de trânsito sem vítimas fatais, o teor alcoólico excedendo 5 dg de álcool por litro de sangue (limite permitido na França) foi de 26%. Por outro lado a maconha foi detectada em 10% dos motoristas, sendo que em 32% destes ela estava associada ao álcool. A presença de opióides (morfina) foi detectada em 2,7% dos casos e benzodiazepínicos em 9,4%. (Mura et alli, 2003).

De fato, o estudo da embriaguez deve sempre considerar, além do álcool, as substâncias análogas, que eliminam ou diminuem no agente sua capacidade de entendimento e autodeterminação. Inúmeras substâncias de ação tóxica, maciça e instantânea, atuando sobre o organismo, podem fazer-se acompanhar ou não de prejuízo ou mesmo embotamento completo da consciência, simulando muitas vezes um quadro provocado pela ação do álcool.

Quando trabalhamos com o conceito de embriaguez, portanto, não podemos limitá-lo ao uso do álcool, mas devemos incluir neste conjunto todas as drogas com ação direta no sistema nervoso central. Aliás, a maioria dos autores utiliza o conceito de embriaguez aplicado ao estado de intoxicação aguda e passageira, provocada pelo álcool ou outras substâncias de efeitos semelhantes, que reduz ou priva a capacidade de entendimento (Santos et alli, 2001). Este entendimento é fundamental para compreendermos, como veremos mais adiante, a limitação dos exames de teor alcoólico no sangue ou mesmo o uso do bafômetro (etilômetro) quando estamos tratando de embriaguez. Ao pensar em embriaguez devemos saber avaliar o papel das drogas de ação no sistema nervoso central e indicar a necessidade desta avaliação em caso de necessidade de exames periciais.

Além deste, outros dois elementos são importantes no conceito da embriaguez: a transitoriedade e as perturbações decorrentes da mesma.

Segundo a Associação Médica Britânica "a expressão embriaguez alcoólica será usada para significar que o indivíduo está de tal forma influenciado pelo álcool que perdeu o governo de suas faculdades a ponto de tornar-se incapaz de executar com prudência o trabalho a que se consagra *no momento*". Ou seja, a embriaguez é sempre uma intoxicação aguda, limitada a um determinado e curto período de tempo.

Esse componente de temporalidade serve para ressaltar que o termo "embriaguez" difere-se do vocábulo "alcoolismo", muitas vezes utilizado como sinônimo. Alcoolistas são bebedores excessivos ou compulsivos, com quadro clínico de dependência ao álcool, levando a perturbação mental e comprometendo a saúde física do indivíduo, suas relações interpessoais, sua conduta social e econômica (Pataro, 1976). Trata-se, portanto, neste último caso de uma perturbação crônica manifestada pela ingestão repetida de álcool, com enorme repercussão social. Aliás, a Organização Mundial de Saúde considera o alcoolismo a terceira doença que mais mata em todo o mundo, só superado pelas doenças cardiovasculares e pelo câncer. Contudo, em termos de morbidade total, é provavelmente o problema de saúde número um nos Estados Unidos. De cada 10 pessoas no mundo, uma sofre de alcoolismo.

Em 1977, a Organização Mundial da Saúde utilizou, pela primeira vez, o conceito de dependência. O termo alcoolismo foi substituído, então, pela terminologia "síndrome da dependência do álcool" (SDA). Para Edwards et alli (1999), esta mudança legitimou o conceito de "problemas relacionados ao álcool", e a nova conceituação incluiu aspectos relacionados à produção, distribuição, consumo, publicidade e legislação acerca do álcool. Claramente portanto, o alcoolismo deve ser tratado como uma doença, de evolução crônica e associada com uma síndrome de dependência. Estes elementos, comparativamente, não fazem parte do quadro de embriaguez, demonstrando a grande diferença entre estes dois conceitos. Neste sentido, expressões como "alcoolismo agudo", "embriaguez habitual" e "embriaguez patológica" devem ser utilizados com grande cuidado e se

possível evitados, pois podem gerar confusão ao leitor, se não for bem caracterizado o quadro ao qual estão sendo aplicados. E principalmente, a perícia médico-
legal de rotina, como veremos mais adiante, não se presta para o diagnóstico de
alcoolismo ou de dependentes usuários de drogas.

3. A finalidade da perícia

O exame para verificação de embriaguez alcoólica tem por finalidades fornecer elementos esclarecedores: a) na contravenção penal de embriaguez; b) na
infração ao Código de Trânsito; c) na avaliação do estado de embriaguez do agente ou da vítima, nos crimes cometidos sob influência de álcool/outras drogas; d)
como diagnóstico para punição de militar.

A perícia médico-legal constitui-se do levantamento de dados históricos,
onde são referidas a hora em que o indivíduo se apresentou embriagado, a hora da
ocorrência, a quantidade de bebida ingerida, o uso ou não de outras drogas, além
dos exames clínicos e laboratoriais. Os exames para verificação de embriaguez
etílica, utilizados no nosso meio, poderão ser subjetivo, objetivo e complementar

O exame subjetivo procura analisar o paciente sob vários aspectos, entre
eles as funções mentais relacionadas com a atenção, memória, capacidade de
julgamento, raciocínio, afetividade e audição. O exame objetivo busca os sinais
de embriaguez tanto neurológicos (marcha, reflexos, coordenação motora, fala,
equilíbrio), quanto os físicos (mucosas, fácies, frequência cardíaca alterada, etc.).
E finalmente o exame complementar pode ser feito dosando-se a quantidade de
álcool no sangue, ar expirado ou urina. Atualmente este diagnóstico está baseado
na determinação do grau de alcoolemia (avaliação da taxa de álcool no sangue)
do indivíduo.

Considerando os conceitos referidos anteriormente, podemos concluir que o
exame pericial, realizado nos IMLs, e especificamente no Departamento Médico
Legal-RS, estão dirigidos para a avaliação do estado de "embriaguez" do indivíduo. Ou seja, suas condições físicas e mentais no momento da realização do
exame. Diagnósticos relacionados com alcoolismo, dependência ou uso crônico
de drogas, doenças associadas ao uso de substâncias psicoativas e determinação
da capacidade de entendimento do indivíduo antes do momento do fato em análise não fazem parte do exame médico-legal de embriaguez. Aliás, esse é outro
grande problema enfrentado nas avaliações periciais. Muitas vezes a autoridade
que solicita o exame não sabe a metodologia empregada para sua realização e os
resultados que este pode alcançar.

O álcool age de maneira particular sobre o sistema nervoso, podendo causar,
direta ou indiretamente, quase todas as síndromes mentais. Estas perturbações

neuropsiquiátricas produzidas vão desde a simples embriaguez até a verdadeira psicose alcoólica. O exame pericial, realizado no nosso meio, está dirigido para o diagnóstico da embriaguez. Como o álcool no sangue está em constante equilíbrio com o álcool presente no cérebro, responsável por estas alterações, a alcoolemia representa o mais conveniente e confiável indicador de intoxicação aguda, ou seja, serve como indicador apenas para a análise pontual do indivíduo, no momento do fato em estudo.

4. Conteúdos insignificantes na análise da embriaguez

É comum encontrarmos autores classificando a embriaguez em fases. Alguns colocam cinco fases, outros, falam em quatro e alguns ainda utilizam-se de analogias com animais para sua melhor representação. A classificação mais comum de embriaguez, no entanto, divide este estado em três fases (França, 2001), (Benfica & Vaz, 2003), (Jesus, 1998), (Maranhão, 1995). Os autores que falam em cinco fases, colocam uma primeira fase subclínica, que ainda não é considerada embriaguez, pois a dose de álcool ingerido é muito pequena, e uma última fase, relacionada com a morte, além da embriaguez (Almeida Jr. & Costa Jr., 1991). Embora não existam limites nítidos, reconhecem-se, classicamente, três períodos na embriaguez: a) período de excitação, ou fase eufórica, em que as funções intelectuais mostram-se excitadas, particularmente desinibido, com capacidade de julgamento comprometida, sendo evidentes a vivacidade, loquacidade e animação. b) período de confusão, ou fase de agitação, caracterizada pelas perturbações psicossensoriais profundas, responsáveis por acidentes ou infrações penais (atos antissociais), alterações das funções intelectuais, do juízo crítico, da atenção, da memória, prejuízo do equilíbrio, com o indivíduo apresentando marcha descoordenada, se desequilibrando e caindo, perturbações visuais e manifestações de agitação, agressividade e irritabilidade. C) período de sonolência, ou fase comatosa, onde inicialmente há sono e o coma se instala progressivamente com anestesia profunda, abolição dos reflexos, paralisia e hipotermia.

Na realidade, a determinação de fases para a embriaguez tem pouca ou nenhuma utilidade do ponto de vista prático. Almeida Jr. & Costa Jr., sustentam que: "quando o grau de intoxicação alcoólica sobe a ponto de prejudicar sensivelmente a conduta do individuo, dizemos que há embriaguez" (Almeida Jr. & Costa Jr., 1991). Os estados clínicos dos indivíduos não guardam uma relação absoluta com o volume de álcool ingerido, e muitas vezes as manifestações clínicas apresentadas se confundem, com elementos de diferentes fases. Neste sentido, deve-se evitar a qualificação do comportamento do indivíduo em fases, já que estas não consideram a tolerância individual e podem determinar julgamentos equivocados em relação à capacidade psicomotora do agente ou da vítima.

Outro ponto de desnecessária discussão na análise da embriaguez refere-se a determinação pericial dos "graus de embriaguez". Considera-se embriaguez completa aquela que tornaria o indivíduo inteiramente incapaz de entender o caráter criminoso de suas atitudes ou de determinar-se de acordo com esse entendimento. Por sua vez a embriaguez incompleta produziria um indivíduo parcialmente incapaz de entender o caráter criminoso de suas atitudes. A embriaguez completa seria a "retirada total da capacidade de entendimento e vontade do agente, que perderia integralmente a noção sobre o que está acontecendo" (Capez e Bonfim, 2004) (Benfica e Vaz, 2003). Não há, no entanto, um ponto de corte matemático no volume de álcool absorvido que permita estabelecer quando estes estados irão ser produzidos. A manifestação comportamental e os efeitos que a ingestão do álcool provoca nos indivíduos não estão associados, somente, com a quantidade de bebida ingerida. As perturbações produzidas pelo uso excessivo de álcool estão mais em razão direta da tolerância individual do que a quantidade ingerida (França, 2001). Ou seja uma mesma quantidade de álcool pode ocasionar diferentes efeitos, dependendo exclusivamente das características ou situações em que se encontre o bebedor. As reações e os sintomas apresentados, na realidade, variam de acordo com as inúmeras circunstâncias em que o bebedor se encontra e/ou o seu modo de beber. Não existe uma regra fixa para afirmarmos qual a espécie ou volume de bebida que origina um determinado teor de álcool no sangue (Benfica e Vaz, 2003). Portanto, a determinação do grau de uma embriaguez não depende somente do teor de álcool ou da presença de uma substância psicoativa no sangue, mas principalmente do grau de tolerância individual. A tolerância, por sua vez, depende de muitos fatores tais como: idade, peso, nutrição, estados patológicos associados e habitualidade. Logo, o diagnóstico de embriaguez, como um processo agudo e transitório, não guarda uma relação direta com a capacidade de entendimento e autodeterminação do indivíduo e dificilmente a perícia médico-legal conseguirá fazer este tipo de análise em uma avaliação isolada. Principalmente se considerarmos que uma mesma quantidade de álcool pode ocasionar diferentes efeitos, dependendo exclusivamente das características ou situações em que se encontre o bebedor.

5. O diagnóstico da embriaguez

A embriaguez não se presume, se diagnostica. O diagnóstico da embriaguez alcoólica, uma vez que esta se manifesta pela ação tóxica do álcool sobre o organismo, é clínico. O exame clínico consiste em uma avaliação individual. Ele baseia-se no encontro de sinais e sintomas causados pelo álcool no organismo, sobretudo no sistema nervoso central da pessoa sob investigação (Galvão, 1996). A alcoolemia (teor de álcool no sangue) não é por si só suficiente para o diagnóstico, considerando-se os fatores que interferem na absorção, distribuição e na ação do álcool sobre o organismo.

O álcool atinge o organismo humano provocando manifestações físicas, neurológicas e psíquicas. Estes efeitos comprometem sensivelmente as tarefas mais rotineiras, desde um simples trabalho de coordenação até as que exigem um maior esforço mental, pois a memória e a atenção ficam prejudicadas sob a influência de uma pequena dose de álcool (Almeida Jr. & Costa Jr., 1991). Fisiologicamente, o álcool atua como um anestésico, exercendo uma ação depressiva sobre o sistema nervoso central, surgindo como consequência as perturbações das funções nervosas. A excitação verificada no início da intoxicação etílica é devida, na verdade, a uma depressão dos centros nervosos corticais que controlam os instintos. Em tais circunstâncias, há um rebaixamento da autocrítica e uma excitação aparente (Xavier Filho, 1998). É este efeito depressor do álcool que explica por que todo ato motor – como manter o equilíbrio, coordenar as palavras e reagir às ações externas – torna-se mais lento e inseguro (Croce & Croce Jr., 1998). Existe, também, uma interferência direta na visão, na capacidade de julgamento e na coordenação motora do indivíduo alcoolizado. Os reflexos ficam mais lentos, e os movimentos, mais bruscos e imprecisos.

Além disso, ocorre a ataxia (incoordenação motora na orientação dos movimentos); dismetria (perturbação na medida dos movimentos); dissinergia ou assinergia (incoordenação da harmonia de certos conjuntos de movimentos) e disdiadococinesia (desordem na realização de movimentos rápidos e opostos). Pode ocorrer dificuldades na articulação das palavras (disartria). O embotamento das funções sensoriais pode manifestar-se, provocando um baixo rendimento da visão, audição, gustação e olfato. Apresenta, ainda, congestão das conjuntivas, taquicardia, taquipnéia e hálito alcoólico-acético (França, 2001). A percepção destes fenômenos físicos decorrentes da ingestão de álcool é de fundamental importância na realização dos exames clínicos para constatar a embriaguez.

Além das perturbações físicas, o álcool altera as funções psíquicas, deprimindo os mecanismos de controle e liberando a inibição. O pensamento da pessoa alcoolizada fica confuso, desordenado e com fugas das ideias, enquanto a memória passa a apresentar lacunas e, assim como a atenção, torna-se embotada, até desaparecer (Galvão, 1996). Tais manifestações psíquicas começam pela alteração do humor, do senso ético e, pouco a pouco, o indivíduo alcoolizado torna-se inconveniente, audacioso e impulsivo (França, 2001). O álcool desinibe as barreiras morais e soltam-se os impulsos agressivos (Almeida Jr. & Costa Jr., 1991).

Embora o álcool ocasione uma aparente excitação, quando consumido em grandes quantidades provoca perturbações depressivas graves, com total perda da consciência, anestesia, coma profundo e morte por depressão respiratória (França, 2001).

NÍVEL CRESCENTE DE ALCOOLEMIA (*)	EFEITOS ESPERADOS
2,0 – 9,9	Coordenação reduzida, euforia.
10,0 – 19,9	Ataxia, raciocínio diminuído, julgamento prejudicado, humor instável.
20,0 – 29,9	Marcada ataxia e fala arrastada, julgamento prejudicado, humor instável, náuseas e vômitos.
30,0 – 39,9	Anestesia, lapsos de memória, humor instável.
40,0 ou mais	Insuficiência respiratória, coma e morte.
(*) dg/litro de sangue	(Fonte: adaptada de Taborda et al, 1996).

Na tabela acima, que adaptamos do autor, apesar das eventuais críticas que possa receber tendo em vista a definição muito exata dos intervalos, pode-se observar uma tendência de correlação entre a alcoolemia e o déficit comportamental/motor do indivíduo alcoolizado.

A perícia médico-legal, para o diagnóstico de embriaguez, deve orientar-se pelo exame clínico do paciente e pelas técnicas laboratoriais que dosam a concentração de álcool etílico e outras drogas, correlacionando os dados obtidos. Compete ao perito que irá realizar o exame clínico atestar ou não o estado de embriaguez do indivíduo, verificando seu comportamento e os outros sinais descritos anteriormente (Capez & Gonçalves, 1999). Portanto, o contato direto entre o médico e o examinando é de extrema importância, tendo em vista que os efeitos do álcool são diferenciados de acordo com cada pessoa. Somente através do diagnóstico clínico consistente e um estudo detalhado do comportamento é que se conseguirá uma avaliação mais precisa do grau de comprometimento do indivíduo. (França, 2001).

Por outro lado o sangue é a amostra de escolha para pesquisa de álcool. Em média, o álcool mantém seus efeitos integrais cerca de 3 a 4 horas após a ingestão da bebida, sendo que no período de 5 a 6 horas após a ingestão, 17% do álcool absorvido já terá sido eliminado. Este exame não serve para definir embriaguez. O mesmo pode ser aplicado aos etilômetros (bafômetros), utilizados por policiais para medição do álcool no ar alveolar de motoristas com suspeita de embriaguez. Considerando a escassez de peritos e laboratórios que executem dosagens alcoólicas no sangue, o uso de etilômetros seria o método indicado para verificação da alcoolemia, em cumprimento a nossa legislação. Trata-se de um método de baixo custo, fácil operação, não invasivo e amplamente usado e testado em vários países do mundo como método de triagem ou como teste comprobatório para o uso de álcool, e somente álcool. Não pode este teste no entanto ser utilizado como método de verificação de embriaguez (Carvalho e Leyton, 2000).

Ressalta-se, mais uma vez, que a alcoolemia, apenas por si, não basta para caracterizar a embriaguez. É sabido que existem pessoas que toleram concentrações relativamente altas de álcool no sangue e outras que sofrem sérios transtornos por influência de baixa alcoolemia. Eis aí a importância, para efeito de diagnóstico, da realização do exame clínico do indivíduo, mediante o qual se irá verificar a realidade deste quadro. Afirmar que todos, indistintamente, tanto nos seus atributos biológicos e psicológicos, são iguais e que reagem da mesma forma à ingestão de álcool é um equívoco técnico. Assim, a alcoolemia determina a presença de álcool no organismo, mas não informa como o indivíduo se comportava no momento da ação delituosa, porque há uma variação muito grande de um indivíduo para o outro. A verdade é que uma cifra isolada não tem valor absoluto para determinar uma embriaguez. Há indivíduos que, apresentando alcoolemia elevada, permanecem em condições psíquicas e neurológicas sem características de embriaguez, com comportamento adequado, devido a sua grande tolerância ao álcool. No entanto, outros ao ingerirem pequenas quantidades e apresentarem uma taxa baixa de álcool no sangue, não deixam dúvidas quanto ao seu grau de embriaguez, por meio das manifestações psíquicas, neurológicas e do comportamento antissocial. Por isso, não se compreende o estabelecimento de determinadas taxas de concentração de álcool no sangue para caracterizar de modo absoluto os limites de uma embriaguez. O valor relativo da alcoolemia no diagnóstico de embriaguez fica bem claro na literatura que trata do assunto. França (2001), em seu livro Medicina Legal afirma que "...deve ficar patente que a embriaguez se constitui num elenco de perturbações que tenha prejudicado o entendimento do examinado, sendo isto firmado pela evidência de sintomas clínicos manifestos e não por determinada percentagem de álcool no sangue, na urina ou no ar expirado." Maranhão (1995), da mesma forma, escreve: "...Assim, a dosagem – ao indicar precisamente a concentração do álcool no sangue – não fornece dado algum a respeito da expressão clínica da intoxicação etílica. Essa só pode ser firmada pelo exame da pessoa alcoolizada". E Croce e Croce Jr. (1998) colocam que: "... A observação detalhada do comportamento do embriagado ao tempo do evento criminoso tem mais valor do que o registro simples de uma cifra qualquer indicada por análise bioquímica...".

Assim, pode-se observar que embriaguez é um diagnóstico clínico avaliado através de sintomas e sinais provocados pelo efeito do álcool no organismo, os quais podem ou não estar presentes, dependendo da maior ou menor tolerância de cada pessoa.

Por fim, salienta-se que, em relação aos exames de teor alcoólico em cadáveres, estes não são capazes de definir o diagnóstico de embriaguez alcoólica, mas apenas se o sujeito ingeriu ou não bebida alcoólica antes de morrer e qual o volume de álcool ingerido. Isto porque não é possível afirmar que o álcool ingerido chegou a ser metabolizado pelo organismo do indivíduo enquanto vivo e se, consequentemente, produziu algum efeito no mesmo (França, 2001). Portanto, não há como estabelecer um diagnóstico de embriaguez em cadáver ou através de uma necropsia.

6. Por que não conseguimos fazer diagnóstico de embriaguez baseado no volume de bebida ingerida?

Constantemente a perícia médico-legal é chamada para realizar "exames indiretos" pelos quais se questiona um possível quadro de embriaguez baseado em informações sobre o tipo e a quantidade de bebidas alcoólicas ingeridas. Por outro lado, é comum observarmos dois indivíduos que consumiram uma mesma quantidade de bebida alcoólica apresentar reações e comportamentos diferenciados. Isto se deve principalmente aos fatores que interferem na tolerância individual. Vários cenários são utilizados para explicar estas diferenças entre indivíduos e às vezes no mesmo indivíduo.

O primeiro fator que merece destaque é o estado de vacuidade ou plenitude estomacal. O estômago vazio absorve o álcool mais rapidamente, pois não tem outros alimentos com os quais possa diluir o álcool, podendo-se encontrar álcool no sangue cinco minutos após sua ingestão. Por sua vez, quando há alimento no estômago e o consequente retardo do esvaziamento gástrico, devido ao processo de digestão, a taxa de absorção se torna mais lenta (Milan e Ketcham, 1983). Desse modo, quando o álcool é ingerido em jejum, 80% dele é absorvido com grande rapidez pelo estômago, e o restante (20%), pelo intestino. (Croce & Croce Jr., 1998) (Caplan, 1982). Um estômago repleto de alimento absorve menos álcool e há uma redução de um terço de sua entrada no sangue (Benfica e Vaz, 2003).

O segundo fator é o peso corporal. Quanto maior for a massa corporal do indivíduo, maior será o volume líquido para diluir o álcool ingerido, menor será a concentração alcoólica e, subsequentemente, menores serão os efeitos do álcool no organismo (Milan e ketcham, 1983). É importante considerar que dois terços do corpo são constituídos por água e isto esclarece o fato de que quanto maior o peso do indivíduo, mais diluído ficará o álcool (França, 2001). O ritmo de ingestão da bebida pode ser elencado como o terceiro fator que influi o índice de absorção do álcool. Os níveis de alcoolemia são mais altos se a mesma quantidade de bebida alcoólica é ingerida numa única dose em vez de várias doses pequenas (Edwards *et alli*, 1999). Quando o indivíduo ingere o álcool de forma moderada, em doses fracionadas, cria-se mais tempo para que o organismo possa distribuir e consumir boa parte do álcool. Consequentemente, a concentração de álcool no sangue não atingirá níveis extremamente elevados. Em contrapartida, quem consome a bebida alcoólica rapidamente, de forma súbita, não permite que o organismo elimine proporcionalmente todo o álcool ingerido. Nesta hipótese, obviamente o nível alcoólico será mais elevado (Almeida Jr. & Costa Jr., 1991).

O sexo é o quarto fator, visto que o sexo feminino é mais vulnerável aos efeitos do álcool. Esta menor resistência das mulheres em relação ao álcool pode ser explicada pelo fato de elas apresentarem uma gordura corporal relativamente maior que a dos homens. Este percentual de gordura é um diferencial importante, pois determina que elas possuam menos água em seus corpos e mais tecido adiposo (gorduras). Deve-se frisar que a concentração de álcool é maior nas mulheres durante a fase pré-menstrual e mais baixa no primeiro dia de seu ciclo menstrual. Estas flutuações das concentrações alcoólicas são causadas pela mudança do nível de hormônios que ocorre nas mulheres ao longo do ciclo menstrual (Edwards *et al*, 1999).

O quinto fator é a concentração do álcool ingerido ou sua diluição. A bebida alcoólica que possui maior concentração de álcool é absorvida mais rapidamente, isto porque o álcool puro, ou em elevadas concentrações, é absorvido de modo mais célere do que os álcoois diluídos (Milan e Ketcham, 1983). A absorção é mais lenta quando se ingere álcool em alta diluição, como a cerveja, porque reduz a força do processo de difusão, diminuindo o contato com a parede estomacal e, subsequentemente, o índice de absorção do álcool (Caplan, 1982). Além das concentrações alcoólicas mais elevadas, é importante mencionar que o tipo de mistura que a bebida contém influencia no processo de absorção, devendo este ser considerado. A presença de água ou sucos de frutas tornam o fenômeno mais lento, ao passo que as presenças de dióxido de carbono e bicarbonato em bebidas efervescentes aceleram a absorção (Edwards et al, 1999), já que as bebidas com dióxido de carbono ou carbonatadas entram mais rapidamente na corrente sanguínea, levando juntamente o álcool e provocando uma elevação no nível de alcoolemia (Milan e Ketcham, 1983).

Como sexto fator de influência temos o hábito de beber. O indivíduo que bebe eventualmente é mais vulnerável ao álcool do que um bebedor habitual. Quem bebe regularmente adquire uma maior resistência e tolerância ao álcool, isso porque seu sistema digestivo, já tão atacado pelos efeitos do álcool, tem o processo de absorção mais lento, dificultando a entrada de álcool no sangue. Além disso, seu fígado já é capaz de oxidar mais prontamente o álcool ingerido (Almeida Jr. e Costa Jr., 1991).

Além dos fatores supracitados, existem outros de menor relevância. A temperatura mais baixa do corpo e o exercício físico reduzem o ritmo de absorção do álcool (Edwards *et al*, 1999). Ademais, os estados emotivos, as doenças, o sono, o fumo, a estafa, assim como, as indisposições transitórias (intoxicação alimentar e estados febris), alteram a sensibilidade do indivíduo às bebidas alcoólicas (França, 2001). O uso de certos medicamentos, como os tranquilizantes ou hipnóticos, também pode contribuir para alterar o mecanismo de absorção do álcool (Croce e Croce Jr., 1998). Finalmente, a temperatura da bebida também afeta o índice de absorção, sendo o álcool morno absorvido mais depressa que o frio (Milan e Ketcham, 1983).

7. Considerações finais

Conforme assinalado por diversos autores, existe uma diferença entre o conhecimento científico e a legislação que aplica este conhecimento, pois na elaboração da lei fatores como crenças pessoais do legislador, aceitação da sociedade e aspectos políticos se sobrepõem. Neste artigo, procurou-se analisar o tema "embriaguez" à luz dos conhecimentos científicos que formam a base teórica onde ele se apoia. A revisão dos conceitos médico-legais de embriaguez foi realizada considerando livros textos de uso corrente e artigos científicos, buscando identificar os principais pontos de controvérsia entre o conhecimento técnico e a interpretação jurídica.

Como elementos técnicos para auxiliar o processo de análise jurídica vale observar que embriaguez alcoólica é um diagnóstico clínico avaliado através de sintomas e sinais provocados pelo efeito do álcool no organismo, os quais podem ou não estar presentes, dependendo da maior ou menor tolerância de cada pessoa. A tolerância ao álcool, por sua vez, depende de muitos fatores tais como: idade, sexo, peso, nutrição, estados patológicos, condições psicológicas e, principalmente, habitualidade.

A concentração de álcool no sangue apresentada pelo indivíduo, isoladamente, não é suficiente para determinar o estado de embriaguez alcoólica. Logo, é o exame clínico, com laudo conclusivo e firmado pelo médico examinador, que constitui prova para este fim. Alguns acórdãos, no entanto, colocam o exame clínico como prova relativa e não absoluta em relação ao estado de embriaguez. Por outro lado há também decisões entendendo que o exame de teor alcoólico com resultado positivo pode ser conclusivo para o diagnóstico de embriaguez alcoólica. A ideia prevalente, no entanto, na literatura internacional trata a embriaguez como um *estado clínico* de intoxicação óbvia. Segundo Genival França, "qualquer valor numérico referente a uma taxa de concentração de álcool no organismo humano tem um significado relativo, devendo-se valorizar as manifestações apresentadas através de um exame clínico".

Por outro lado um diagnóstico clínico de embriaguez não reflete, por definição, que o indivíduo esteja sob influência do álcool. Inúmeras substâncias com efeitos análogos ao álcool, isoladamente ou em conjunto com o próprio álcool, podem produzir um quadro de embriaguez. E isto deve ser lembrado sempre que uma ação humana for analisada no âmbito da capacidade de entendimento voluntário.

A verificação quanto à ingestão de álcool por motoristas tem sido realizada também pela medição do álcool no ar alveolar, com o uso de etilômetros (bafômetros). Essa tecnologia já está bem estudada e, além de rápida, fornece resultados que se aproximam muito do valor real de álcool no sangue. A maioria dos instrumentos comercialmente disponíveis exibe boa precisão e exatidão, desde que devidamente calibrados e operados. Os resultados já aparecem expressos diretamente com a concentração de álcool no sangue, mas devem ser interpretados com cuidado, já que o bafômetro, isoladamente, não define o diagnóstico de embriaguez, além de não analisar a influência de outras drogas no organismo.

E finalmente, os efeitos da bebida alcoólica variam para cada indivíduo conforme seu tipo físico e são diferentes para o homem e para a mulher. Não existe uma regra fixa para afirmarmos qual a espécie ou quantidade de bebida que origina um teor determinado de álcool no sangue, pois isso depende das condições de alimentação e o tempo da ingestão da bebida. Segundo Genival Veloso de França (2001) a tolerância depende de vários fatores: a) considerando que aproximadamente dois terços do corpo são constituídos de líquido, quanto maior o peso, mais diluído ficará o álcool; b) o sistema digestivo absorve o álcool, que passa para o sangue num fenômeno bastante rápido, mas que varia de acordo com a concentração alcoólica da bebida, o ritmo da ingestão, a vacuidade ou plenitude do estômago e os fenômenos de boa ou má absorção intestinal; c) o hábito de beber também deve ser considerado, tendo em vista que o abstêmio, o bebedor moderado e o grande bebedor toleram o álcool em graus diferentes; e d) os estados emotivos, o estresse, o sono, a temperatura, o fumo, as doenças e estados de convalescença são causas que alteram a sensibilidade às bebidas alcoólicas.

Referências bibliográficas

ALMEIDA JR, A.; COSTA JR., J.B.O. *Lições de medicina legal.* 20ª ed. São Paulo: Nacional, 1991.

BENFICA, F.S.; VAZ, M. *Medicina Legal Aplicada ao Direito.* São Leopoldo: Ed. Unisinos. 2003.

CAPEZ, F.; BONFIM, E.M. *Direito Penal: parte geral.* São Paulo: Saraiva, 2004.

CAPEZ, F.; GONÇALVES, V.E.R. *Aspectos Criminais do Código de Trânsito Brasileiro.* 2. ed. São Paulo: Saraiva, 1999.

CARVALHO, D.G.; LEYTON, V. Avaliação das concentrações de álcool no ar exalado: considerações gerais. In: *Rev. Psiq. Clin.* v. 27 (2): 76-82, 2000.

CROCE, D.; CROCE JÚNIOR, D. *Manual de medicina legal.* 4. ed. rev. e ampl. São Paulo: Saraiva, 1998.

DELMANTO, C.; DELMANTO, R.; DELMANTO JUNIOR, R. *Código Penal Comentado.* 4. ed. Rio de Janeiro: Renovar, 1998.

EDWARDS, G.; MARSHALL, E. J.; COOK, C. C. H. *O tratamento do alcoolismo: um guia para profissionais da saúde.* Porto Alegre: Artes Médicas, 1999.

FRANÇA, G.V., *Medicina legal.* 6. ed. Rio de Janeiro: Guanabara Koogan S.A., 2001.

GALVÃO, L.C.C., *Estudos Médico-Legais.* Porto Alegre: Sagra-DC Luzzato Editores, 1996.

GOMES, H., *Medicina Legal.* 28. ed. Rio de Janeiro: Freitas Bastos, 1992.

GOMES, L.C.D.; RODRIGUES, R.B.; STEIN, A.; THIESEN, J.L. Características dos óbitos por acidentes de transporte e a relação com alcoolemia em Porto Alegre ano de 2001. *Arquivos Médicos.* v. 2: 15-24, 2002.

JESUS, D.E. de. *Direito Penal,* 1º Volume, Parte Geral. 21. ed. São Paulo: Saraiva, 1998.

KAYE, S. A rapid screening blood alcohol analysis for the local pathologist. *The American Journal of Forensic Medicine and Pathology.* v.1(3), 1980

MARANHÃO, O.R. *Curso básico de medicina legal.* 7. ed. São Paulo: Malheiros, 1995.

MILAM, J.R.; KETCHAM, C. *Alcoolismo: Os Mitos e a Realidade.* São Paulo: Fundo Educativo Brasileiro, 1983.

MOURÃO, L.N.G.; MUÑOZ, D.R.; MOURÃO, T.T.G.; ANDRADE, A.G. A embriaguez e o trânsito: avaliação da nova lei de trânsito no que se refere à abordagem da embriaguez. In: *Rev. Psiq. Clin.* v. 27 (2): 83-89, 2000.

MURA, P. ; KINTZ, P. ; LUDES, B. et alli. Comparision of the prevalence of alcohol, cannabis and other drugs between 900 injured drivers and 900 control subjects : results of a French collaborative study. In: *Forensic Science International.* v. 133: 79-85, 2003.

PATARO, O. *Medicina legal e prática forense.* São Paulo: Saraiva, 1976.

PLÁCIDO E SILVA, O.J. *Vocabulário jurídico.* 12. ed. Rio de Janeiro: Forense, 1993. vol. II.

REHFELDT, K.H.G. *Álcool e Trabalho: Prevenção e Administração do Alcoolismo na Empresa.* São Paulo: Pedagógica e Universitária Ltda., 1989.

SANTOS, W. D. R. dos. *Medicina legal à luz do direito penal e processual penal.* 3. ed. Rio de Janeiro: Impetus, 2001.

TABORDA, J.G.V.; PRADO LIMA, P.; BUSNELLO, E.A. *Rotinas em Psiquiatria.* Porto Alegre: Artes Médicas, 1996.

XAVIER FILHO, E.F. *Rotina Médico Legal.* Porto Alegre: Sagra Luzzatto, 1998.

— 7 —

Mudar para não mudar: a nova redação do art. 156 do Código de Processo Penal à luz da Lei nº 11.690/08

IVAN GUARDATI VIEIRA

Advogado criminal. Professor de Direito Processual Penal da Unisinos. Especialista em Direito Penal pela Unisinos. Mestre em Ciências Criminais pela PUCRS.

A reforma processual penal de 2008, embora tenha alterado vários dispositivos do CPP, não traz modificações substanciais ao processo penal, principalmente no que diz respeito a sua matriz ideológica, mormente a manutenção de seu espírito inquisitorial, inspirado no regime de orientação fascista italiano, importado por Getúlio Vargas no período histórico denominado "Estado Novo".

Com efeito, no sentir do articulista, perdeu-se uma grande oportunidade de modificar-se a estrutura processual-penal vigente, instituindo-se, no Brasil, um sistema predominantemente acusatório. Trata-se, aliás, de uma reforma eminentemente cosmética.

O presente arrazoado visa a comentar a nova redação do art. 156 do Código de Processo Penal à luz da Lei nº 11.690/08.[1]

O Direito, enquanto fenômeno jurídico é produto da cultura que resulta da evolução da humanidade. É por isso que se compõe de "elementos políticos/ideológicos que definem um sistema de normas". Para que se compreenda o objeto do direito como fenômeno cultural, mister se faz esclarecer seu sentido como função prática que desempenha, a fim de dimensionar o motivo de sua concepção.[2]

A ordem jurídica é, portanto,

> (...) um conjunto ou sistema de normas vigentes em determinado tempo e lugar (ordem jurídica nacional ou estatal que rege o território de um estado nacional ou em determinado momento histórico) sempre que se determine com clareza o significado de seus elementos componentes, isto é, a unida-

---

[1] A prova da alegação incumbirá a quem a fizer, sendo, porém, facultado ao juiz de ofício: I – ordenar, mesmo antes de iniciada a ação penal, a produção antecipada de provas consideradas urgentes e relevantes, observando a necessidade, adequação e proporcionalidade da medida; II – determinar, no curso da instrução, ou antes de proferir sentença, a realização de diligências para dirimir dúvida sobre ponto relevante.

[2] THUMS, Gilberto. *Sistemas Processuais Penais*. Rio de Janeiro: Lumen Juris, 2006, p. 167.

de elementar que compõe (a norma) e a qualidade essencial que permite verificar o conteúdo material (político) de uma ordem jurídica determinada (vigência).[3]

Já sistema consiste em um "conjunto de temas colocados em relação por um princípio unificador, que formam um todo pretensamente orgânico, destinado a uma determinada finalidade".[4] Nesse passo, os princípios são pensados como motivo conceitual sobre os quais se funda a teoria geral do processo penal. Todavia, "falar de motivo conceitual, na aparência é não dizer nada, dada a ausência de referencial semântico perceptível aos sentidos", logo o motivo conceitual é um mito,[5] eis que, no princípio sempre há um mito.

O mito, uma vez instalado, "reproduz um efeito alienante por parte dos atores jurídicos, caso não se o desvele como tal, isto é, como uma não-realidade que sustenta a realidade", de modo que "não é a causa do princípio que está ausente, mas sua explicação que se encontra permeada pela falta, pelo inexplicável onticamente".[6]

O sistema processual está contido no sistema jurídico que, por sua vez, está contido no sistema constitucional, o qual deriva do sistema político,

> (...) implementando-se deste modo um complexo de relações sistêmicas que metaforicamente pode ser desenhado como de círculos concêntricos, em que aquele de maior diâmetro envolve o menor, assim sucessivamente, contaminando-o e dirigindo-o com os princípios adotados na Lei Maior.[7]

Dessa forma, para que se compreenda o Direito Processual Penal é fundamental o estudo dos sistemas processuais, quais sejam o acusatório e o inquisitivo,[8] regidos pelos princípios inquisitivo e dispositivo.

Para a doutrina tradicional brasileira, a diferenciação entre os sistemas inquisitório e acusatório reside, principalmente, na divisão das atribuições de acusar, defender e julgar, a partes diferentes, o que realmente ocorre no atual sistema

---

[3] MAIER, Julio B. J. *Derecho Procesal Penal* – Fundamentos. Buenos Aires: Editores Del Puerto, 1999, v. 1, p. 14. *In apud:* THUMS, Gilberto. *Opus cit.*, 2006, p. 167.

[4] COUTINHO, Jacinto Nelson de Miranda. "Introdução aos Princípios Gerais do Direito Processual Penal Brasileiro", *Separata ITEC*, ano 1, nº 4, 2000, p. 2.

[5] Conceituado como "a palavra que é dita, para dar sentido, no lugar daquilo, em sendo, não pode ser dito" (COUTINHO, Jacinto Nelson de Miranda. "Introdução aos Princípios Gerais do Direito Processual Penal Brasileiro", *Separata ITEC*, ano 1, nº 4, 2000, p. 2).

[6] ROSA, Alexandre Morais da. *Decisão Penal:* A Bricolage de Significantes. Rio de Janeiro: Lumen Juris, 2006, p. 112.

[7] PRADO, Geraldo. *Sistema Acusatório:* a conformidade constitucional das leis processuais penais. Rio de Janeiro: Lumen Juris, 2001, 2ª ed., p. 69-70.

[8] Sabe-se que a considerável parte da doutrina considera o sistema contemporâneo brasileiro como misto, contudo, utiliza-se aqui a classificação a partir do núcleo do sistema. Como não há núcleo ou princípio misto nem tampouco um sistema puro, logo, não há que se falar em sistema misto. Vide: LOPES JR., Aury. *Introdução Crítica ao Processo Penal:* Fundamentos de Instrumentalidade Garantista. Rio de Janeiro: Lumen Juris, 2004, p. 151. Do mesmo modo: "O dito *sistema misto, reformado ou napoleônico é a conjugação dos outros dois, mas não tem um princípio unificador próprio* [...] *Por isto, só formalmente podemos considerá-lo um terceiro sistema* (COUTINHO, Jacinto Nelson de Miranda. "O papel do novo juiz no processo penal". *In:* COUTINHO, Jacinto Nelson de Miranda (organizador). *Crítica à Teoria Geral do Direito Processual Penal*. Rio de Janeiro: Renovar, 2001, p. 17-18, grifo no original).

processual vigente. Entretanto, vislumbra-se, como essência de um processo predominantemente acusatório, a completa abstinência do magistrado na coleta de provas, ou seja, a proibição de o juiz atuar de ofício na busca ou na gestão probatória.[9]

Questionamos, efetivamente, a possibilidade de o magistrado buscar, de ofício, elementos probatórios não requeridos pelas partes, o que transformaria o juiz num ator processual em vez de ser um expectador, a julgar de acordo com as provas trazidas e produzidas pelos contendores.

Aliás, no Direito Processual Penal moderno, o juiz deve assumir uma outra face daquela que exercia em períodos autoritários, não sendo mais um inquisidor, mas um garantidor dos direitos individuais dos cidadãos frente ao arbítrio estatal. Sua função não é procurar a verdade a qualquer preço, mas buscar a regularidade do processo com a garantia de tratamento igualitário das partes, ou seja, resguardar sua imparcialidade para julgar de acordo com as provas trazidas pelas partes.

No dizer de Adauto Suannes:

> Segue-se, pois, que só mui impropriamente se pode afirmar, como se lê entre nós, que no processo criminal incumbe ao juiz moderno a busca da verdade real. O órgão estatal encarregado disso, em nosso sistema processual, não é o juiz, mas o Ministério Público, consoante se lê na Constituição Federal e na Lei Orgânica da instituição. Se, de fato, não se compreende que o juiz moderno se espere seja ele alguém indiferente ao que se passa à sua frente, assegurar aos litigantes tratamentos tão igual quanto possível é o mínimo que se espera de alguém absolutamente desinteressado pelo resultado da demanda.[10]

Ora, a imparcialidade do Juiz é um princípio supremo do processo e, como tal, imprescindível para o seu normal desenvolvimento e obtenção do reparto judicial justo. Sobre a base da imparcialidade está estruturado o processo como tipo heterônomo de reparto.

Segundo Werner Goldschmidt,[11] o termo *partial* expressa a condição de parte na relação jurídica processual e, por isso, a *imparcialidade* do julgador

---

[9] Na opinião do articulista, a adoção da presença de partes como critério diferenciador entre os sistemas processuais é ultrapassada, eis que a noção hodierna de processo a impõe. Ou seja, o chamado processo inquisitorial, em que acusação e julgamento são concentrados em único sujeito, não passa de mero *procedimento*. Assim, adota-se a lição de Jacinto Miranda Coutinho, para quem "a característica fundamental do sistema inquisitório, em verdade, está na gestão da prova" (COUTINHO, Jacinto Nelson de Miranda. "O papel do novo juiz no processo penal" *in* COUTINHO, Jacinto Nelson de Miranda (coordenador). *Crítica à Teoria Geral do Direito Processual Penal*. Rio de Janeiro: Renovar, 2001, p. 24). Da mesma maneira, Luigi Ferrajoli: "pode-se chamar de acusatório todo sistema processual que tem o juiz como um sujeito passivo rigidamente separado das partes e o julgamento como um debate paritário, iniciado pela acusação, à qual compete o ônus da prova, desenvolvida com a defesa mediante um contraditório público e oral e solucionado pelo juiz, com base em sua livre convicção. Inversamente, chamarei inquisitório todo sistema processual em que o juiz procede de ofício à procura, à colheita e à avaliação das provas, produzindo um julgamento após uma instrução escrita e secreta, na qual são excluídos ou limitados o contraditório e os direitos de defesa" (FERRAJOLI, Luigi. *Direito e Razão:* Teoria do Garantismo Penal. Tradução de Juarez Tavares *et al*. São Paulo: Revista dos Tribunais, 2006, 2.ed., p. 519-520).

[10] SUANNES, Adauto. *Os Fundamentos éticos do devido processo penal*. São Paulo: Revista dos Tribunais, 1999, p. 132.

[11] GOLDSCHMIDT, Werner. *Introducción Filosófica al Derecho*, p. 321. *Apud* LOPES Jr., Aury. *Introdução Crítica ao Processo Penal* – Fundamentos da Instrumentalidade Garantista. Rio de Janeiro: Lumen Juris, 2004, p. 84.

constitui uma consequência lógica da adoção da heterocomposição, por meio da qual um terceiro *impartial* substitui a autonomia das partes.

Já a parcialidade significa um estado subjetivo, emocional, um estado anímico do julgador. A imparcialidade corresponde exatamente a essa posição de terceiro que o Estado ocupa no processo, por meio do juiz, atuando como órgão supraordenado às partes ativa e passiva. Mais do que isso, exige uma posição de *terzietá*, um estar alheio aos interesses das partes na causa, ou seja, "não significa que ele está acima das partes, mas que está para além dos interesses delas".[12]

A possibilidade de o Juiz suprir a inércia do Ministério Público, produzindo prova de ofício, sem que as partes tenham requerido, compromete a imparcialidade do magistrado, consagrando um sistema inquisitório de processo penal.[13]

Segundo Aury Lopes Jr.,

(...) tudo isso cai por terra quando se atribuem poderes instrutórios (ou investigatórios) ao juiz, pois a gestão ou iniciativa probatória é característica essencial do princípio inquisitivo, que leva, por conseqüência, a fundar um sistema inquisitório. A gestão/iniciativa probatória nas mãos do juiz conduz a figura do juiz ator (e não espectador), núcleo do sistema inquisitório. Logo, destrói-se a estrutura dialética do processo penal, o contraditório, a igualdade de tratamento e oportunidades e, por derradeiro, a imparcialidade – o princípio supremo do processo.[14]

Essa posição ativa do magistrado, permitida pelo art. 156 do CPP, na busca de material probatório, compromete sua imparcialidade, uma vez que estabelece um contraste entre a posição totalmente ativa e atuante do instrutor com a inércia que caracteriza o julgador. Um é sinônimo de atividade e o outro de inércia.

Geraldo Prado demonstra, de forma insofismável, o processo psicológico do juiz quando atua de ofício na obtenção da prova, trazendo a seguinte lição:

Quem procura sabe ao certo o que pretende encontrar e isso, em termos de processo penal condenatório, representa uma inclinação ou tendência perigosamente comprometedora da imparcialidade do julgador. Desconfiado da culpa do acusado, investe o juiz na direção da introdução de meios de prova que sequer foram considerados pelo órgão de acusação, ao qual, nestas circunstâncias, acaba por substituir. Mais do que isso, o mesmo tipo de comprometimento psicológico objeto das reservas quanto ao poder do próprio juiz iniciar o processo, aqui igualmente se verificará, na medida em que o juiz se fundamentará, normalmente, nos elementos de prova que ele mesmo incorporou ao feito, por considerar importantes para o deslinde da questão, o que o afastará da desejável posição de seguro

---

[12] COUTINHO, Jacinto Nelson de Miranda. "O papel do novo juiz no processo penal" *in* COUTINHO, Jacinto Nelson de Miranda (coordenador). *Crítica à Teoria Geral do Direito Processual Penal*. Rio de Janeiro: Renovar, 2001, p. 11.

[13] Aqui, precisa a lição de Geraldo Prado: "a real acusatoriedade depende da imparcialidade do julgador, que não se apresenta meramente por se lhe negar, sem qualquer razão, a possibilidade de também acusar, mas, principalmente, por admitir que a sua tarefa mais importante, decidir a causa, é fruto de uma meditada opção entre duas alternativas, em relação às quais manteve-se, durante todo o tempo, eqüidistante" (PRADO, Geraldo. *Sistema Acusatório:* a conformidade constitucional das leis processuais penais. Rio de Janeiro: Lumen Juris, 2001, 2ª ed., p. 128).

[14] LOPES Jr., Aury. *Introdução Crítica ao Processo Penal* – Fundamentos da Instrumentalidade Garantista. Rio de Janeiro: Lumen Juris, 2004, p. 84.

distanciamento das partes e de seus interesses contrapostos, posição esta apta a permitir a melhor ponderação e conclusão.[15]

Sempre que se atribuem poderes instrutórios ao juiz, destrói-se a estrutura dialética do processo, assim como o contraditório, funda-se um sistema inquisitório e sepulta-se de vez qualquer esperança de imparcialidade e alheamento. É um imenso prejuízo gerado pelos diversos pré-conceitos que o juiz faz.

E nem se diga – a erronia seria imperdoável – que o princípio da verdade real justificaria a atuação de ofício pelo juiz, suprindo a inércia do Ministério Público na obtenção de provas contrárias aos interesses do réu. Tal princípio é um mito já há muito superado pela moderna doutrina processual penal, bem como pela jurisprudência de nossos tribunais.

Se efetivamente a finalidade do processo penal fosse a de servir de instrumento para a busca da verdade real, questiona Suannes, como se justificaria que, ao reverso do que ocorre no campo do direito civil (que se contenta com a verdade formal), ao acusado não se pode impor o dever de depor? Como se justifica a inviolabilidade do domicílio, dos dados bancários, fiscais e da correspondência? Se o que deve triunfar é a verdade real, porque não se assegura ao Estado o direito de revisão criminal? Se a busca da verdade real preside o processo penal, qual o sentido das preclusões que ao longo do procedimento vão impedindo que atos não realizados a tempo e ora venham a sê-lo no futuro? Como conciliar a regra do art. 384 do CPP com o princípio da verdade real se seu exercício somente pode fazer-se em primeira instância, nos termos do enunciado nº 453 da Súmula do Supremo Tribunal Federal? No dizer de Adauto Suannes:

> Exatamente por ser isso tudo incompatível com algo que se possa chamar de busca da verdade real, há que se reconhecer que a finalidade do processo penal é, antes e acima de tudo, assegurar ao acusado a preservação de sua liberdade e a manutenção do seu estado de inocência até o momento em que o Estado demonstre, pelo órgão incumbido disso, a necessidade de cercear-se aquela liberdade, seja pela ocorrência de fato grave ensejador de provimento cautelar a ser solicitado ao juiz, que o apreciará, seja em vista da comprovação cabal dos fatos e sua autoria. Qualquer atuação *ex officio* do juiz contraria a própria razão de ser do processo penal (...), algo flagrantemente violador dos mais elementares princípios que impõe neutralidade ao julgador, além de dar ao Judiciário atribuição que não pode ser sua.[16]

Continua, afirmando que:

> A descuidada afirmação de que o processo penal deve perseguir intransigentemente a verdade real tem sido responsável por inúmeras deformações do processo, com afirmações e decisões descabidas, que desconsideram o longo caminhar do *due process*.[17]

Para Grinover, Fernandes e Gomes Filho,[18] há um equívoco quando se confunde a "verdade material" com a liberdade absoluta do juiz penal. Para os in-

---

[15] PRADO, Geraldo. *Sistema Acusatório:* a conformidade constitucional das leis processuais penais. Rio de Janeiro: Lumen Juris, 2001, 2ª ed., p. 158.

[16] SUANNES, Adauto. Os fundamentos éticos do devido processo penal. São Paulo: Revista dos Tribunais, 1999, p. 144.

[17] *Idem. Op. Cit.*, p. 147

[18] GRINOVER, Ada Pellegrini. FERNANDES, Antonio Scarance. GOMES Filho, Antonio Magalhães. *As Nulidades No Processo Penal*. São Paulo: Revista dos Tribunais, 1997, 6ª edição, p. 129-130.

Mudar para não mudar: a nova redação do art. 156 do Código de Processo Penal à luz da Lei nº 11.690/08

signes autores, a liberdade do juiz penal na obtenção da prova foi vista como instrumento essencial para a realização da pretensão punitiva do Estado: o juiz penal, diversamente do juiz civil, deveria ser dotado de poderes ilimitados, para efeito do acertamento dos fatos, porque a descoberta da verdade, obtida de qualquer forma, é a premissa indispensável para alcançar o escopo "defesa social". E é assim que a busca da verdade se transmudou num valor mais precioso do que a proteção da liberdade individual.

A esta colocação responde-se demonstrando que, tomando esse caminho, se perderá fatalmente o sentido de qualquer limite e a verdade absoluta tornar-se-á um mito que corresponde ao ilimitado poder do juiz.[19]

Continuando a sábia lição:

Por isso é que o termo "verdade material" há de ser tomado em seu sentido correto: de um lado, no sentido da verdade subtraída à influência que as partes, por seu comportamento processual, queiram exercer sobre ela; de outro lado, no sentido de uma verdade que, não sendo "absoluta" ou "ontológica", há de ser antes de tudo uma verdade judicial, prática e, sobretudo, não uma verdade obtida a todo preço: uma verdade processualmente válida.[20]

Por fim, concluem que:

Esta é a razão pela qual os ordenamentos processuais modernos abandonaram o sistema inquisitório em que as funções de acusar e julgar estavam concentradas no mesmo órgão (juiz ou Ministério Público). E é por isso que desperta preocupações o texto da Lei nº 9.034, de 03.05.1995, destinada a regular a utilização de meios operacionais para a prevenção e repressão dos crimes oriundos de organizações criminosas, que transforma o juiz em verdadeiro inquisidor, atribuindo-lhe a colheita das provas, com que fere a mais importante garantia do devido processo legal, que é a garantia da imparcialidade.[21]

Não é demais relembrar que o Supremo Tribunal Federal, através da Ação Direta de Inconstitucionalidade nº 1.570, que questionava a recepção do art. 3º da Lei nº 9.034/95 pela Carta Magna de 1988 decidiu, por maioria de votos (vencido o Min. Carlos Velloso), que os poderes instrutórios violam a imparcialidade do julgador e, por consequência, o princípio do devido processo legal.

Por seu turno, o egrégio Tribunal de Justiça do Rio Grande do Sul, através de sua colenda 5ª Câmara Criminal, Rel. Des. Amilton Bueno de Carvalho, na Correição Parcial nº 70002028041, assim desmistificou o princípio da verdade real como informador do processo penal:

CORREIÇÃO PARCIAL. O órgão acusador – parte que é e poderes que tem – não pode exigir que o Judiciário requisite diligências, quando o próprio Ministério Público pode fazê-lo.

O mito que o processo penal mira a 'verdade real' está superado. A busca é outra: julgamento justo ao acusado (lições de Adauto Suannes e Luigi Ferrajoli).

O papel do juiz criminal é de eqüidistância: a aproximação entre acusador e julgador é própria do medieval inquisitório.

Correição parcial improcedente.

---

[19] GRINOVER, Ada Pellegrini. FERNANDES, Antonio Scarance. GOMES Filho, Antonio Magalhães. *As Nulidades No Processo Penal*. São Paulo: Revista dos Tribunais, 1997, 6ª edição, p. 130.

[20] *Idem.*

[21] *Idem.*

No corpo do acórdão, a seguinte lição:

> Em verdade, o Ministério Público, na lide penal, é parte e como tal merece ser tratada. E a parte compete produzir (e diligenciar) nas provas que pretende utilizar. Assim o é com a defesa. Evidente que se justifica pedido ao juízo quando necessária a intervenção judicial, ou seja, quando à parte, por ela mesma, não for admissível pelo sistema.

Sobre o princípio da verdade real,

> o dito princípio da "verdade real", que seria o norte do processo penal, é conceito ultrapassado. O processo penal busca é julgamento justo ao acusado, por todos, ler Adauto Suannes, "Os Fundamentos Éticos do Devido Processo Penal".
>
> (...) Aliás, no campo da filosofia do direito, o mito da verdade real está superado: a verdade é provisória, relativa, tida como aproximação. A dita verdade real é inalcançável, *"uma ingenuidad epistemológica"*, tanto que Luigi Ferrajoli ensina que *"si uma justicia penal completamente 'com verdad' constituye uma utopia, uma justicia penal completamente 'sin verdad' equivale a una sistema de arbitrariedade"* (*Derecho y Razón*).
>
> A busca desenfreada do mito infantil da "verdade real" (aliás, carrega em si contradição: há verdade que não seja "real"?) foi sustentáculo justificador da própria tortura medieval (Adauto chama de "primitivo sistema", p. 130).

Sobre o papel do Juiz no hodierno direito processual penal:

> (...) o papel do juízo, no processo acusatório, é de eqüidistância (relembre-se Ferrajoli: o inquisitório é sistema onde acusação e juízo se confundem na perseguição), ou seja, a regra do jogo é esta: as partes que produzam suas provas e o juiz que julgue (precedente da Câmara: Correição Parcial de n° 699286597, j. em 30 de junho de 1999, unânime).
>
> No momento em que o juízo ingressa no processo, a serviço da acusação, a democracia processual desaparece.
>
> Assim, não se vislumbra, seja no plano da legalidade, seja no sistema democrático, seja no da ética, fundamento para que o Judiciário esteja a serviço de produção de provas – sejam quais forem – pela acusação.
>
> E esta decisão – em sua retórica – busca – ao contrário do que infantilmente alguns podem pensar – o engrandecimento do Ministério Público, em seu esplendor, não pode se sujeitar a pedidos menores. Deve, por ele mesmo – repito, grande que é – requisitar o que entender necessário.

Em outro julgamento,[22] mais uma vez vem à baila a discussão sobre o sistema acusatório e sua relação com um Processo Penal Democrático, onde o emérito relator aponta que:

> O modelo acusatório acha-se recepcionado pelo texto constitucional de 1988, na forma de garantias fundamentais do cidadão como: a ampla defesa (art. 5°, LV, LVI e LXII), a tutela jurisdicional (art. 5° XXXV), o devido processo legal (art. 5°, LIV), a presunção de inocência (art. 5°, LVII), o tratamento

---

[22] PROCESSUAL PENAL. HABEAS CORPUS. SISTEMA ACUSATÓRIO. PROVA. GESTÃO. PROVA TESTEMUNHAL PRODUZIDA DE OFÍCIO PELO JUIZ. ILEGITIMIDADE. Nulo é o ato processual em que restam agredidos os mandamentos constitucionais sustentadores do Sistema Processual Penal Acusatório. A oficiosidade do juiz na produção de prova, sob amparo do princípio da busca da 'verdade real', é procedimento eminentemente inquisitório e agride o critério basilar do Sistema Acusatório: a gestão da prova como encargo específico da acusação e da defesa. Lição de Jacinto Nelson de Miranda Coutinho. Ordem concedida, por unanimidade (Habeas Corpus n° 70003938974, da 5ª Câmara Criminal do Tribunal de Justiça do Rio Grande do Sul, Des. Rel. Amilton Bueno de Carvalho, j. em 24/04/2002).

paritário das partes (art. 5º, caput e I), a publicidade dos atos processuais e motivação dos atos decisórios (art. 93, IX), as garantias do acesso à justiça (art. 5º, LXXIV) e do juiz natural.

No particular, a violação ao sistema acusatório se deu por dupla razão. Vejamos:

(...) ao determinar "de ofício" a inquirição de testemunhas arroladas pelo assistente de acusação, tomando-as como suas, a ilustre colega agiu de forma a macular a estrutura nuclear do sistema acusatório: a disponibilidade sobre o gerenciamento da prova, como encargos restritos à acusação e a defesa.

Para além da mera presença de partes compondo o *actum trium personarum*, forte no posicionamento do jurista Jacinto Coutinho, entendo que o principal critério diferenciador dos sistemas processuais é o da *gestão da prova*.

O culto Desembargador gaúcho, após referida consideração, cita lição do eminente Doutor da Universidade Federal do Paraná, emérito processualista, Jacinto Coutinho, nos seguintes termos:

Se o processo tem por finalidade, entre outras, a reconstituição de um fato pretérito, o crime, mormente através da instrução probatória, a gestão da prova, na forma pela qual ela é realizada, identifica o princípio unificador. (COUTINHO, Jacinto. Nelson de Miranda. 'Introdução aos princípios gerais do direito processual penal brasileiro'. *Separata*, Curitiba, n. 04, v. 01, pp. 01/37, jan./mar. 2000. p. 02.).

Posteriormente, segue o ilustrado voto acolhido por unanimidade junto à Câmara Criminal:

Ao legitimar a oficiosidade desmedida do magistrado na produção da prova, o sistema inquisitório permite ao julgador fazer as vezes de defensor e acusador em processo que ele decidirá ao final. Em outras palavras, propicia ao juiz a prévia eleição de uma tese – como única e absoluta verdade – e a busca desmesurada de meios aptos a comprová-la. Neste rumo, a lógica inquisitorial estabelecida como caminho à solução do caso em debate, me faz presenciar – irresignado, mas não surpreso –, em pleno Estado Democrático de Direito, a busca do malfadado mito da "verdade real".

Tal estratagema – legado do período negro da história: o medievo – é, no particular, expressa e obstinadamente proclamado pela juíza, Ministério Público e assistência de acusação (fls. 19, 20, 25).

Na esteira de seu posicionamento, novamente a lição do eminente jurista:

Neste ponto, o processo penal acerta as contas com o obscuro: a escolha inquisitorial é determinada pela imagem – quiçá a primeira –, tomada como possível, como real, como verdade: eis o quadro mental paranóico. Decide-se antes (o que é normal no humano, repita-se); e depois raciocina-se sobre a prova para testar a escolha.' (COUTINHO, Jacinto Nelson de Miranda. "Glosas ao 'verdade, dúvida e certeza', de Francesco Carnelutti, para os Operadores de direito". *In: Anuário Ibero-Americano de Direito Humanos* (2001/2001), p. 186).

Assim, continuando seu erudito voto:

É salutar que se reconheça o processo como estrutura artificial – criada pelo homem e sujeito à sua falibilidade – que objetiva, da forma mais justa possível, compor um jogo de interesses em questão, no qual a eleição de um posicionamento jamais pode significar a descoberta da única e incontroversa verdade real, mas sim, a valorização das demais versões como não-verdadeiras, o que não as extingue.

Por fim, sobre o princípio da "verdade real", me permito para frasear Jacinto citando Carnelutti no já referido texto "Glosas ao 'Verdade, Dúvida e Certeza', de Francesco Carnelutti, para os Operadores do Direito", com a brilhante colocação "*Em síntese, a verdade está no todo, não na parte; e o todo é demais para nós*". (grifo nosso).

O dispositivo legal autorizador do ato aqui hostilizado (art. 209 do Código de Processo Penal), por si-só afronta diretamente a Constituição – desrespeita o sistema processual acusatório – induzindo o Processo Penal Democrático a percorrer caminhos que o remetem à era medieval.

Na mesma senda, cita parecer proferido pelo eminente Procurador de Justiça que oficia junto à colenda 5ª Câmara Criminal, Dr. Lenio Streck:

Juiz não busca prova de ofício, Juiz não sai correndo atrás de prova. O princípio da verdade vigente no Processo Penal não é o real (sic). É ele uma ficção. A verdade exsurge da intersubjetividade e não de um processo metafísico cognocente praticado pelo intérprete (no caso ao juiz).

Do contrário, surge aquilo que Cordero denominou de "quadro mental paranóico",[23] onde há o "primado das hipóteses sobre os fatos". Assim, "o juiz passa de espectador ao papel de protagonista da atividade de resgatar subjetivamente a verdade do investigado (objeto)", sem lhe prover o contraditório e a publicidade, com marcas permanentes no resultado, previamente "colonizado".[24]

Portanto, a nota distintiva do sistema inquisitorial é a centralização do poder nas mãos do órgão julgador, detentor da gestão da prova, de modo que nesse diapasão o acusado é "mero objeto de investigação", suposto "detentor da verdade" de um crime, da qual deverá dar contas ao inquisidor.[25]

O processo, no sistema acusatório, da mesma maneira que no sistema inquisitório, é um instrumento de descoberta de uma verdade histórica. Todavia, faculta às partes a gestão da prova, fazendo que o juiz resolva, com base apenas nessas provas, o direito a ser aplicado *in casu*.

Este sistema vincula-se à cidadania, pois, desde suas origens enquanto disputa de partes, entende o acusado como um cidadão, "senhor de direitos inafastáveis e respeitados".[26]

Desse modo, no sistema acusatório o processo é entendido como *actium trium personarum*, em que as partes dispõem da faculdade de produzir a prova, e ao magistrado, no tocante à produção de material probatório, resta a inércia. Ainda, a verdade, enquanto juízo de probabilidade, que poderá ser alcançada es-

---

[23] "A solidão na qual os inquisidores trabalham, jamais expostos ao contraditório, fora dos grilhões da dialética, pode ser que ajude no trabalho policial, mas desenvolve quadros mentais paranóicos. Chamemo-os 'primado das hipóteses sobre os fatos': que investiga segue uma delas, às vezes com os olhos fechados; nada a garante mais fundada em relação às alternativas possíveis, nem esse mister estimula, cautelarmente, a autocrítica; assim como nas cartas do jogo estão na sua mão e é ele que as coloca sobre a mesa, aponta na direção da 'sua' hipótese" (CORDERO, Franco. *Guida alla procedura penale*. Torino: UTET, 1986, p. 51. *In apud*: COUTINHO, Jacinto Nelson de Miranda. "Glosas ao 'Verdade, Dúvida e Certeza', de Francesco Carnelutti, para os operadores do Direito", *Revista de Estudos Criminais*, ano 4, nº 14, Sapucaia, 2004, p. 86.).

[24] ROSA, Alexandre Morais da. *Decisão Penal:* A Bricolage de Significantes. Rio de Janeiro: Lumen Juris, 2006, p. 135.

[25] COUTINHO, Jacinto Nelson de Miranda. "Introdução aos Princípios Gerais do Direito Processual Penal Brasileiro", *Separata ITEC*, ano 1, nº 4, 2000, p. 2.

[26] COUTINHO, Jacinto Nelson de Miranda. "O papel do novo juiz no processo penal". In: COUTINHO, Jacinto Nelson de Miranda (coordenador). *Crítica à Teoria Geral do Direito Processual Penal*. Rio de Janeiro: Renovar, 2001, p. 36-37.

tará pautada na prova produzida e nas teses esgrimadas pelas partes, o que será demonstrado pela motivação da decisão.[27]

A respeito, Aury Lopes Jr. acrescenta que

(...) o sistema acusatório é um imperativo do moderno processo legal, frente à atual estrutura social e política do Estado. Assegura a imparcialidade e a tranqüilidade psicológica do juiz que irá sentenciar, garantindo o trato digno e respeitoso com o acusado, que deixa de ser um mero objeto para assumir sua posição de autêntica parte passiva do processo penal. Também conduz a uma maior tranqüilidade social, pois evita-se eventuais abusos da prepotência estatal que se pode manifestar na figura de um juiz "apaixonado" pelo resultado de sua labor investigadora e que, ao sentenciar, olvida-se dos princípios básicos de justiça, pois tratou o suspeito como condenado desde o início da investigação.[28]

Portanto, a assunção do modelo acusatório não depende do texto constitucional (que o acolhe, embora a práxis o negue), mas sim de uma autêntica motivação e de um compromisso interno e pessoal no sentido de que se construa a estrutura processual sobre fundamentos democráticos, onde o magistrado abdica da iniciativa probatória, promovendo um verdadeiro processo entre partes.

O sistema inquisitivo é marcado pela ausência de direitos do acusado, mero objeto do procedimento que busca a verdade acerca do fato a qualquer custo. Nele o juiz conduz todos os atos, determinando o início da persecução, bem como, a produção da prova que entender necessária. Aqui, torna-se o inquisidor sujeito ativo, numa postura que de forma alguma poderia ser denominada de inerte.

O processo, no sistema acusatório, igualmente busca uma verdade. Contudo, para tanto, impõe que esta seja atingida pelo duelo de teses, provas e argumentos produzidos pelas partes, aos quais o julgador, em uma postura equidistante, atribui valor probatório na motivação de sua decisão.

Logo, o processo acusatório é o único modelo compatível com o Estado Democrático de Direito, cujos princípios inerentes impõem uma limitação ao exercício do poder pelo Estado, em especial na persecução penal.

No momento que a lei processual penal atribui poderes instrutórios ao magistrado, permitindo que ele busque a "verdade" a qualquer preço, instaura-se um sistema inquisitivo de processo, motivo pelo qual não concordamos com a nova redação do art. 156 do CPP que, aliás, apenas reproduz o antigo modelo do código modificado, perdendo-se a oportunidade de uma alteração substancial do sistema, de forma a consagrar um verdadeiro processo acusatório.

---

[27] CEZIMBRA, Lucas Chassot. *Prisão Cautelar e Sistema Acusatório*. 2004. 138 f. Trabalho de Conclusão de Curso (Graduação) – Universidade do Vale do Rio dos Sinos, Centro de Ciências Jurídicas, Bacharelado em Ciências Jurídicas e Sociais, p. 55-56.

[28] LOPES JR., Aury. *Introdução Crítica ao Processo Penal:* Fundamentos de Instrumentalidade Garantista. Rio de Janeiro: Lumen Juris, 2004, p. 155.

— 8 —

Diversidade cultural e Processo Penal

MARCELO BECKHAUSEN

Procurador Regional da República, Professor de Direito Constitucional-UNISINOS,
Mestre em Direito UNISINOS/RS e Doutorando em Ciência Política/UFRGS.

Sumário: 1. Introdução; 2. O conceito infraconstitucional de indígena; 2.1. O sujeito indígena – variáveis judiciais; 2.2. O conceito constitucional de indígena; 3. Constituição e Processo Penal; 3.1. Medidas especiais; 3.2. O papel da antropologia; 3.3. Hermenêutica diatópica; 3.4. A tradução adequada – simetria e paridade no contraditório; 4. Jurisdição e competência; 5. Considerações finais; 6. Contribuição para o debate – propostas sobre inquérito policial, competência e de processo especial; 7. Bibliografia.

1. Introdução

A chegada do texto constitucional de 1988 trouxe uma nova matriz normativa no que diz respeito à temática da diversidade cultural. Assumindo-se como Estado Plural, o Estado brasileiro alinhou diferentes compromissos na esfera desta diversidade e no trato com as minorias étnicas aqui residentes. Uma das tarefas mais complexas é a reconfiguração do modelo de relação deste Estado com tais Povos, para usar o vocabulário inscrito na novel Convenção 169/89,[1] já incorporada ao ordenamento normativo. O impacto dessas mudanças já puderam ser percebidas na prestação de serviços públicos endereçados aos Povos Indígenas, face ao estipulado nos artigos 231 e 232 da Constituição Cidadã. Consolidou-se um modelo de educação indígena onde o cenário cultural indígena e bilíngue sobressai-se em relação ao modelo tradicional; construiu-se um subsistema de atenção à saúde indígena, pari passu, ao nascimento do Sistema Único, acessível também aos membros dessas etnias, em igualdade de condições.

---

[1] Aqui no Brasil a Convenção 169/89 foi publicada no D.C.N. de 27 de agosto de 1993. Foi aprovada pelo Congresso através do Decreto Legislativo nº 143, de 20 de junho de 2002, treze anos após sua elaboração, sendo ratificada pelo governo brasileiro junto ao diretor executivo da OIT em 25 de julho de 2002. E o decreto de execução, nº5051, que a promulgou, foi editado em 19 de abril de 2004.

Diversidade cultural e
Processo Penal

Além disso, a legislação comum, pré-constitucional, deve também ser reordenada no sentido de se adequar a um esquema constitucional que determina a proteção, o respeito e a valorização da cultura indígena, composta por mais de duzentos grupos étnicos distintos. Assim, por exemplo, o novo Código Civil remete a tormentosa questão referente a capacidade civil indígena à legislação especial, lamentavelmente ainda não confeccionada. O Estatuto do Índio, Lei 6001/73, escrito sob a égide integracionista, não foi recepcionado em grande parte de seu texto. No entanto, lacunas sérias estão a merecer uma reflexão mais aprofundada dos operadores do direito. Uma dessas lacunas é a que diz respeito ao modelo de procedimento penal a ser aplicado nos processos onde em um dos pólos esteja presente o sujeito indígena, cuja proteção especial está expressamente definida na Constituição.

Pretendo, nesse breve artigo, tentar lançar algumas reflexões sobre determinados conceitos que já deveriam ter sido extirpados do cotidiano judicial, possibilitando uma análise crítica sobre o papel do Poder Judicante no enfrentamento destas questões, aproveitando a oportunidade para emitir uma opinião sobre a construção deste novo modelo. Iniciarei conceituando o indígena a partir dos novos padrões constitucionais e da Convenção supra-referida; farei referências sobre o papel da antropologia e da tradução no curso de tais processos e abordarei alguns enfrentamentos hermenêuticos necessários, criando algumas aberturas de discussão; comentarei a necessidade da instalação de medidas especiais no âmbito do processo final; farei uma abordagem sobre a questão da competência para o julgamento dos crimes envolvendo indígenas; e concluirei apresentando uma proposta de processo adequado para o atendimento destas questões.

2. O conceito infraconstitucional de indígena

Para enfrentar o objeto proposto, torna-se necessário estabelecer um conceito sobre o personagem que deve figurar em uma lei adjetiva penal. O sentido constitucional é protetivo/valorativo e nessa esteira que pretendo situar os meus esforços. Durante um longo tempo os indígenas brasileiros foram classificados como seres inferiores a merecer um tratamento estatal preconceituoso. Para melhor compreensão, utilizo como estratégia classificar as formas de relação do Estado com os Povos Indígenas através de uma padronização histórica, reconfigurando tal relação em três períodos distintos: 1) fase da intolerância, onde o sujeito indígena é caracterizado como bárbaro e como elemento desnecessário ao desenvolvimento do país, símbolo do atraso e da inferioridade; 2) fase da tolerância, com forte influência do liberalismo europeu, especialmente Rousseau, onde o índio assume o status de "bom selvagem" e que deve sofrer um processo de civilização e assimilação, com ajustes tutelares; 3) fase da pluralidade, onde o sujeito indígena é encarado dentro de um contexto constitucional democrático e que pretende inibir a discriminação, assumindo o Estado compromissos de proteção e valorização da diferença. Por certo, não pretendo criar uma classificação estanque, esgotando outros elementos importantes na relação Estado-Povos Indígenas. A utilidade desta é estabelecer algumas fronteiras para evidenciar a atual ação estatal, sublinhando algumas dimensões históricas.

Obviamente, também, que as paredes existentes entre cada uma dessas fases são extremamente porosas. Assim, vamos observar momentos de pluralidade durante os séculos XV e XVI, devidamente contextualizado,[2] bem como, lamentavelmente, vamos nos deparar com o pensamento da intolerância e da tolerância demarcando espaços mesmo em pleno século XXI, após o advento do novo arcabouço constitucional.

Atualmente, o conceito jurídico do índio que aparece em nossos cadernos legais está embutido em um documento que marca a era da tolerância: o estatuto do índio. Tal diploma refere o papel do Estado em atuar no sentido da integração do índio à "sociedade nacional", imaginada como de confluência entre as raças negra, índia e branca, buscando absorvê-lo para a parcela desta sociedade que se destaca por ser mais "evoluída", ou seja, dentro desse imaginário, a branca.

Tal estatuto, Lei 6001/73, conceitua índio, artigo 3°, inciso I, como sendo "todo indivíduo de origem e ascendência pré-colombiana que se identifica e é identificado como pertencente a um grupo étnico cujas características culturais o distinguem da sociedade nacional".

A caricatura jurídica que se monta do índio é, então, perfectibilizada por estes três elementos: uma identidade assumida (interna), uma identidade referida (externa) e uma identidade investigada (antropometricamente medida, geneticamente estudada ou, mesmo, antropologicamente construída). Segundo a lógica da tolerância, pré-constitucional, o sujeito indígena precisa ser representado a partir de sua autoidentificação, mas refém do olhar do outro, seja Estado (Universidades, centros de pesquisa), seja da própria comunidade onde vive.

Na matriz da pluralidade, no entanto, as perspectivas externas (ao campo da auto-identificação) perdem "força", a partir especialmente da Convenção 169, e a identidade declarada assume uma densidade mais ampla.[3]

2.1. O sujeito indígena – variáveis judiciais

A plataforma constitucional permitiu que cada etnia indígena fosse considerada de modo distinto pelo Estado brasileiro. Estudos antropológicos vêm

---

[2] Por exemplo, na obra do Frei Bartolomé de Las Casas.

[3] Hoje existem vários campos de tensionamento bem específicos sobre a questão indígena. Destaco dois: o primeiro diz respeito a reação a idéia de homogeneização do sujeito indígena, trabalho de longos séculos, mas que deve ser rearticulado com construção de coletividades, grupos étnicos distintos, cerca de duzentos no Brasil, cada um com suas especificidades, e que devem receber um ação estatal diferenciada (nosso alvo aqui é o processo penal); o segundo diz respeito ao índio que vive fora de sua terra tradicional e que vai disputar espaços na sociedade, de reconhecimento e de redistribuição.

Diversidade cultural e
Processo Penal

117

ampliando o conhecimento a respeito desses modos de vida diferenciados, amparados pela proteção constitucional.[4] A elaboração das políticas públicas deve levar em conta, portanto, essa heterogeneidade e complexidade, habilitando-se a dar vazão ao intuito do Constituinte.[5] Portanto, cada etnia indígena está a dispensar uma ação estatal diferenciada. Isso torna esta ação de complexa concretização. Habituados a versão de um único modelo de sujeito indígena, somos submetidos a um processo de ampliação destas versões, onde cada grupo étnico possui um conjunto de tradições, costumes e língua distintos dos demais grupos e esta diferença está reconhecida, e protegida, pela Constituição. Refletir em torno dessa imagem pré-concebida, homogênea, com o sujeito indígena que se desvela, em suas múltiplas diferenças, parecer ser o primeiro passo, um primeiro tensionamento saudável, por assim dizer, na compreensão e enfrentamento adequado da questão.

Outra das questões mais complicadas que surgem na sociedade contemporânea é a intensa interpenetração e interconexão entre os grupos culturalmente distintos, marca do nosso tempo. Hollywood explora bem este tema, nos filmes Babel, Crash e Children of Men (Filhos da Esperança, de P. D. James), este último um retrato sombrio do futuro da humanidade, onde os diversos grupos étnicos são separados em campos de concentração, e existe uma metáfora impressionante sobre a impossibilidade de reprodução. A multiplicidade de etnias e códigos em um ambiente muitas vezes hostil parece traduzir bem o que ocorre aos indígenas que se aventuram nos núcleos urbanos, muitas vezes expulsos de suas terras sagradas, muitas vezes levados por características culturais de mobilidade. Índios que se parecem como camelôs, vendendo bijuterias nos grandes centros, indígenas sentadas nas calçadas que lembram mendigos, índios nas beiras das estradas a ofertarem produtos de artesania, etc.

Tal heterogeneidade possibilita a construção de conflitos interculturais, já que muitas vezes o contexto urbano não está preparado para tal relacionamento, condicionado a imaginar o índio dentro de parâmetros fenotípicos ou mesmo estereotipados. O índio verdadeiro, desenhado nos cadernos escolares, parece existir somente em alguns rincões do Norte do país, mantendo seus registros culturais de forma intacta. O índio que perambula nas cidades, ou monta sua tenda nas estradas federais e estaduais, não se enquadra nesta moldura, muito menos

---

[4] Basta verificar no site do Ministério da Justiça onde existem referências a duzentos e dezoito grupos étnicos distintos: *http://www.mj.gov.br/data/Pages/MJA63EBC0EITEMID7AFC6B98232B490F84EA7F4BC4380 251PTBRIE.htm*, pesquisado em 22 de julho de 2008, às 16h.

[5] "Neste quadro, a representação genérica e atemporal sobre o índio começa a declinar enquanto chave interpretativa para a situação indígena no Brasil contemporâneo, esvaziando-se enquanto fator legitimador de discursos políticos e instigador de novas práticas administrativas ou assistenciais. Os antropólogos têm chamado a atenção para o fato de que 'o índio' não é uma unidade cultural, mas uma identidade legal acionada para obter o reconhecimento de direitos específicos. As lideranças indígenas deram contramarcha em processos locais de identificação puramente negativa e no escamoteamento de sua identidade étnica, e – sem se considerarem indiferenciados entre si, mas como primariamente membros de tais e tais sociedades indígenas – reivindicam solidariamente direitos comuns que decorrem do *status* jurídico de 'índio'". OLIVEIRA FILHO, João Pacheco de. *Ensaios em Antropologia histórica*. Rio de Janeiro: UFRJ, 1999, p. 206.

na pintura, constituída durante séculos de relação assimétrica. Isso faz com que a desconfiança recaia sobre estes índios. Não é à toa que o Judiciário (e outras Instituições, como o Ministério Público também) abusa de um vocabulário já descartado pela Constituição: índios aculturados, índios integrados, em vias de integração, para definir quem é índio e quem não é no nosso país[6]. Ao se confrontar com um índio diferente do bordado pelos colégios primários e secundários, o operador do direito tende a não dar credibilidade ao presente, refugiando-se no passado (em uma per-versão do passado): "Esse aí não é índio", sentencia.[7]

O que pretendo agora é tentar decifrar o discurso constitucional que, ao que tudo indica, mostra-se em descompasso com o discurso que não aceita o índio

---

[6] "*HABEAS CORPUS*. ESTUPRO. MENORES INDÍGENAS. AUSÊNCIA DE LAUDO ANTROPOLÓGICO E SOCIAL. DÚVIDAS QUANTO AO NÍVEL DE INTEGRAÇÃO. NULIDADE.
Somente é dispensável o laudo de exame antropológico e social para aferir a imputabilidade dos Indígenas quando há nos autos provas inequívocas de sua integração à sociedade.
No caso, há indícios de que os menores indígenas, ora pacientes, não estão totalmente integrados à sociedade, sendo indispensável a realização dos exames periciais.
É necessária a realização do estudo psicossocial para se aferir qual a medida sócio-educativa mais adequada para cada um dos pacientes". Ordem concedida para anular a decisão que determinou a internação dos menores sem a realização do exame antropológico e psicossocial. (HC 40.884/PR, Rel. Ministro JOSÉ ARNALDO DA FONSECA, QUINTA TURMA, julgado em 07.04.2005, DJ 09.05.2005, p. 445)
Inexiste razão para a realização de exames psicológico ou antropológico se presentes, nos autos, elementos suficientes para afastar qualquer dúvida sobre a imputabilidade de indígena, sujeitando-o às normas do art. 26 e parágrafo único do CP. Com base nesse entendimento, a Turma deferiu, em parte, *habeas corpus* impetrado em favor de índio Guajajara condenado, por juízo federal, pela prática dos crimes previstos nos artigos 12, *caput*, e § 1º, II e 14 da Lei 6.368/76 e art. 10 da Lei 9.437/97. Pleiteava-se, de forma alternativa, a anulação do processo, *ab initio*, a fim de que se realizasse o exame antropológico ou a atenuação da pena (Lei 6.001/73, art. 56, parágrafo único), assim como para garantir seu cumprimento no regime semi-aberto em local próximo da habitação do paciente. Tendo em conta que a sentença afirmara a incorporação do paciente à sociedade, considerou-se que ele seria plenamente imputável e que o laudo pericial para a comprovação de seu nível de integração poderia ser dispensado. Asseverou-se que o grau de escolaridade, a fluência na língua portuguesa, o nível de liderança exercida na quadrilha, entre outros, foram suficientes para formar a convicção judicial de que o paciente seria inteiramente capaz de entender o caráter ilícito dos fatos ou de determinar-se de acordo com esse entendimento. No tocante à diminuição da pena, ressaltou-se que esta já fora efetuada pelo juízo quando proferida a sentença. HC deferido parcialmente para que o Juiz da Execução observe, quanto possível, o parágrafo único do art. 56 do Estatuto do Índio (Lei 6.001/73: "Art. 56. No caso de condenação do índio por infração penal, a pena deverá ser atenuada e na sua aplicação o juiz atenderá também ao grau de integração do silvícola. Parágrafo único. As penas de reclusão e de detenção serão cumpridas, se possível, em regime especial de semi-liberdade, no local de funcionamento do órgão federal de assistência aos índios mais próximos da habitação do condenado."). (HC 85198/MA, rel. Min. Eros Grau, 17.11.2005.)

[7] Um dos grandes problemas é que os juristas ainda estão amarrados a estes preconceitos, enraizados na sociedade em que vivemos. Diz Gadamer: "A tarefa hermenêutica se converte por si mesma num questionamento pautado da coisa, e já se encontra sempre determinada por este. Com isso o empreendimento hermenêutico ganha um solo firme sob seus pés. Aquele que quer compreender não pode se entregar, já desde o início, à casualidade de suas opiniões prévias e ignorar o mais obstinada e conseqüentemente possível a opinião do texto – até que este, finalmente, já não possa ser ouvido e perca sua suposta compreensão. Quem quer compreender um texto, em princípio, deve estar disposto a deixar que ele diga alguma coisa por si". GADAMER, Hans-Georg. *Verdade e Método. Traços fundamentais de uma hermenêutica filosófica*. Petrópolis: Vozes, 1998, p.405. e continua Hans-Georg Gadamer: "Por isso, uma consciência formada hermeneuticamente tem que se mostrar receptiva, desde o princípio, para a alteridade do texto. Mas essa receptividade não pressupõe nem 'neutralidade' com relação à coisa nem tampouco auto-anulamento, mas inclui a apropriação das próprias opiniões prévias e preconceitos, apropriação que se destaca destes. O que importa é dar-se conta das próprias antecipações, para que o próprio texto possa apresentar-se em sua alteridade e obtenha assim a possibilidade de confrontar sua verdade com as próprias opiniões prévias." GADAMER. op. cit., p. 405.

fora de sua Terra Tradicional, ou despido de suas vestes fenotípicas concebidas "ginasialmente".

Devemos enfrentar essa questão: o texto constitucional não fala em índios que vivam em terras indígenas. O reconhecimento exposto na Constituição alcança a todos os índios, sem distinção. Portanto, índios que vivem em centros urbanos ou fora das áreas indígenas, também estão abrangidos e protegidos pelo mesmo texto constitucional.

Além disso, a Constituição não diferencia índios "aculturados" de "não-aculturados" e não pode o intérprete ir além do que pretende o texto constitucional.[8] Ora, a cultura não é algo estático e este processo de perda de valores culturais ou agregação de outros é um processo que se insere em toda a realidade humana e não só nas áreas indígenas. Índios que optam por alguma religião ocidental ou que se filiam a partidos políticos não deixam de ser índios. A cultura é algo dinâmico, nunca estático.

José Afonso da Silva é incisivo:

> A identidade étnica perdura nessa reprodução cultural, que não é estática; não se pode ter cultura estática. Os índios, como qualquer comunidade étnica, não param no tempo. A evolução pode ser mais rápida ou mais lenta, mas sempre haverá mudanças e, assim, a cultura indígena, como qualquer outra, é constantemente reproduzida, não igual a si mesma. Nenhuma cultura é isolada. Está sempre em contato com outras formas culturais. A reprodução cultural não destrói a identidade cultural da comunidade, identidade que se mantém em resposta a outros grupos com os quais dita comunidade interage. Eventuais transformações decorrentes do viver e do conviver das comunidades não descaracterizam a identidade cultural. Tampouco a descaracteriza a adoção de instrumentos novos ou de novos utensílios, porque são mudanças dentro da mesma identidade étnica.[9]

Aliás é de se salientar que o Supremo Tribunal Federal incorporou a tese construída pelo ilustre doutrinador. Em voto encabeçado pelo Ministro Sepúlveda Pertence, HC 80.240-1/RR, foi transcrito, palavra por palavra, tal trecho da obra de José Afonso, como forma de fundamentar a decisão. Decisão unânime do excelso Pretório.[10]

---

[8] "Nos poucos casos que chegaram aos Tribunais Superiores, porém, é pacífica a decisão de não serem aplicadas as regalias oriundas da origem étnica, com o argumento de que, nos casos concretos, os agentes já estariam suficientemente 'aculturados'. Este raciocínio revela o velho preconceito claramente estabelecido nas Leis imperiais de que o ideal para o índio é viver sob a proteção da 'justa, humana, pacífica e doce' sociedade brasileira. Quer dizer, o índio, na medida em que vai conhecendo a 'civilização', a 'cultura', vai dela se abeberando e se transformando em um civilizado, deixando, por isso de ser índio". (SOUZA FILHO, Carlos Frederico Marés de. O direito envergonhado: o direito e os índios no Brasil. in *Índios no Brasil.* Brasília: Ministério da Educação e Desporto, 1994, p. 165.). O poder tutelar transcende o órgão indigenista oficial, seja o SPI (antes de 1967), seja a FUNAI. Tal poder está presente nas relações estabelecidas entre Estado, sociedade civil e as comunidades indígenas. Tal poder está presente na construção identitária indígena. Pensar em índio tutelado é pensar em índio, no país. Aparenta ser um aspecto da "personalidade" indígena, por assim dizer. Outros estereótipos também aparecem com freqüência: índio aculturado e índio integrado, por exemplo. Tanto a "aculturação" quanto a "integração" estão ligadas a política desenvolvida pelo Estado e se consubstanciam na idéia de perda de cultura, com a conseqüente integração à sociedade nacional.

[9] SILVA, José Afonso da. *Curso de Direito Constitucional Positivo.* São Paulo: Malheiros, 1992, p. 725.

[10] HC80240/RR – RORAIMA *HABEAS CORPUS* Relator(a): Min. SEPÚLVEDA PERTENCE. Julgamento: 20/06/2001 Órgão Julgador: Tribunal Pleno.

Neste mesmo sentido João Pacheco de Oliveira:

> A etnicidade supõe necessariamente uma trajetória (que é histórica e determinada por múltiplos fatores) e uma origem (que é uma experiência primária, individual, mas que também está traduzida em saberes e narrativas aos quais vem a se acoplar). O que seria próprio das identidades étnicas é que nelas a atualização histórica não anula o sentimento de referência à origem, mas até mesmo o reforça. É da resolução simbólica e coletiva dessa contradição que decorre a força política e emocional da etnicidade.[11]

O processo integracionista que a FUNAI (e anteriormente o SPI, Serviço de Proteção ao Índio) conduziu durante muitos anos confeccionou a incompreensão do Estado brasileiro em relação aos valores culturais de muitos grupos étnicos, pelo menos os que sobreviveram ao extermínio em massa, às doenças, à devastação do meio ambiente. Não poderia o texto constitucional de 1988, que pretendeu romper com este processo, rotular os índios de "aculturados" – em que um dos grandes culpados, senão o maior, pela incompreensão deste problema é justamente o Estado brasileiro – e afirmar, em uma construção discriminatória e preconceituosa, que estes grupos, vivendo em áreas urbanas, à beira das estradas, não teriam o reconhecimento estendido a todos os grupos étnicos indígenas do nosso país. Os diálogos que ocorreram foram pautados pela assimetria e pela subordinação. Conforme questiona Boaventura de Sousa Santos: "uma concepção idealista de diálogo intercultural poderá esquecer facilmente que tal diálogo só é possível pela simultaneidade temporária de duas ou mais contemporaneidades diferentes. Os parceiros no diálogo são apenas superficialmente contemporâneos; na verdade, cada um deles sente-se apenas contemporâneo da tradição histórica da sua cultura. É assim sobretudo quando as diferentes culturas envolvidas no diálogo partilham um passado de sucessivas trocas desiguais. Que possibilidades existem para um diálogo intercultural se uma das culturas em presença foi moldada por maciças e prolongadas violações dos direitos humanos perpetradas em nome da outra cultura?".[12]

É necessário criar um diálogo intercultural pautado pela simetria e pela razoabilidade, sopesando alguns princípios constitucionais de modo a construir um conceito do sujeito indígena mais em conformidade com a proposta constitucional.

2.2. O conceito constitucional de indígena

O que o texto constitucional propõe é que os índios são titulares do direito à diversidade cultural, do direito às suas tradições, crenças, costumes e línguas. O texto fala do indígena que se auto-identifica como tal, como garante a Convenção nº 169/89: "A consciência de sua identidade indígena ou tribal deverá ser consi-

---

[11] OLIVEIRA, João Pacheco de. *A viagem de volta. Etnicidade, política e reelaboração cultural no Nordeste Indígena*. Rio de Janeiro: Contracapa, 1999, p. 30.

[12] SOUSA SANTOS, Boaventura. *Por uma concepção multicultural de direitos humanos. in* Identidades: estudos de cultura e poder/Bela Feldman-Bianco, Graça Capinha, orgs. São Paulo: Hucitec, 2000, p. 35/36

Diversidade cultural e
Processo Penal

121

derada como critério fundamental para determinar os grupos aos que se aplicam as disposições da presente Convenção."

A Constituição também não vincula o reconhecimento à diversidade cultural indígena à terra indígena. Os direitos originários inclusive estão separados, apesar de estarem explicitados no mesmo artigo. Como é que se quer, atualmente, fazer este tipo de exegese? Limitar a concepção dos índios aos seus contornos territoriais e geográficos pode ter o mesmo significado: o aprisionamento dos índios para facilitar o trabalho de incorporação dos mesmos à "sociedade nacional", que era o horizonte pré-constitucional, traçado ainda no Estatuto do Índio, Lei n.º 6.001/73, sem recepção no ordenamento vigente.

O texto constitucional não exige que o índio use cocar e pinturas no corpo para ter o direito reconhecido no artigo 231. Simplesmente, e a clareza é solar, reconhece o direito que todo o indivíduo indígena tem de possuir suas próprias tradições, crenças e costumes. E de que essa diversidade cultural, muito mais do que reconhecida pelo ordenamento jurídico, está presente na própria individualidade, personalidade, identidade de cada índio brasileiro.[13]

A imagem que se tem do índio é uma imagem deturpada.[14] Se o índio passa a se vestir como um branco deixa de ser índio. Se o índio viaja para fora da aldeia deixa de ser índio. Se dorme em uma rodoviária para se proteger do frio, deixa de ser índio. Passa a ser branco, mendigo, qualquer coisa. Menos índio. Homi Bhabha é incisivo:

> A representação da diferença não deve ser lida apressadamente como o reflexo de traços culturais ou étnicos *preestabelecidos*, inscritos na lápide fixa da tradição. A articulação social da diferença, da perspectiva da minoria, é uma negociação complexa, em andamento, que procura conferir autoridade aos hibridismos culturais que emergem em momentos de transformação histórica. O 'direito' de se expressar a partir da periferia do poder e do privilégio autorizados não depende da persistência da tradição; ele é alimentado pelo poder da tradição de se reisncrever através das condições de contigência e contraditoriedade que presidem sobre as vidas dos que estão 'na minoria'. O reconhecimento que a tradição outorga é uma forma parcial de identificação. Ao reencenar o passado, este introduz outras temporalidades culturais incomensuráveis na invenção da tradição. Esse processo afasta qualquer acesso imediato a uma identidade original ou a uma tradição 'recebida'. Os embates de fronteira acerca da diferença cultural têm tanta possibilidade de serem consensuais quanto conflituosos; podem confundir nossas definições de tradição e modernidade, realinhar as fronteiras habituais entre o público e o privado, o alto e o baixo, assim como desafiar as expectativas normativas de desenvolvimento e progresso.[15]

---

[13] Nesse mesmo sentido: "Os povos que permaneceram confinados em pequenas áreas têm hoje a sensação clara de ter sido fraudados. Embora com uma relação longa e próxima com a sociedade nacional, não foram jamais integrados como indivíduos, porque, apesar de usar roupas, sapatos e relógios, continuam a ser índios, com tradições, usos, costumes, crenças e língua próprios; continuam sendo povos, vivendo coletivamente e obedecendo às regras de seu grupo, mas perderam o território original.". (SOUZA FILHO, Carlos Frederico Marés de. "O direito de ser povo.". *Folha de São Paulo*, 11.04.2000, p. 09.).

[14] "(...) a riquíssima diversidade cultural dos índios no Brasil não foi ainda entendida pela sociedade brasileira. O próprio termo índio, genérico, insinua que todos estes povos são iguais. O senso comum acha que todos têm uma mesma cultura, língua, religião, hábitos e relações jurídicas civis e de família. Esta falsa idéia é disseminada nas escolas através dos livros didáticos, que não raras vezes misturam os índios brasileiros, seus costumes, com os índios norte-americanos que aparecem, também estereotipados, nos filmes do velho oeste.". (SOUZA FILHO, Carlos Frederico Marés. *O renascer dos Povos Indígenas para o Direito*. Curitiba: Juruá, 1999, p. 38.).

[15] BHABHA, Homi K. *O local da Cultura*. Belo Horizonte: Ed.UFMG, 1998, p. 21.

A identidade indígena sofreu e sofre até hoje o contato com outros grupos e outros campos de conhecimento. Este contato gerou transformações nesta identidade indígena. Ela se modificou. E vice-versa, em relação aos grupos que entraram em contato com os Povos indígenas. Os índios se articularam, através de suas lideranças, estabeleceram diálogos interculturais, construíram representações. Aliás, como qualquer outra construção identitária. As políticas públicas devem ser ofertadas com respeito a esta identidade, que não é imutável. Deve estar protegida contra a exploração e o desrespeito. É garantia constitucional. Mas também esta identidade se rearticula, se reelabora, se capacita, para este diálogos.

Assim entende Avtar Brah:

> Questões de identidade estão intimamente ligadas a questões de experiência, subjetividade e relações sociais. Identidades são inscritas através de experiências culturalmente construídas em relações sociais." ... "As identidades são marcadas pela multiplicidade de posições de sujeito que constituem o sujeito. Portanto, a identidade não é fixa nem singular; ela é uma multiplicidade relacional em constante mudança. Mas no curso desse fluxo, as identidades assumem padrões específicos, como num caleidoscópio, diante de conjuntos particulares de circunstâncias pessoais, sociais e históricas.[16]

e, também, Sérgio Costa, adotando posição de Homi Bhabha:

> Em contraposição às construções identitárias homogeneizadoras que buscam aprisionar e localizar a cultura, coloca-se a idéia da diferença, articulada, contextualmente, nas lacunas de sentido entre as fronteiras culturais. Diferença aqui não tem o sentido de herança biológica ou cultural, nem de reprodução de uma pertença simbólica conferida pelo local de nascimento, de moradia ou pela inserção social, cultural, etc. A diferença é construída no processo mesmo de sua manifestação, ela não é uma entidade ou expressão de um estoque cultural acumulado, é um fluxo de representações, articuladas *ad hoc*, nas entrelinhas das identidades das identidades externas totalizantes e essencialistas – a nação, a classe operária, os negros, os migrantes, etc. Nesses termos, mesmo a remissão a uma suposta legitimidade legada por uma tradição 'autêntica' e 'original', deve ser tratada como parte da performatização da diferença – no sentido lingüístico do ato enunciativo e no sentido dramatúrgico da encenação.[17]

Portanto, não podemos tolerar uma política homogeneizadora como a integracionista e o mecanismo tutelar, tampouco, por outro lado, admitir que as minorias culturais possam permanecer imobilizadas, como se a porosidade para a construção de relações com outras culturas não existisse.

Como consideração final, a partir do enunciado normativo da Convenção 169 pode-se conceituar índio como sendo o sujeito que se auto-declara como tal, sendo que tal reconhecimento não, é de modo algum, uma variável absoluta (aliás nenhum direito fundamental o é), mas simplesmente uma variável de onde se parte para se concretizar o direito à identidade e à diferença. Lamentavelmente, precisei utilizar a imagem do índio encarado (acusado) como "desaldeado", "aculturado", "incorporado", para compor um conceito adequado e contrapor (expondo-a) uma construção histórica-ideológica desvirtuada.

---

[16] BRAH, Avtar. "Diferença, diversidade, diferenciação. in *Diferenças em jogo*. Cadernos Pagu/ Revista Semestral do Núcleo de Estudos de Gênero/Pagu/Universidade Estadual de Campinas/janeiro/junho2006, p. 371.

[17] COSTA, Sérgio. *Dois Atlânticos: teoria social, anti-racismo, cosmopolitismo*. Belo Horizonte: Editora UFMG, 2006, p. 92.

Diversidade cultural e Processo Penal

3. Constituição e Processo Penal

O Constituinte alterou profundamente as premissas e os horizontes normativos no que tange ao componente indígena. Dedicou um elaborado capítulo, ornamentado com conceitos sobre a diversidade cultural, Terras Tradicionais, e o papel do Estado com suas novas atribuições. Este capítulo precisa transbordar. Necessita de uma maior efetividade. As instituições públicas precisam se capacitar para poder abrir espaços de diálogo e relação com as múltiplas etnias. A norma infra-constitucional precisa estar harmonizada com o texto constitucional. Também como visto anteriormente, uma das cláusulas normativas impostas é a de respeito à diversidade cultural. Devemos, então, tentar compor o sistema processual penal de forma a estar em compasso com os ditames constitucionais.

Se, como bem anota Pacelli, "em tema de processo penal, a ampla defesa, com a exigência de defesa efetiva, parece ser, mais que o contraditório, a sua nota mais característica, sobretudo da perspectiva da efetiva tutela dos direitos e garantias individuais",[18] como conciliar este princípio inarredável da defesa efetiva com uma realidade sociocultural distinta, com uma organização social diferente, com uma língua própria, de pouca difusão, enfim com contexto cultural diverso, prestigiado através de proteção e valorização pelo texto constitucional? Ao que tudo indica, um dos mecanismos a serem corrigidos no tocante a este tema é o da relação/presença do sujeito indígena no processo penal. Ao deixarmos o "rio correr da maneira como está", ficaremos reféns de uma jurisprudência casuística e eventualmente compatível com a Constituição. Mas, pelos precedentes indicados, os rumos "desta corrente" estão a merecer um forte desvio, em direção a uma vinculação mais harmônica com o discurso constitucional.

Em primeiro lugar, vamos assumir que o legislador pátrio já se atrelou a tais orientações normativas, ao absorver a Convenção 169/89, da Organização Internacional do Trabalho. Nesta, são apontadas as chamadas "Medidas Especiais", ferramentas de proteção e inclusão para os Povos Indígenas, que possibilitem a inserção destes Povos na arena pública de discussão e deliberação e que garantam o respeito a sua autonomia e alteridade. Em segundo lugar, vamos interpretar "ampla defesa" como sendo um princípio, de um conteúdo mais elástico, compondo-se de subprincípios ("a ampla defesa realiza-se por meio da defesa técnica, da autodefesa, da defesa efetiva e e, finalmente, por qualquer meio de prova hábil

---

[18] OLIVEIRA, Eugênio Pacelli de . Curso de Processo Penal. 6ªEd. Belo Horizonte: Del Rey, 2006, p. 524. Para Baracho: "Algumas regras são básicas para a compreensão de pontos essenciais à tutela constitucional do processo: a correta citação (*audiatur altera pars*), sendo que a falta de citação, nos casos concretos, gera nulidade; inconstitucionalidade por falta do respeito aos prazos; *inconstitucionalidade por sonegação do direito de audiência ou de ser ouvido*; inconstitucionalidade pela privação dae provas; para correção de erros de procedimento, inconstitucionalidade por supressão ou privação de recursos; inconstitucionalidade por privação de revisão judicial; inconstitucionalidade por falta de idoneidade do juiz, pelo que é garantia fundamental a existência de tibunal competente e imparcial, que não viole a garantia do *due process of law*". (sublinhei). BARACHO, José Alfredo de Oliveira. *Teoria geral do processo constitucional. in* Revista de Direito Constitucional e Internacional. São Paulo: Revista dos Tribunais, 2008, p. 135/200.

a demonstrar a inocência do acusado"),[19] garantia constitucional fundamental. Em terceiro lugar, vamos adequar o princípio do contraditório, que é garantia de participação do sujeito em simétrica paridade,[20] permitindo a contribuição de um sujeito, que vivencia uma realidade sociocultural distinta, na construção do convencimento do Judiciário.

3.1. Medidas especiais

No momento em que a Constituição reconhece a diversidade cultural, os traços culturais, os índios não podem mais ser compelidos a serem "integrados" ou "assimilados" ou serem taxados de "aculturados" ou "não integrados", enfim, classificados de forma discriminatória. Os sujeitos que se auto-identificam como indígenas, são dotados do direito à sua diversidade cultural e do direito ao acesso de todas as garantias constitucionais, de forma autônoma, não podendo ser tutelados, ou serem impedidos de exercerem seus direitos pelo fato de não possuírem capacidade civil.

A Convenção 169, de 1989, em seu artigo 4º, estabelece as metas a serem observadas nessa "proteção especial":

1. Deverão ser adotadas as medidas especiais que sejam necessárias para salvaguardar as pessoas, as instituições, os bens, as culturas e o meio ambiente dos povos interessados.

2.Tais medidas especiais não deverão ser contrárias aos desejos expressos livremente pelos povos interessados.

3. O gozo sem discriminação dos direitos gerais da cidadania não deverá sofrer nenhuma deterioração como conseqüência dessas medidas especiais.

E em especial no que tange a proteção da seara penal, artigo 12:

Os povos interessados deverão ter proteção contra a violação de seus direitos, e poder iniciar procedimentos legais, seja pessoalmente, seja mediante os seus organismos representativos, para assegurar o respeito efetivo desses direitos. Deverão ser adotadas medidas para garantir que os membros desses povos possam compreender e se fazer compreender em procedimentos legais, facilitando para eles, se for necessário, intérpretes ou outros meios eficazes.

Assim, a Convenção reconhece e determina a criação de garantias (chamadas medidas especiais) voltadas para assegurar a compreensão dos procedimentos legais. Entendo que duas dessas garantias são fundamentais: 1) a tradução linguística; e 2) os laudos antropológicos.

Essas medidas estampadas no documento internacional também encontra eco na Constituição: diz o Supremo Tribunal Federal, em voto da lavra do Ministro Marco Aurélio, HC 80240-1/RR: "observa-se o tratamento especial conferido aos índios. A Carta preserva a organização social, os costumes, as línguas, as crenças e tradições dos índios, consideradas as peculiaridades reinantes, objetivando o respeito à cultura indígena. Há de extrair-se da Carta Política a maior eficácia possível, ante o fim colimado."

---

[19] OLIVEIRA, Eugênio Pacelli de. *Curso de Processo Penal*. 6ª ed. Belo Horizonte: Del Rey, 2006, p. 31.

[20] Idem, ibidem, p. 28.

3.2. O papel da antropologia

A prova em processos judiciais onde se coloca em discussão a temática indígena deve ser, portanto, adequada o possível para atuar no convencimento judicial. A perícia antropológica torna-se componente indispensável na trajetória processual penal. Refere Canotilho que "Neste sentido, poderá falar-se de um direito constitucional à prova entendido como o poder de uma parte (pessoa individual ou pessoa jurídica) 'representar ao juiz a realidade dos factos que lhe é favorável' e de 'exibir os meios representativos desta realidade'. Talvez se possa dizer que, em rigor, o direito constitucional à prova abrange o direito à prova em sentido lato (poder de demonstrar em juízo o fundamento da própria pretensão) e o direito à prova em sentido estrito (alegando matéria de facto e procedendo à demonstração da sua existência.)".[21] e, mais especificamente sobre a prova pericial, Pacelli leciona que: "A prova pericial, antes de qualquer outra consideração, é uma prova técnica, na medida em que pretende certificar a existência de fatos cuja certeza, segundo a lei, somente seria possível a partir de conhecimento específicos. Por isso, deverá ser produzida por pessoas devidamente habilitadas".[22]

A relação da antropologia com o direito se torna, a partir do surgimento da diversidade cultural em um patamar normativo constitucionalizado (referindo a diferença como objeto de proteção e valorização), extremamente importante. Caso contrário, muitos símbolos e significados, apurados antropologicamente, não ficariam evidenciados adequadamente tornando a tarefa da hermenêutica jurídica mais dificultada. As redes culturais vão estar repletas de significados, aguardando uma descrição mais densa, para utilizar a terminologia adotada por Geertz.[23] Desse modo, torna-se fundamental o diálogo entre os dois campos de conhecimento, para que os dilemas advindos do surgimento da diversidade cultural como direito não se tornem dilemas descartáveis ou dilemas de solução impossível e incomensurável.

A cultura[24] e seus elementos não são aspectos desimportantes quando encarnam em um processo ou em um procedimento administrativo.[25] São matéria esperando uma descrição e uma interpretação. Estes esquemas descritivos/interpretativos não podem ser apropriados de forma despreparada ("esse costume me

---

[21] CANOTILHO, J. J. Gomes. *Estudos sobre direitos fundamentais*. São Paulo: Revista dos Tribunais; Portugal: Coimbra Editora, 2008, p. 129.

[22] OLIVEIRA, Eugênio Pacelli de. Op. cit, p. 359.

[23] GEERTZ, Clifford. *A interpretação das culturas*. Rio de Janeiro: LTC, 1989.

[24] Adoto o conceito de cultura utilizado por Geertz: "o conceito de cultura ao qual eu me atenho não possui referentes múltiplos nem qualquer ambiguidade fora do comum, segundo me parece: ele denota um padrão de significados transmitido historicamente, incorporado em símbolos, um sistema de concepções herdadas expressas em formas simbólicas por meio das quais os homens comunicam, perpetuam e desenvolvem seu conhecimento e suas atividades em relação à vida." GEERTZ, Clifford, Op. cit, p. 66.

[25] "Quando vista como um conjunto de mecanismos simbólicos para controle do comportamento, fontes de informação extra-somáticas, a cultura fornece o vínculo entre o que os homens são intrinsecamente capazes de se tornar e o que eles realmente se tornam, um por um. Tornar-se humano é tornar-se individual, e nós nos tornamos individuais sob a direção dos padrões culturais, sistemas de significados criados historicamente em termos dos quais damos forma, ordem, objetivo e direção às nossas vidas." GEERTZ, Clifford. Op. cit, p. 37.

parece/não me parece indígena"), casuística, ou totalmente desprezados, o que, de certa forma, tem o mesmo sentido de analisá-los de forma não-capacitada ou oportunista.

Tais esquemas devem ser utilizados por quem está habilitado para interpretar e descrever processos culturais, ambientes, grupos, costumes, tradições e conseguir traduzir tais fatos para os operadores de direitos de modo a poder municiá-los no que tange a sua atividade de interpretar-concretizar o direito. Fornecendo tais dados, elementos culturais, o antropólogo possibilita uma (re) definição de imagens e contextos e constrói um material suficiente para preencher lacunas e furos provocados pela imersão do intérprete jurídico em conceitos, imagens e molduras completamente defasadas, inadequadas e incompletas, ou mesmo, nunca trespassadas por qualquer processo reflexivo.

Refere Geertz:

> O que o etnógrafo enfrenta, de fato – a não ser quando (como deve fazer, naturalmente) está seguindo as rotinas mais automatizadas de coletar dados – é uma multiplicidade de estruturas conceptuais complexas, muitas delas sobrepostas ou amarradas umas às outras, que são simultaneamente estranhas, irregulares e inexplícitas, e que ele tem que, de alguma forma, primeiro apreender e depois apresentar. E isso é verdade em todos os níveis de atividade do seu trabalho de campo, mesmo o mais rotineiro: entrevistar informantes, observar rituais, deduzir os termos de parentesco, traçar as linhas de propriedade, fazer o censo doméstico... escrever seu diário. Fazer a etnografia é como tentar ler (no sentido de 'construir uma leitura de') um manuscrito estranho, desbotado, cheio de elipses, incoerências, emendas suspeitas e comentários tendenciosos, escrito não com os sinais convencionais do som, mas com exemplos transitórios de comportamento modelado.[26]

Os juízes utilizam peritos contábeis sempre que necessário para espancar dúvidas que fogem do seu conhecimento jurídico. Deverão também usar os especialistas na antropologia para que possam julgar seus processos de forma adequada. É afetada a diversidade cultural quando ocorre uma questão de ordem criminal enfrentada por um índio? Talvez. De que forma?

Um profundo estudo antropológico poderá apurar e apontar horizontes. E não é somente em relação às terras tradicionais que deverá ocorrer tal esclarecimento. Nas disputas judiciais que envolvem os "elementos da cultura indígena", deverá, de forma obrigatória, ser utilizada a pesquisa antropológica para amparar qualquer decisão. Neste sentido encontra-se o posicionamento de Bartolomé Clavero. Para o ilustre jurista, os problemas envolvendo direitos indígenas, individuais e coletivos, no âmbito de uma cultura constitucionalista, só pode ser resolvido através de uma análise antropológica. São suas palavras: "Sigue siendo la antropología quien nos aclara estas cosas.".[27]

---

[26] GEERTZ, Clifford. Op. cit., p. 7.

[27] CLAVERO, Bartolomé. *Derecho Indígena y cultura constitucional en América*. Madrid: Siglo veintiuno editores, 1994, p.155. E no mesmo sentido Aracy Lopes da Silva: "A antropologia é a única disciplina plenamente capacitada para a apreensão da realidade dos povos indígenas por havê-los escolhido como seu objeto por excelência, desde que se constituiu como disciplina." (Silva, Aracy Lopes da. Há antropologia nos laudos antropológicos?. *in A perícia antropológica em processos judiciais*. Florianópolis: ABA, CPI/SP e UFSC, 1994, p. 64.).

Diversidade cultural e
Processo Penal

No entanto, é necessário se fazer ressalvas a amplitude da atividade antropológica nos trabalhos técnicos requisitados pelo Poder Judicial, como anota João Pacheco de Oliveira:

> O antropólogo dispõe de competência para – ou mesmo lhe é eticamente facultado – dizer se tal ou qual indivíduo é (ou não) membro de um dado grupo étnico? Ou ainda, o antropólogo pode efetivamente assegurar que um determinado grupo humano é (ou não) indígena, isto é, mantém relações de continuidade com populações pré-colombianas? E por fim, pode o antropólogo estabelecer, tendo em vista tal grupo étnico, qual é precisamente o território que lhe corresponde?
>
> Estas são questões muito complexas do ponto de vista antropológico, mas para as quais juízes, procuradores e advogados aguardam respostas precisas. É por isso que qualificam como *perícia* as investigações (que os antropólogos chamariam de *pesquisa*) empreendidas para a elaboração de um *laudo*, ao qual é atribuído um elevado grau de exatidão técnico-científica. A comparação, algumas vezes lembrada, com a chamada *perícia de paternidade*, feita através do exame de DNA, é totalmente deslocada e assustadora.[28]

Se seguirmos por outra linha, de que os direitos indígenas podem ser visualizados simplesmente sob o prisma jurídico, desconsiderados elementos de ordem antropológica, podemos tornar o artigo 231, pelo menos no tocante a garantia da diversidade cultural, uma fórmula vã e inconsequente. Canotilho leciona nesta linha: "É certo que o recorte do âmbito normativo constitucional dos direitos fundamentais impõe a introdução de elementos policontextuais e de discursos sociais especializados para sabermos com rigor do que é que estamos a falar".[29]

Finalmente, cumpre sinalar que tais repercussões da Constituição não alcançam somente a atividade judiciária. Também as autoridades policiais, quando da condução do inquérito, deverão se atrelar em tais princípios, propiciando, ainda na seara inquisitória, a adequada coleta de provas.

3.3. Hermenêutica diatópica

Uma das possibilidades hermenêuticas que podem ajudar a solver situações de multiculturalidade, construindo os vínculos necessários entre culturas distintas é a hermenêutica diatópica. Para concebê-la, o sociólogo português Boaventura

---

[28] OLIVEIRA, José Pacheco de. Os instrumentos de bordo: expectativas e possibilidades do trabalho do antropólogo em laudos periciais. *in Indigenismo e territorialização. Poderes, rotinas e saberes coloniais no Brasil contemporâneo*. Rio de Janeiro: Contracapa, 1998, p. 270. E neste mesmo sentido: "O Direito enquanto Ciência e mais especificamente a Ciência do Direito Constituicional, devem ser compreendidas enquanto desentronizadas de uma unidade científica, mas como detentores de sinais diacríticos específicos em relação à Antropologia, História e Sociologia, dentro outras. Nestas ciências sociais, prepondera a responsabilidade para com a descrição realizada com fidedignidade sobre os grupos ou aspectos estudados em uma época ou sociedade nos quais muitas questões podem permanecer em aberto. Naquelas, de cunho jurídico entretanto, indaga-se ao jurista, além das circunstâncias fáticas, sobre soluções pertinentes ao caso concreto. O Jurista está assim, às voltas com o interminável problema de fornecer respostas aos casos concretos.". (SILVA, Dimas Salustiano da. *Constituição democrática e diferença étnica no Brasil contemporâneo: um exercício constitucional-concretista face o problema do acesso à terra pelas comunidades negras remanescentes de quilombos*. Dissertação aprovada pela UFPR, 1996, p. 156.).

[29] CANOTILHO, J.J. Gomes. Op. cit., p. 129.

de Sousa Santos parte de algumas premissas.[30] A primeira premissa diz respeito a superação do falso debate sobre relativismo e universalismo. Refere que todas as culturas são relativas, "mas o relativismo cultural como atitude filosófica é incorreto",[31] e o multiculturalismo universalizante também falha eis que todas as culturas "aspiram a preocupações e valores universais".[32] Imperioso é se estabelecer estratagemas para evitar competições sobre os valores relacionados aos direitos humanos, bem como a dignidade humana, obstruindo um verdadeiro diálogo intercultural.[33] A segunda premissa repousa na idéia de que todas as culturas constróem suas próprias concepções sobre dignidade humana, mas nem todas as traduzem através de catálogos de direitos, como é do figurino ocidental. A terceira afirma a existência de uma incompletude na concepção retro-referida, podendo ser visualizadas tais incompletudes a partir de um observador externo, de uma outra perspectiva cultural. A quarta contempla a idéia da diferença na concepção de dignidade humana, esculpindo cada cultura uma própria. E a quinta premissa é de que todas as culturas tendem a distribuir as pessoas e os grupos sociais em princípios de igualdade (hierarquia socioeconômica) e de diferença (hierarquia identitária).

A partir dessas premissas, Boaventura começa a delinear o que chama de hermenêutica diatópica (com referências a Raimond Panikkar). Inicia referindo as dificuldades de um diálogo intercultural, um diálogo entre universos de sentidos distintos e incomensuráveis, um diálogo entre lugares comuns teóricos mais abrangentes (constelações), premissas argumentativas, que denomina *topoi*. Boaventura propõe então a compreensão de determinada cultura, dada sua incompletude, a partir do *topoi* de outra, chamando tal compreensão de *dia-tópica*, "ampliando ao máximo a consciência de incompletude mútua por meio de um diálogo que se desenrola, por assim dizer, com um pé num cultura e outro, noutra".[34] O reconhecimento de tal incompletude mútua é premissa para o estabelecimento deste diálogo.

Creio que a hermenêutica diatópica fornece boas pistas para o desvelamento das eventuais tensões que surgem dos embates judiciais onde os sujeitos indígenas estão presentes. As concepções e perspectivas destes sobre direitos humanos e dignidade humana podem não ser as mesmas compartilhadas pelos atores jurí-

---

[30] Uma discussão que antecede a esta é a referente a "cultura dos direitos humanos". Afirma o mestre português que tal cultura é própria do mundo ocidental, não sendo identificada em outros "mundos", em outras sociedades, etc. Serão, portanto, os direitos humanos universais? Responde Boaventura que: "Todas as culturas tendem a considerar os seus valores máximos como os mais abrangentes, mas apenas a cultura ocidental tende a formulá-los como universais. Por isso mesmo, a questão da universalidade dos direitos humanos trai a universalidade do que questiona, pelo modo como questiona. Por outras palavras, a questão da universalidade é uma questão particular, uma questão específica da cultura ocidental". SOUSA SANTOS, Boaventura. Op. cit,. p. 26.

[31] Idem, ibidem, p. 28.

[32] Idem, ibidem, p. 28.

[33] "Contra o universalismo, há que propor diálogos interculurais sobre preocupações isomórficas. Contra o relativismo, há que desenvolver critérios políticos para distinguir política progressista de política conservadora, capacitação de desarme, emancipação de regulação". Idem, ibidem, p. 28.

[34] Idem, ibidem, p. 31.

Diversidade cultural e
Processo Penal

dicos.[35] A Constituição permite, em seu artigo 231, que não o sejam. Não significa que estes atores tenham que aceitar esta visão distinta.[36] E vice-versa. Mas significa que devem existir aportes compreensivos que permitam a concretização do texto constitucional, em todas as suas dimensões. Com a interpenetração das identidades, começa-se a demarcar as fronteiras do que é mutuamente aceitável ou inaceitável. Ao transpor tais concepções para um estudo, laudo, perícia, o antropológo ajuda a costurar o diálogo intercultural que deve existir, face ao dispositivo constitucional, entre operadores do direito e sujeitos indígenas[37].

Mesmo sem a existência do artigo em comento, seria inadequado ou insuficiente conceber a idéia de uma mínimo denominador comum cultural, visto a existência de uma sociedade culturalmente multifacetada. A hermenêutica ajuda a compreender as incompletudes e a construir elos entre os discursos comuns, evidenciando densamente a diferença e a igualdade.

É necessário ainda pontuar que todo este debate está intrinsecamente ligado ao debate sobre as instituições públicas e a democracia. A capacitação destas instituições, dos Poderes públicos, a partir de um eixo constitucional e a democratização das relações sociais, dando voz às minorias para que ocupem os espaços destinados aos debates públicos, são essenciais para os ajustes e articulações desta discussão. Nessa linha, sobre o diálogo entre culturas, reflete Gerardo Pisarello:

> Todo ello comportaría la articulación deun modelo de derechos humanos capaz de combinar aspiraciones universalistas con prácticas multiculturales. Las primeras servirían de prevención contra aquellas variantes de relativismo cultural incapaces de establecer cualquier distinción entre políticas de emancipación y políticas represivas o de dar cuenta de las dimensiones objetivas del sufrimiento humano. Las segundas, por su parte, deberían operar como salvaguarda contra las tentaciones de etnocentrismo e imperialismo ético incapaces de reconocer el carácter problemático e incompleto de todas las concepciones culturales de la dignidad humana, así como de la consiguiente necesidad de un permanente diálogo entre universos de sentido diferente y, em ocasiones, inconmensurables.[38]

3.4. A tradução adequada – simetria e paridade no contraditório

Em muitas situações que vão surgir para o deslinde judicial, portanto, serão exigidos conhecimentos extrajurídicos que estão disponíveis através das ciências

---

[35] Sendo ambos incapazes de superar suas parcialidades e especificidades de sua existência no mundo.

[36] Esses direitos à diversidade cultural devem ser devidamente ponderados quando em conflito com outros direitos fundamentais estampados no texto constitucional. Assim dispõe a Convenção supramencionada, em seu artigo 8º:

1. Ao aplicar a legislação nacional aos povos interessados deverão ser levados na devida consideração seus costumes ou seu direito consuetudinário.

2. Esses povos deverão ter o direito de conservar seus costumes e instituições próprias, desde que eles não sejam incompatíveis com os direitos fundamentais definidos pelo sistema jurídico nacional nem com os direitos humanos internacionalmente reconhecidos. Sempre que for necessário, deverão ser estabelecidos procedimentos para se solucionar os conflitos que possam surgir na aplicação deste principio.

[37] "A hermenêutica diatópica requer, não apenas um tipo de conhecimento diferente, mas também um diferente processo de criação de conhecimento. A hermenêutica diatópica exige uma produção de conhecimento coletiva, interativa, intersubjetiva e reticular". Idem, ibidem. p. 35.

[38] PISARELLO, Gerardo. Globalización, constitucionalismo y derechos. In: CARBONELL, Miguel. *Teoría del Neoconstitucionalismo*. Madrid: Editorial Trotta, 2007, p. 173.

sociais, em especial, *in casu*, a antropologia. A tarefa desta será das mais complicadas, posto que deverá ofertar cenários socioculturais e tentar estabelecer interfaces entre a antropologia e o direito. Tarefa, por vezes, complicada. Vamos acrescentar mais um ingrediente: as diferenças linguísticas. No Brasil, os Povos Indígenas manejam mais de duzentas línguas distintas. Apesar do bilinguismo não ser oficial no país, o legislador constituinte não restou omisso em relação a tal realidade.

Dois artigos da Constituição contemplam este contexto: o 210, parágrafo segundo: "O ensino fundamental regular será ministrado em língua portuguesa, assegurada às comunidades indígenas também a utilização de suas línguas maternas e processos próprios de aprendizagem." e o 231, *caput*, "São reconhecidos aos índios sua organização social, costumes, *línguas*, crenças e tradições".

Ora, o Constituinte vinculou os poderes públicos ao compromisso fundamental com este reconhecimento. A produção de um modelo escolar onde cartilhas sejam escritas na língua indígena é tarefa do Estado. Uma política de saúde deve envolver o conhecimento do vocabulário indígena e também conseguir estabelecer uma comunicação com pacientes e demais clientes do sistema público de atendimento. Da mesma forma o processo penal. A possibilidade de não compreender o discurso jurídico é algo bem notório. Acresça-se a esta possibilidade uma incompreensão total derivada da diferença idiomática. É uma dupla desvantagem. Falta de conhecimento das falas jurídicas e falta de tradução adequada para tornar compreensível a cerimônia e os ritos judiciais. Para enfrentar esse prejuízo dobrado é importante a presença de um defensor capacitado[39] e de alguém que possa traduzir o idioma, contribuindo para a comunicação e o diálogo do Estado-juiz com o sujeito indígena. Isso possibilitaria um posicionamento menos assimétrico na estrutura processual, sedimentando o compromisso constitucional com a proteção dos grupos étnicos.

---

[39] Nesse sentido a recente portaria:

DEFENSORIA PÚBLICA DA UNIÃO

PORTARIA Nº – 258, DE 7 DE JULHO DE 2008

O Defensor Público-Geral da União, no uso da atribuição que lhe é conferida pelo inciso I do art. 8º da Lei Complementar n. 80, de 12 de janeiro de 1994;

Considerando a necessidade aprimorar o serviço público prestado pela Defensoria Pública da União, garantindo assistência jurídica às vítimas de violência;

Resolve aprovar e baixar as seguintes normas:

Art. 1º. São atribuições ordinárias dos titulares de Ofícios de Direitos Humanos e Tutela Coletiva, sem prejuízo de outras que lhe forem conferidas:

I. promover as ações penais privadas e subsidiárias da pública;

II. servir como assistente da acusação;

III. promover a ação civil ex-delicto;

IV. pleitear as providências administrativas e judiciais para a proteção às vítimas de crimes e às testemunhas ameaçadas; e

V. *pleitear as medidas necessárias, judiciais e administrativas, voltadas à proteção das pessoas que integram minorias e grupos vulneráveis alcançados pela violência, tais como índios, quilombolas, homossexuais e mulheres vitimas da agressões no âmbito doméstico.* (grifo nosso)

[...]

Diversidade cultural e
Processo Penal

O Estado, no plano da normatividade, deve assegurar esta participação, esta paridade, esta simetria e este acompanhamento adequado. Deve garantir representatividade concomitantemente ao respeito a diversidade. Reconhecer é dar voz. Esta voz, diferenciada radicalmente, duzentos Povos e duzentas línguas distintas, fomentam uma idéia de complexidade. No entanto, esta complexidade ingressa no palco público para enriquecer o Estado democrático de direito, e não para torná-lo inviável. A diversidade cultural pode tornar a democracia plural em um fato, e não em um discurso vazio. Se Dworkin afirma que "uma sociedade em que a maioria despreza as necessidades e perspectivas de uma minoria é não só injusta como ilegítima",[40] esta afirmação pode ser rearticulada para, realmente, reparar esta injustiça ou ilegitimidade. Talvez a proposta de Iris Young de uma democracia comunicativa caiba aqui, ou seja, 1) confrontação com diferentes perspectivas, interesses e significados; 2) transformar expressões de interesse e desejo dessas minorias em demandas por justiça; 3) expandir o conhecimento sobre os problemas sociais destes grupos para todos os participantes dos debates públicos.[41]

4. Jurisdição e competência

Entendo caber aqui um breve aporte sobre o tema, também intrincado, referente a competência para julgar e decidir os processos penais objeto de nossa empreitada. Já está cristalizado na jurisprudência (que acabou formatando a questão, face a inoperância do Parlamentar) algumas matrizes bastante equivocada sobre este tema processual: a idéia de que o enunciado constitucional da competência da justiça federal em relação a "disputa sobre direitos indígenas" disposto no artigo 109, inciso IX, do texto constitucional trata, exclusivamente, de disputa sobre direitos originários, ou seja, que envolvam terras tradicionais.

Também é de se salientar que as Cortes têm se orientado pela bipolaridade índio-indivíduo e índio-coletivo. No primeiro caso, as demandas seriam apreciadas pela esfera estadual, no segundo pela federal. Assim, já decidida a questão pelo Supremo Tribunal Federal e pelo Superior Tribunal de Justiça,[42]

---

[40] DWORKIN, Ronald. *O direito da liberdade. A leitura moral da Constituição norte-americana.* São Paulo: Martins Fontes, 2006, p. 39.

[41] YOUNG, Iris. "Communication and the other: beyond the deliberative democracy". *in* BENHABIB, Seyla. *Democracy and difference. Contesting the boundaries of the political.* New Jersey: Princeton University Press, 1996, p. 128.

[42] EMENTA: HABEAS-CORPUS. HOMICÍDIO. ACUSADOS: ÍNDIOS. DELITO COMUM. AUSÊNCIA DE DISPUTA SOBRE DIREITOS INDÍGENAS. COMPETÊNCIA DA JUSTIÇA ESTADUAL.

1. O deslocamento da competência para a Justiça Federal, na forma do inciso XI do artigo 109 da Carta da Republica, somente ocorre quando o processo versa sobre questões ligadas à cultura indígena e aos direitos sobre suas terras.

2. Homicídio em que os acusados são índios. Crime motivado por desentendimento momentâneo, agravado por aversão pessoal em relação à vítima. Delito comum isolado, sem qualquer pertinência com direitos indígenas. Irrelevância do fato ter ocorrido no interior de reserva indígena. Competência da Justiça Estadual. Ordem indeferida.

tanto da questão envolvendo terras, quanto da contrastante e intrigante bipolaridade.[43]

Pois bem. O que pretendo aqui, de forma sucinta, é reabrir a discussão através de outras perspectivas, para encontrar um horizonte normativo mais apropriado.

HABEAS CORPUS. HOMICÍDIO DE INDÍGENA. DISPUTA DE DIREITOS INDÍGENAS E DE TERRITÓRIO NÃO CARACTERIZADA. COMPETÊNCIA. JUSTIÇA ESTADUAL. SÚMULA 140/STJ. ORDEM DENEGADA.

1. A jurisprudência desta Corte, por meio da Súmula 140, consolidou o entendimento de que "compete à Justiça Comum Estadual processar e julgar crime em que o indígena figure como autor ou vítima". Refogem à aplicação desse verbete os casos em que o delito perpetrado decorra de "disputa sobre direitos indígenas" (art. 109, inciso XI, da Constituição da República), situação que desloca a competência para a Justiça Federal.

2. Inexistindo evidências de que a morte do indígena tenha sido provocada com o objetivo de violar direitos de sua comunidade étnica ou para dela tomar território, cabe a Justiça Estadual o julgamento da ação penal.

3. Ordem denegada.

(HC 32.214/RS, Rel. Ministro ARNALDO ESTEVES LIMA, QUINTA TURMA, julgado em 08.11.2007, DJ 07.02.2008 p. 1)

HABEAS CORPUS. PROCESSUAL PENAL. CRIMES DE HOMICÍDIO QUALIFICADO PERPETRADOS CONTRA POLICIAIS NÃO CARACTERIZADOS. RÉUS INDÍGENAS.

EXISTÊNCIA DE CONFLITOS DE TERRA CONSTANTES ENTRE INDÍGENAS E FAZENDEIROS LOCAIS. MOTIVAÇÃO. DEFESA DE INTERESSE DA COLETIVIDADE SILVÍCOLA. COMPETÊNCIA DA JUSTIÇA FEDERAL.

1. Os crimes de homicídio pelos quais respondem os ora Pacientes tiveram como motivação a declarada defesa de suas terras, consoante se depreende dos termos dos interrogatórios dos acusados, o que é corroborado pelas circunstâncias de tempo, lugar e modo em que ocorreram, a evidenciar que a ação delituosa, perpetrada por um grupo significativo de índios, traduz aparente reunião de esforços para proteção de interesses indígenas.

2. Sem embargo da evidente reprovabilidade das condutas dos réus, em especial pela sua brutalidade, foram elas praticadas em cenário que indica haver estreita ligação com disputa pela posse de terras entre índios e produtores rurais locais, na medida em que os policiais – que não estavam caracterizados – teriam sido confundidos com fazendeiros, com quem estavam em constante conflito. Competência para julgar e processar os indígenas, no caso, é da Justiça Federal, nos termos do art. 109, inciso XI, da Constituição Federal.

3. Ordem concedida para declarar a incompetência do juízo de Direito da 1.ª Vara Criminal da Comarca de Dourado/MS e, assim, anular o processo ab initio, com o aproveitamento dos atos não-decisórios já praticados, determinando sejam os respectivos autos imediatamente encaminhados para o Juízo Federal da região, a quem competirá apreciar a necessidade da decretação da prisão preventiva dos Réus, atendidas as garantias legais acerca do local da eventual custódia.

(HC 65.898/MS, Rel. Ministra LAURITA VAZ, QUINTA TURMA, julgado em 27.03.2007, DJ 14.05.2007 p. 343)

E também, neste sentido: (CC 37.833/RR, Rel. Ministra MARIA THEREZA DE ASSIS MOURA, TERCEIRA SEÇÃO, julgado em 14.03.2007, DJ 26.03.2007 p. 194), (HC 55.792/BA, Rel. Ministra LAURITA VAZ, QUINTA TURMA, julgado em 29.06.2006, DJ 21.08.2006 p. 267) e (CC 43.155/RO, Rel. Ministro PAULO GALLOTTI, TERCEIRA SEÇÃO, julgado em 24.08.2005, DJ 30.11.2005 p. 145)

[43] PROCESSO PENAL – HABEAS CORPUS – HOMICÍDIO – CRIME PRATICADO CONTRA ÍNDIO COMO INDIVÍDUO DETERMINADO E NÃO CONTRA O GRUPO INDÍGENA – COMPETÊNCIA DA JUSTIÇA ESTADUAL – ORDEM CONCEDIDA.

- Inocorrendo o envolvimento de direitos indígenas (art. 109, XI, da CF), o crime praticado é de competência da Justiça Comum Estadual (Súmula 140/STJ).

- Precedentes (CC 21.402/MS, Rel. Ministro Felix Fischer).

- Ordem concedida para declarar competente a Justiça Estadual para processar e julgar o feito.

(HC 33.392/RS, Rel. Ministro JORGE SCARTEZZINI, QUINTA TURMA, julgado em 08.06.2004, DJ 02.08.2004 p. 452)

Diversidade cultural e
Processo Penal

A expressão disputa sobre direitos indígenas nos remete, obviamente, ao dispositivo constitucional que capitaneia as questões indígenas: o artigo 231. Este refere os direitos originários. Por certo, a disputa sobre terras tradicionais demarca a jurisdição federal. Mas não existe somente uma espécie de direitos decorrentes do artigo em comento. Existe uma multiplicidade de direitos. Direitos à sua organização social, aos seus costumes, às suas tradições, crenças, línguas, ao seu patrimônio cultural, aos seus conhecimentos tradicionais, enfim, que podemos sintetizar através de um "direito à diversidade cultural", um verdadeiro princípio constitucional, de conteúdo elástico, extenso, denso e indeterminado. Assim, a "disputa", lide, conflito, litígio, eventualmente associada à diversidade cultural indígena ativa a apreciação e decisão de tal demanda pelo judiciário federal. Se o Constituinte quisesse restringir o vocábulo, através do vocábulo disputa, teria entabulado outro enunciado, mais explícito: "a disputa sobre terras tradicionais". Não o fez e a reconfiguração, via judicial, do comando constitucional parece atender muito mais às matrizes já superadas pelo Constituinte, que estipulavam a idéia de enclausuramento dos índios aos contornos de suas "reservas" e "aldeias", onde, como já referido ao longo deste texto, o índio que está fora da terra tradicional não encontra a proteção prometida pela Constituição.

Outrossim, a matriz que criou uma dicotomia entre índio e coletividade parece também repousar em uma criação jurisprudencial desarrazoada e inadequada. Como qualquer coletividade humana os grupos indígenas possuem uma cultura própria, costumes, crenças, tradições, um modo de vida que lhes é característico. Este modo de vida é alvo de reconhecimento e proteção constitucionais. Mas não se cinge, esta disposição, ao grupo étnico. Ele repercute em todos os membros desta coletividade. Em resumo, direito de todos à diversidade cultural, direito individual, também, ao respeito a sua diferença. Assim, um indivíduo indígena que se envolva em um problema criminal pode sim, invocar dita proteção, eis que também é destinatário das disposições da Carta de 1988. São reconhecidos "aos índios" reza o texto. Índios, grupo étnico, índios membros deste grupo.

Querer dissociar este pertencimento através de construções jurisprudenciais é uma tarefa que corresponde a uma morte cultural, que não pode ser resguardado pela Constituição, já que situaria o indígena em um sistema binário *índio-não índio*. A atuação da antropologia aqui alcança duas funções primordiais: 1) a primeira é demonstrar que os elementos culturais são dinâmicos e que devem ser contextualizados dentro do processo histórico; 2) a segunda é evidenciar as interfaces que existem entre o comportamento individual (com todas as matizes que pode ter o significado "individual") e o seu correspondente cultural.

Uma decisão da Suprema Corte, já referida, HC 80240-1/RR, pode ser um caminho pretoriano interessante para ser analisado. Neste julgamento, entendeu que:

> A tutela constitucional do grupo indígena, que visa a proteger, além da posse e usufruto das terras originariamente dos índios, a respectiva identidade cultural, se estende ao indivíduo que o compõe,

134   *Marcelo Beckhausen*

quanto à remoção de suas terras, que é sempre ato de opção, de vontade própria, não podendo se apresentar como imposição, salvo hipóteses excepcionais.

Refere o Supremo que a Constituição visa a proteger não só o grupo indígena mas também a sua identidade cultural, o que traduz a real dimensão dos direitos fundamentais elencados para os Povos Indígenas, não somente os direitos originários, mas também os referentes à diversidade (identidade) cultural. E que estes direitos não se restringem ao grupo indígena, mas também "se estendem ao indivíduo que o compõe".

Ora, em sendo assim, a jurisprudência do chamado Tribunal da Cidadania precisa começar a se amoldar a esta decisão,[44] que constrói uma nova matriz para a matéria indígena. Não deixo de observar que, ainda, encontra-se fulcrada tal *decisum* ao componente terra, "quanto à remoção de suas terras", mas entendo que este julgado possibilita uma abertura que possa servir de alicerce para uma nova jurisprudência, afinada com os propósitos do legislador constituinte.

5. Considerações finais

Vivemos um contexto social extremamente difuso e complexo. Esta complexidade impõe ao Estado, ou às Instituições democráticas, o papel de estabelecer diálogos e estratégias de inclusão onde o binômio reconhecimento/redistribuição possa ser manejado de forma a incluir/igualizar sem desrespeitar/desvalorizar segmentos da sociedade tradicionalmente marginalizados ou excluídos do palco público. Eventual inclusão existente não significa que seja uma "inclusão qualificada", ou seja, nem todos estão incluídos da mesma forma ou exercendo de forma igualitária a cidadania. Inclusão significa reconhecimento da diversidade e das diferenças que não são naturais, mas que são constituídas, contruídas e reelaboradas através de processos históricos.

Assim, os povos indígenas passam a reivindicar inclusão com respeito a sua diferença cultural. Frise-se: essa diferença cultural, apurada e evidenciada a par-

---

[44] Mas é de se elencar julgado do final de 2008, onde o Pretório parece estar tomando um novo rumo: PENAL. CONFLITO POSITIVO DE COMPETÊNCIA. CRIMES DE HOMICÍDIO TENTADO. EXTORSÃO, SEQÜESTRO E CÁRCERE PRIVADO. LESÃO CORPORAL, QUADRILHA E CORRUPÇÃO DE MENORES. CRIMES PRATICADOS POR INDÍGENA. QUESTÃO ENVOLVENDO DISPUTA DE TERRAS. CONFIGURAÇÃO DE INTERESSE ESPECÍFICO DA UNIÃO. SÚMULA 140 DO STJ. NÃO-INCIDÊNCIA. COMPETÊNCIA DA JUSTIÇA FEDERAL. ANULAÇÃO DOS ATOS DECISÓRIOS E REMESSA DOS AUTOS AO JUÍZO SUSCITANTE. 1. Os crimes que envolvam os direitos indígenas, por se verificar ofensa aos interesses coletivos da comunidade indígena, nos termos constitucionais, são de interesse específico da União. 2. *Não se aplica a Súmula 140 do STJ quando o crime versar sobre direitos indígenas de forma coletiva, tal como a disputa por terras, remanescendo a competência da Justiça Federal.* 3. Conflito conhecido para declarar a competência do Juízo Federal da 1ª Vara de Ponta Porã – SJ/MS, anulando-se todos os atos decisórios proferidos pelo Juízo incompetente, com a remessa dos autos ao Juízo suscitante, consoante art. 567 do Código de Processo Penal. (CC 93.000/MS, Rel. Ministro ARNALDO ESTEVES LIMA, TERCEIRA SEÇÃO, julgado em 08/10/2008, DJe 14/11/2008). (grifo nosso)

tir de estudos antropológicas, não é um valor absoluto, devendo ser ponderada a partir de valores constitucionais, não podendo servir para encobrir afrontas à dignidade humana ou perpetuar injustiças. A advertência de Seyla Benhabib reflete essa idéia: "In upholding the defendants' cultural defenses, the judges confirmed the view of these other cultures as monolithic wholes, impervious to internal change and transformation. It is as if there were no conceivable alternatives to the arrogance of the dominant culture, on the one hand, or a given comunity's right to retain the most regressive elements of their cultures, on the other".[45]

6. Contribuição para o debate – propostas sobre inquérito policial, competência e de processo especial

Título x – Do inquérito policial

Artigo x – Nos inquéritos policiais que envolvam indígenas deverá ser levado em consideração sua organização social, costumes, crenças, tradições e línguas.

Artigo x2 – A autoridade policial deverá notificar a Defensoria Pública da União para que acompanhe a investigação.

Artigo x3 – Analistas periciais em antropologia deverão ser consultados no sentido da necessidade de elaboração de estudos e traduções.

Título x – Da competência

Artigo x – Compete à Justiça Federal o processo e o julgamento dos crimes que envolvam indígenas como autores, partícipes ou vítimas.

Título x – Dos processos especiais

Capítulo x – Do processo e julgamento dos crimes envolvendo indígenas

Artigo x – Nos crimes que envolvam indígenas, deverá ser levado em consideração sua organização social, costumes, crenças, tradições e línguas.

Artigo x2 – A auto-identificação do indígena deverá ser considerada como critério fundamental para determinar a aplicação deste processo especial.

Artigo x3 – Os depoimentos colhidos em audiências deverão ser traduzidos, bem como as peças de acusação e defesa.

Artigo x4 – Nos crimes onde os indígenas figurem como autores ou partícipes deverão ser elaborados laudos antropológicos que descrevam adequadamente os elementos sócio-culturais.

Artigo x4- A Defensoria Pública da União deverá ser intimada para o acompanhamento de todos os atos do processo.

---

[45] BENHABIB, Seyla. *The claims of culture. Equality and diversity in the Global Era*. Princeton: Princeton University Press, 2002, p.90.

6. Bibliografia

BENHABIB, Seyla. *The claims of culture. Equality and diversity in the Global Era.* Princeton: Princeton University Press, 2002.

BHABHA, Homi K.. *O local da Cultura.* Belo Horizonte: Ed.UFMG, 1998.

BRAH, Avtar. "Diferença, diversidade, diferenciação. In: *Diferenças em jogo.* Cadernos Pagu/ Revista Semestral do Núcleo de Estudos de Gênero/Pagu/Universidade Estadual de Campinas/janeiro/junho2006.

CANOTILHO, J.J. Gomes. *Estudos sobre direitos fundamentais.* São Paulo: Ed.Revista dos Tribunais; Portugal: Coimbra Editora, 2008.

CLAVERO, Bartolomé. *Derecho Indígena y cultura constitucional en América.* Madrid: Siglo veintiuno editores, 1994.

COSTA, Sérgio. *Dois Atlânticos: teoria social, anti-racismo, cosmopolitismo.* Belo Horizonte: Editora UFMG, 2006.

DWORKIN, Ronald. *O direito da liberdade. A leitura moral da Constituição norte-americana.* São Paulo: Martins Fontes, 2006.

GADAMER, Hans-Georg. *Verdade e Método. Traços fundamentais de uma hermenêutica filosófica.* Petrópolis: Vozes, 1998.

GEERTZ, Clifford. *A interpretação das culturas.* Rio de Janeiro: LTC, 1989.

OLIVEIRA, Eugênio Pacelli de . *Curso de Processo Penal.* 6ª ed. Belo Horizonte: Del Rey, 2006.

OLIVEIRA, João Pacheco de. *A viagem de volta. Etnicidade, política e reelaboração cultural no Nordeste Indígena.* Rio de Janeiro: Contracapa, 1999.

OLIVEIRA, José Pacheco de. Os instrumentos de bordo: expectativas e possibilidades do trabalho do antropólogo em laudos periciais. *in Indigenismo e territorialização. Poderes, rotinas e saberes coloniais no Brasil contemporâneo.* Rio de Janeiro: Contracapa, 1998.

OLIVEIRA FILHO, João Pacheco de. *Ensaios em Antropologia histórica.* Rio de Janeiro: UFRJ, 1999.

PISARELLO, Gerardo. Globalización, constitucionalismo y derechos. In: *CARBONELL, Miguel. Teoría del Neoconstitucionalismo.* Madrid: Editorial Trotta, 2007

SILVA, Aracy Lopes da. Há antropologia nos laudos antropológicos?. In: *A perícia antropológica em processos judiciais.* Florianópolis: ABA, CPI/SP e UFSC, 1994.

SILVA, Dimas Salustiano da. *Constituição democrática e diferença étnica no Brasil contemporâneo: um exercício constitucional-concretista face o problema do acesso à terra pelas comunidades negras remanescentes de quilombos.* Dissertação aprovada pela UFPR, 1996.

SILVA, José Afonso da. *Curso de Direito Constitucional Positivo.* São Paulo: Malheiros, 1992.

SOUSA SANTOS, Boaventura. Por uma concepção multicultural de direitos humanos. In: *Identidades: estudos de cultura e poder/Bela Feldman-Bianco,* Graça Capinha, orgs. São Paulo: Hucitec, 2000.

SOUZA FILHO, Carlos Frederico Marés de. O direito envergonhado: o direito e os índios no Brasil. In: *Índios no Brasil.* Brasília: Ministério da Educação e Desporto, 1994.

——. *O renascer dos Povos Indígenas para o Direito.* Curitiba: Juruá, 1999.

YOUNG, Iris. "Communication and the other: beyond the deliberative democracy". In: BENHABIB, Seyla. *Democracy and difference. Contesting the boundaries of the political.* New Jersey: Princeton University Press, 1996.

— 9 —

O novo procedimento do Tribunal do Júri e a extinção imediata do protesto por novo Júri

MARCELO LEMOS DORNELLES

Presidente da Associação do Ministério Público do Rio Grande do Sul. Promotor de Justiça. Professor de Direito Processual Penal da UNISINOS.

Sumário: Apresentação; A reforma do procedimento; Comentários das alterações legais; A extinção do protesto por novo Júri. Há aplicação imediata?; Considerações finais; Referências bibliográficas.

Apresentação

O presente trabalho pretende apresentar as alterações legislativas procedidas no Código de Processo Penal quanto ao procedimento do Tribunal do Júri em decorrência da Lei nº 11.689/08, comentando sucintamente as principais mudanças, posições doutrinárias, entendimento jurisprudencial atual, assim como o direito intertemporal referente à matéria.

A celeridade e a efetividade dos processos criminais foram as principais características constatadas com a vigência da nova lei. Aliás, tratando-se de vigência, a Lei nº 11.689/08 teve sua aplicação imediata, conforme dispõe o artigo 2º do Código de Processo Penal? Seria ela uma norma híbrida? Em sendo, poderia atingir os recursos criminais? Com a expressa extinção do protesto por novo júri, poder-se-ia argumentar eventual direito adquirido sobre o aludido recurso?

Essas são algumas indagações que pretendemos enfrentar neste breve trabalho, apontando algumas posições jurídicas para reflexão.

A reforma do procedimento

No Tribunal do Júri, o cidadão exerce parcela da soberania do Estado, participando com a sua efetiva presença no Conselho de Sentença para decidir uma causa criminal decorrente de um crime doloso contra a vida. Ele passa a ser um representante popular na prestação jurisdicional. Justamente por isso, o exercício efetivo dessa condição constitui serviço público relevante, estabelece presunção de idoneidade moral e assegurará prisão especial, em caso de crime comum, até o julgamento definitivo, bem como preferência, em igualdade de condições, nas concorrências públicas.[1]

Decorridos mais de 60 anos da edição do manual processual penal, passou-se a discutir sobre a necessidade de se proceder a uma reforma e uma contextualização, no sentido de dar maior celeridade e efetividade aos processos criminais, bem como de se adaptar os procedimentos penais aos novos tempos constitucionais.

Assim, no primeiro semestre de 2001, o Poder Executivo encaminhou ao Congresso Nacional 08 (oito) projetos de lei que buscavam alterar substancialmente o Código de Processo Penal. Na verdade, houve a tentativa velada de se fazer um novo diploma processual penal na medida em que os projetos visavam a atualizações desde o inquérito policial, passando pela maioria dos procedimentos, provas, nulidades, sentença, até os recursos criminais.[2]

Através da Portaria nº 61/2000, do Ministério da Justiça, doutrinadores consagrados como Ada Pellegrini Grinover, Luiz Flávio Gomes, Miguel Reale Júnior, René Ariel Dotti, dentre outros, foram designados para participar da comissão responsável pelo estudo dos projetos que versavam sobre investigação criminal, interrogatório, júri, provas, procedimentos, prisão e recursos.

Alguns desses projetos viraram lei, dentre eles: a Lei nº 11.689/08, relativa ao procedimento do Tribunal do Júri; a Lei nº 11.690/08, relativa às provas, e a Lei nº 11.719/08, que trata da suspensão do processo, *emendatio libelli*, *mutatio libelli* e procedimentos.

O projeto do Tribunal do Júri, atual Lei nº 11.689/08, teve regular tramitação na Câmara dos Deputados e, posteriormente, no Senado Federal, o Senador Demóstenes Torres apresentou substitutivo ao projeto originário alterando-o substancialmente. Esse substitutivo foi aprovado nas duas casas legislativas, tendo sido sancionado pelo Presidente da República em 09 de junho de 2008, com vigência postergada para o prazo de 60 dias, alterando significativamente a lei processual penal.

De início, juízes-presidentes do Tribunal do Júri das Comarcas[3] de Palmeira das Missões, Arvorezinha e Pelotas manifestaram total apoio à lei, afirmando que ela trouxe agilidade ao procedimento. A magistrada Keila Silene Tortelli, da

---

[1] DOTTI, René Ariel. *Um novo e democrático Tribunal do Júri* (IV). In "O Estado do Paraná", Caderno Direito e Justiça, 06.07.2008, no Informativo Migalhas, 1947.

[2] Apesar da recente aprovação da maioria desses projetos de lei, há uma comissão especial designada pelo Senado Federal para fazer um novo código de processo penal, cujos trabalhos devem ser encerrados ainda neste ano.

[3] As comarcas gaúchas citadas foram as primeiras a terem o julgamento pelo Tribunal do Júri, em plenário, sob a vigência da nova lei, no RS.

Comarca de Palmeira das Missões, manifestou que: "Em conformidade com a nova lei, foi realizado somente um julgamento para os dois réus, devido à recusa dos jurados em realizar a cisão. A redução do tempo dos debates também colaborou para a celeridade do processo. Os quesitos apresentados aos jurados foram simplificados, sendo resumidos a uma única questão".[4]

Feitas essas considerações iniciais, trataremos, a seguir, de discorrer sucintamente sobre as principais alterações realizadas no procedimento do Tribunal do Júri pela Lei nº 11.689/08.

Comentários das alterações legais

A previsão de uma defesa preliminar é a primeira alteração que se constata no novo artigo 406 do CPP, possibilitando que o réu argua preliminares e alegue tudo que interesse a sua defesa, oferecendo documentos, especificando as provas pretendidas e arrolando testemunhas, até o limite máximo de 8 (oito). Deve-se ater que a apresentação da aludida defesa é obrigatória, pois se o réu não a fizer no prazo legal, o juiz nomeará defensor para apresentá-la, consoante artigo 408, em virtude da plenitude da defesa. Com isso, as nulidades que seriam arguidas em plenário, podem agora ser manifestadas nessa defesa preliminar, sob pena de preclusão. Ficam ressalvadas as nulidades absolutas que podem ser arguidas a qualquer tempo.

Há previsão de que dentro do prazo de 90 dias deverá ocorrer a audiência de instrução e julgamento, onde haverá a tomada de declarações do ofendido, se for possível, a inquirição das testemunhas arroladas pela acusação, inquirição das testemunhas arroladas pela defesa, esclarecimentos dos peritos, acareações, reconhecimento de pessoas e coisas, interrogatório do acusado e debates orais por 20 minutos ao Ministério Público e 20 minutos à Defesa, prorrogáveis por 10 minutos. Significativa alteração é que todas essas provas serão produzidas em uma só audiência.

Encerrada a audiência de instrução e julgamento, os autos serão encaminhados ao juiz, que decidirá se: pronuncia, impronuncia, absolve sumariamente ou desclassifica o delito, conforme as provas produzidas no processo.

Convencido pelas provas da demonstração da materialidade do fato e da existência de indícios suficientes de autoria ou de participação, o juiz pronunciará o réu, nos termos do artigo 413. Anteriormente, para pronunciar, bastava que houvesse prova da existência de crime e indícios de que o réu fosse o seu autor.

A motivação do juiz na sentença de pronúncia é tema que vem sendo há muito debatido em inúmeros recursos em sentido estrito, pois o juiz-presidente

---

[4] Conforme notícia veiculada no site do Tribunal de Justiça do Rio Grande do Sul (www.tj.rs.gov.br) no dia 14 de agosto de 2008.

do Tribunal do Júri tem o dever de prolatar a sentença de forma fundamentada, mas deve utilizar linguagem comedida, pois não está julgando o acusado, e a sua decisão processual não pode servir de argumento a nenhuma das partes.

Sobre o assunto, o Supremo Tribunal Federal já decidiu nos autos do HC 85992/SP, conforme segue:

> *HABEAS CORPUS.* CRIMES DE ATENTADO VIOLENTO AO PUDOR, COMETIDO COM VIOLÊNCIA PRESUMIDA, E DE HOMICÍDIO TRIPLAMENTE QUALIFICADO. SENTENÇA DE PRONÚNCIA. ART. 408 DO CPP. JUÍZO PROVISÓRIO SOBRE A PROBABILIDADE DA ACUSAÇÃO MINISTERIAL PÚBLICA. O dever de motivação que é imposto ao magistrado, quando da prolação da sentença de pronúncia, é de ser cumprido dentro de limites estreitos. É dizer: a dita fundamentação deve limitar-se à comprovação do fato criminoso e à mera indicação dos indícios da autoria delitiva. Porque tudo o mais, todas as teses defensivas, todos os elementos de prova já coligidos hão de ser sopesados pelo próprio Conselho de Sentença, que é soberano em tema de crimes dolosos contra a vida. É vedado ao juízo de pronúncia o exame conclusivo dos elementos probatórios constantes dos autos. Além de se esperar que esse juízo pronunciante seja externado em linguagem sóbria, comedida, para que os jurados não sofram nenhuma influência em seu animus judicandi. É dizer: o Conselho de Sentença deve mesmo desfrutar de total independência no exercício de seu múnus constitucional. Revela-se idônea a sentença de pronúncia, quando o magistrado que a profere se limita a demonstrar a ocorrência do crime e a pontuar os indícios de participação do paciente, afastando os pedidos defensivos de absolvição sumária ou exclusão das qualificadoras. Ordem denegada. (HC 85992 / SP – SÃO PAULO – Relator: Min. CARLOS AYRES BRITTO, Julgamento: 13/12/2005, Primeira Turma, DJ 23-03-2007 PP-00106)

Nesse diapasão é que o legislador positivou o parágrafo único do artigo 413 do CPP, expondo que o juiz fundamentará a pronúncia limitando-se a indicar a materialidade do fato e a existência de indícios suficientes de autoria ou de participação, evitando que qualquer excesso de linguagem possa influenciar na imparcialidade do Conselho de Sentença.

Por outro lado, não se convencendo da materialidade do fato ou de indícios suficientes da autoria ou de participação, o juiz impronunciará o réu, podendo, no entanto, enquanto não ocorrer a extinção da punibilidade, ser oferecida nova denúncia ou queixa, quando houver prova nova, de acordo com o artigo 414 e seu parágrafo único.

A absolvição sumária mereceu especial tratamento, pois substituiu a especificidade das teses defensivas, como: erro de tipo, erro de proibição, coação moral irresistível, obediência hierárquica, estado de necessidade, legítima defesa, estrito cumprimento do dever legal, exercício regular do direito, inimputabilidade e outras excludentes da culpabilidade, como situações passíveis da absolvição, contemplando, agora, também, a prova da inexistência do fato, de não ser autor ou partícipe do fato, atipicidade e a demonstração de causa de isenção de pena ou de exclusão do crime.[5]

Prima facie, constata-se que houve um aumento no poder do juiz ao decidir sobre eventual absolvição sumária, pois se entendermos que o crime é composto

---

[5] Por certo, houve inspiração do legislador no artigo 386 do CPP que trás as hipóteses de absolvição em geral para todos os crimes, estendendo-as ao procedimento do Tribunal do Júri.

pelos elementos: fato típico, ilicitude, culpabilidade e punibilidade, poderá o juiz absolver em qualquer causa ou erro nesses elementos.

Pertinente e necessária à crítica sobre esse aumento no poder de decisão do juiz, pois se tratando de crime doloso contra a vida, conforme disposição constitucional, compete ao Conselho de Sentença, investido pela sociedade, julgar os processos, motivo pelo qual o juiz na dúvida (*in dubio pro societatis*), deve pronunciar o acusado, ou, como preferimos apontar, na dúvida a decisão deve ser "pró-juiz competente", que no caso, é o encaminhamento do processo para ser julgado pelos jurados, representantes constitucionais da sociedade.

O Tribunal de Justiça do Rio Grande do Sul se manifestou com propriedade sobre o assunto, sustentando haver necessidade de prova inequívoca para a sumariedade na absolvição, senão vejamos:

> HOMICÍDIO. PRONUNCIA. RECURSO EM SENTIDO ESTRITO. A absolvição sumária de réu acusado de homicídio só pode ser acolhida quando inequivocamente comprovado nos autos ter o agente atuado ao amparo do direito ou resultar provado não ser ele autor ou partícipe do fato. Não comprovada de plano e de forma irretorquível a versão absolutória e existindo prova da materialidade do fato e indícios suficientes da autoria ou participação do acusado, impõe-se sua pronúncia. Recurso em sentido estrito ao qual se nega provimento. (Recurso em Sentido Estrito Nº 70026817452, Terceira Câmara Criminal, Tribunal de Justiça do RS, Relator: Vladimir Giacomuzzi, Julgado em 18/12/2008).

Com a reforma, extinguiu-se o recurso de ofício no caso da absolvição sumária, sendo agora a aludida sentença, assim como a sentença de impronúncia, combatidas por meio do recurso de apelação.[6]

Encerrada a fase da *judicium accusationis*, onde se apura a admissibilidade da acusação, o juiz-presidente do Tribunal do Júri determinará a intimação do órgão do Ministério Público ou do querelante, no caso de queixa, e do defensor, para, no prazo de 5 (cinco) dias, apresentarem rol de testemunhas que irão depor em plenário, até o máximo de 5 (cinco), podendo juntar documentos e requererem diligências, sob pena de serem preclusas determinadas matérias.

Denota-se, dessa forma, a extinção do libelo crime acusatório, peça em que o Ministério Público apresentava os fatos criminosos, circunstâncias, agravantes e atenuantes que o réu estava sendo acusado.[7]

O procedimento do pedido de desaforamento está disciplinado nos artigos 427 e 428 do CPP e será deferido se o interesse da ordem pública o reclamar, ou houver dúvida sobre a imparcialidade do júri, ou a segurança pessoal do acusado, sendo distribuído imediatamente com preferência de julgamento perante a Câmara Criminal. Transcorridos 06 (seis) meses do trânsito em julgado da sen-

---

[6] Antes da reforma imposta pela Lei nº 11.689/08 essas decisões eram passíveis de recurso em sentido estrito, nos termos do artigo 581 do CPP. Por outro lado, a maioria da doutrina já se manifestava pela inconstitucionalidade do recurso de ofício.

[7] A extinção do libelo teve objetivo de buscar mais celeridade ao processo, pois havia a necessidade de intimação pessoal do réu para oferecer a contrariedade ao libelo, o que acarretava meses de demora apenas para cumprimento de formalidades legais. Entretanto, era uma peça acusatória de significativa importância, pois delimitava a acusação que poderia ser feita em plenário, era fonte de quesitos e baseava a defesa.

tença de pronúncia, não havendo o julgamento, diante de excesso de serviços, poderá, também, ser deferido o desaforamento.

Sendo relevantes os motivos alegados para o desaforamento, o relator determinará, fundamentadamente, a suspensão do julgamento pelo júri, consoante § 2º do artigo 427, não sendo mais necessária a impetração de *Habeas Corpus* ou Mandado de Segurança Criminal visando à suspensão da sessão de julgamento.

Quanto ao processamento do desaforamento, deve-se atentar sobre a existência da Súmula 610 do STF, que dispõe: *"É nula a decisão que determina o desaforamento de processo da competência do Júri sem audiência da defesa."*

As decisões dos tribunais de todo o Brasil são unânimes e pacíficas quanto a esse entendimento, considerando nulidade insanável a falta de intimação da defesa, conforme se vê:

HABEAS CORPUS. PROCESSUAL PENAL. RÉU PRONUNCIADO POR 3 TENTATIVAS DE HOMICÍDIOS QUALIFICADOS E FORMAÇÃO DE QUADRILHA ARMADA. PEDIDO DE DESAFORAMENTO FEITO PELO MINISTÉRIO PÚBLICO. ALEGAÇÃO DE AUSÊNCIA DE INTIMAÇÃO, DO ADVOGADO CONSTITUÍDO, PARA CIÊNCIA DA SENTENÇA DE PRONÚNCIA E DO PEDIDO DE DESAFORAMENTO. PUBLICAÇÃO FEITA NO NOME DO CAUSÍDICO ANTERIOR. NULIDADE VERIFICADA. O MPF SE MANIFESTOU PELA CONCESSÃO DO WRIT. ORDEM CONCEDIDA, PARA ANULAR OS ATOS DOS QUAIS A DEFESA NÃO FOI INTIMADA, MANTIDA A CUSTÓDIA DO PACIENTE.

1. Conforme pacífica orientação desta Corte Superior, a ausência de intimação válida da defesa do pedido de desaforamento, formulado pelo Ministério público, importa em nulidade insanável, passível de correção pela via do *Habeas Corpus*.

2. A constituição de novo procurador, sem que haja reserva de poderes ao patrono anterior, configura a revogação tácita do primeiro mandato, como é assente na doutrina jurídica e na jurisprudência dos Tribunais.

3. No caso em exame, a intimação, realizada por meio de publicação no Diário Oficial, para ciência da sentença de pronúncia e do pedido de desaforamento se deu em nome do Advogado anteriormente constituído e não no daquele que foi, posteriormente, indicado como o defensor do réu.

4. Ordem concedida, para declarar a nulidade do feito a partir da intimação da sentença de pronúncia e do pedido de desaforamento, determinando-se a baixa dos autos à Vara de origem, para a renovação da publicação, a fim de se proceder à efetiva intimação do defensor constituído, tudo em conformidade com o parecer ministerial, mantida, porém, a custódia do paciente.

(HC 114698 / RJ – Relator: Min. NAPOLEÃO NUNES MAIA FILHO, Julgamento: 20/11/2008, Quinta Turma, DJ 15/12/2008)

Também foram feitas atualizações quanto à composição da lista dos jurados, a obrigatoriedade do serviço do júri aos maiores de 18 anos, de acordo com a capacidade civil atual, assim como a pena de multa fixada em salários mínimos ao jurado faltante.

No plenário do júri procederam-se consideráveis alterações, ocorrendo a instrução com a oitiva da vítima, se possível, das testemunhas arroladas e, por fim, o interrogatório do acusado, possibilitando que as partes façam diretamente seus questionamentos a eles. Quanto aos jurados, permanece o questionamento por meio do juiz-presidente.[8]

Novíssima disciplina quanto ao uso de algemas foi estabelecida no procedimento, sendo que somente será possível a sua utilização quando for necessária à ordem dos trabalhos, à segurança das testemunhas e a garantia dos presentes (artigo 474, §3º).

Nessa esteira, quanto ao uso de algemas, dias após a entrada em vigor da Lei nº 11.689/08, o Supremo Tribunal Federal emitiu a Súmula Vinculante nº 11, onde refere: "só é lícito o uso de algemas em casos de resistência e de fundado receio de fuga ou de perigo à integridade física própria ou alheia, por parte do preso ou de terceiros, justificada a excepcionalidade por escrito, sob pena de responsabilidade disciplinar, civil e penal do agente ou da autoridade e de nulidade da prisão ou do ato processual a que se refere, sem prejuízo da responsabilidade civil do Estado".

Com o encerramento da instrução em plenário, será dada a palavra ao Ministério Público, pelo prazo de uma hora e meia (diferente do antigo procedimento, onde se tinha o prazo de duas horas), para fazer a acusação, nos limites da pronúncia ou das decisões posteriores, incluindo as agravantes. O prazo para réplica e tréplica foi aumentado para o tempo de uma hora.

As partes devem apresentar as agravantes e as atenuantes, impreterivelmente, nos debates, sob pena de preclusão, pois a apreciação delas ocorrerá pelo magistrado na prolação da sentença, não passando mais pelo crivo do Conselho de Sentença.

Visando a consolidar a plenitude da defesa, garantia constitucional, assim como afastando qualquer influência aos jurados, as partes, sob pena de nulidade, não poderão fazer referências à decisão de pronúncia, às decisões posteriores que julgaram admissível a acusação ou à determinação do uso de algemas como argumento de autoridade que beneficiem ou prejudiquem o acusado, ao silêncio do acusado ou à ausência de interrogatório por falta de requerimento, em seu prejuízo (artigo 478).

A quesitação sofreu alterações significativas, sendo que somente o tempo e a prática poderão verificar a melhor forma para aplicação de quesitos objetivos, tratando-os sobre a materialidade do fato, a autoria ou participação, se o acusado deve ser absolvido, se existe causa de diminuição de pena alegada pela defesa e se existe circunstância qualificadora ou causa de aumento de pena reconhecidas na pronúncia ou em decisões posteriores que julgaram admissível a acusação.

---

[8] Pode-se observar que houve uma importante alteração na participação das partes nas indagações ao réu e às testemunhas podendo as perguntas ser feitas de forma direta, sem a participação do magistrado. Dessa forma, deixou de ser utilizado o sistema presidencial. Quanto aos jurados, permanece a interface do juiz para a realização de perguntas. Isso se deve às garantias da incomunicabilidade dos jurados e do sigilo das votações que podem ser violadas pela formulação imprudente de alguma pergunta que possa sugerir a posição a ser adotada no julgamento.

De acordo com a avaliação preliminar da Juíza da 1ª Vara do Júri de Porto Alegre, Elaine Maria Canto da Fonseca, em seminário realizado no mês de agosto de 2008, sobre as Reformas do Processo Penal, "a formulação de quesitos na Nova Lei do Júri é tema tormentoso e que está apenas começando".[9]

A novidade dos quesitos vem com a objetividade. Depois de vencidos os quesitos tocantes à autoria e à materialidade, separadamente será feito o quesito: "*O jurado absolve o acusado?*", ficando para os jurados, cidadãos leigos, a fácil compreensão e a análise do processo para posterior julgamento. Por certo, houve uma significativa simplificação que vêm a facilitar os julgamentos.

Tema que repercute, e ainda irá repercutir, é a extinção do recurso do protesto por novo júri, pois algumas posições doutrinárias dão conta da permanência do aludido recurso para os acusados que cometeram crimes até a entrada em vigor da nova lei, sendo que outros rechaçam essa possibilidade, pois se trata de lei processual, devendo sua aplicação ser imediata.

A extinção do protesto por novo júri. Há aplicação imediata?

A extinção do protesto por novo júri é uma das alterações do novo procedimento do Tribunal do Júri que inúmeros operadores do direito aplaudiram, pois entendem que hoje já não há mais justificativa alguma para um condenado que recebeu uma pena igual ou superior a 20 anos ter direito a um novo julgamento, pelo simples fato da sua punição ter ultrapassado um limite estipulado pelo legislador. Por outro lado, alguns se manifestam discorde dessa imediata extinção por se tratar de recurso disponível exclusivamente a defesa, sendo concretização do direito constitucional ao duplo grau de jurisdição.

Consoante ensinamento de Fernando da Costa Tourinho Filho:

> Surgiu, entre nós, com o código de processo penal criminal de 1832.
>
> Posteriormente, e isto em 1941, as alterações introduzidas na legislação processual afetaram o protesto por novo Júri, restringindo-o aos crimes apenados com penas de morte ou galés perpétuas. Hoje, tal recurso continua para casos de suma gravidade, isto é, condenação pelo Tribunal do Júri a uma pena igual ou superior a 20 anos.[10]

Há tempos os operadores jurídicos que atuam perante o Tribunal do Júri, tem se manifestado sobre a desnecessidade do protesto por novo júri, pois um sem-número de questões devem ser tomadas para uma sessão de júri, sem contar com as horas e, em alguns casos, dias de julgamento para, ao final, chegar-se à sentença de condenação com uma pena igual ou superior a 20 anos

---

[9] Seminário de Reformas do Processo Penal, realizado no período de 20 de agosto de 2008 a 22 de agosto de 2008, na Escola da Magistratura do Rio Grande do Sul, disponível em http://www.escoladaajuris.org.br/cam/rpp/. Acessado em 10 de dezembro de 2008.

[10] TOURINHO FILHO, Fernando da Costa. *Processo Penal 4*. 25ª ed. São Paulo: Saraiva, 2003, p. 431.

e um recurso imotivado tornar sem efeito todo o difícil e desgastante trabalho realizado.

Deve ser ressaltado que alguns juízes acabavam se utilizando de um limitador na aplicação da pena, fixando-as muitas vezes aquém dos 20 anos, ainda que as circunstâncias judiciais impusessem uma reprovação maior, para que não se tivesse de realizar um novo julgamento no tribunal do júri.

Poder-se-ia argumentar, que a extinção desse recurso estaria ferindo o direito constitucional do duplo grau de jurisdição, conforme defende o procurador de Justiça do Estado da Bahia Rômulo de Andrade Moreira, manifestando que devemos "atentar que qualquer norma que trate de um meio recursal diz respeito a uma garantia constitucionalmente assegurada que é o duplo grau de jurisdição. O devido processo legal deve garantir a possibilidade de revisão dos julgados. A falibilidade humana e o natural inconformismo de quem perde estão a exigir o reexame de uma matéria decidida em primeira instância, a ser feito por juízes coletivos e magistrados mais experientes".[11]

Discordamos, pois, da argumentação de que se trata de um recurso propriamente dito, pois a matéria do protesto por novo júri não é devolvida ao tribunal *ad quem* para apreciação, sendo o recurso dirigido diretamente ao juiz-presidente do Tribunal do Júri que proferiu a sentença. Não há, também, qualquer discricionariedade do juiz ao receber o recurso, sendo um ato vinculado, pois preenchidos os requisitos da admissibilidade, deverá ser agendada nova sessão do júri, tratando-se, assim, de verdadeiro recurso *sui generis*.

No entendimento de Douglas Fischer, o protesto por novo júri é um recurso *anômalo* e único no direito processual penal comparado, tal como fixado no Brasil. Para ele:

> Diz-se recurso anômalo, pois, de regra, é apreciado pelo próprio juiz que proferiu a sentença à luz do que decidido pelo Conselho de Sentença, que, verificando o preenchimento dos requisitos acima elencados (pena fixada igual ou superior a 20 anos e formulado uma única vez), submeterá o réu imediatamente a novo julgamento, composto por novos jurados.[12]

A própria natureza jurídica desse recurso é controversa, pois ele não tem nenhuma consistência teórica e é totalmente desnecessário. Segundo comentário de Fernando Capez:

> Na verdade, torna-se até discutível a sua natureza de recurso, uma vez que ele é dirigido ao próprio órgão recorrido, a quem caberá apreciá-lo. O protesto por novo júri não comporta avaliação discricionária por parte do Juiz-Presidente, de maneira que, estando preenchidos os requisitos legais, ele é obrigado a determinar a realização de novo julgamento.[13]

---

[11] MOREIRA, Rômulo de Andrade. O fim do protesto por novo júri e a questão do direito intertemporal. Jus Navigandi, Teresina, ano 12, n. 1808, 13 jun. 2008. Disponível em: <http://jus2.uol.com.br/doutrina/texto.asp?id=11385>. Acesso em: 20 jan. 2009.

[12] FISCHER, Douglas. *Recursos, Habeas Corpus e Mandado de Segurança no Processo Penal*. São Paulo: Verbo Jurídico, 2008, p. 171.

[13] CAPEZ, Fernando. *Curso de Processo Penal*. 13ª ed. São Paulo: Sariava, 2006, p. 493.

Na lição de Edílson Mougenot Bonfim:

Preenchidos os requisitos de admissibilidade do protesto, caberá ao Juiz-Presidente designar data para novo julgamento. Há que consignar, no entanto, que o protesto por novo júri é um recurso pautado estritamente em pressupostos objetivos, não cabendo nenhuma discricionariedade ao juiz para recebê-lo, devendo ser admitido quando preenchidos os requisitos.[14]

Nesse mesmo sentido, de que há apenas uma análise de pressupostos de admissibilidade, aponta Djalma Eutímio de Carvalho:

O recurso deve ser interposto perante o Presidente do Tribunal do Júri, no prazo de 5 dias, constando apenas o pedido de novo julgamento. Não há, pois, razões, nem contra-razões, podendo ser interposto por petição ou termo nos autos. Estando presentes os pressupostos de admissibilidade, o Presidente do Tribunal do Júri dará provimento ao protesto, determinando novo julgamento para a próxima reunião.[15]

Essa mesma questão também é enfrentada por Paulo Rangel, que assim a aborda:

É recurso interposto do Júri para o Júri. Não há apreciação por órgão jurisdicional *ad quem*, pois trata-se de recurso interposto perante o presidente do Tribunal do Júri que, preenchidas as formalidades legais, defere, dando provimento ao recurso e marcando novo júri. Há, com o provimento, invalidação do primeiro julgamento, não obstante não ter ocorrido *error in procedendo*.[16]

Frente à questão de que a nova lei do júri seria uma norma híbrida, ou seja, conteria aspectos de direito material e de direito processual, não prospera. Para Edílson Mougenot Bonfim:

Normas que criam novos tipos penais incriminadores ou ampliam o rol das causas extintivas da punibilidade têm conteúdo nitidamente penal. Diferenciam-se, portanto, da verdadeira norma processual, na medida em que esta contempla efeitos que repercutem diretamente sobre o processo, não tendo relação com o direito de punir do Estado.[17]

E mais, o magistrado e doutrinador Guilherme de Souza Nucci, tratando especificamente sobre o protesto por novo Júri, na nova legislação, assim se manifestou:

As normas que o regiam (arts. 607 e 608, CPP) tinham conteúdo tipicamente processual, sem qualquer ponto de contato com o direito material. Portanto, jamais poderão ser consideradas normas processuais penais materiais. Disciplinavam a existência de um recurso, benéfico à defesa (como outros ainda perduram: embargos infringentes e de nulidade), que concedia uma segunda chance para o réu condenado a uma pena igual ou superior a vinte anos. Não implicava em soltura ou prisão do acusado, nem tampouco invadia o campo da punibilidade.

As normas processuais penais materiais dizem respeito a institutos mistos, vale dizer, aqueles que produzem reflexos tanto no campo processual quanto no penal. Exemplificando: ocorrendo a decadência, a conseqüência é a extinção da punibilidade. Logo, deixar de ajuizar a ação no prazo legal, faz com que o agressor não mais possa ser punido. Outra ilustração diz respeito às alterações de leis que cuidem diretamente da prisão do indivíduo. São normas de fundo material, pois se vinculam, diretamente, á liberdade de ir e vir.

---

[14] BONFIM, Edilson Mougenot. *Curso de Processo Penal*. São Paulo: Saraiva, 2006, p. 673.

[15] CARVALHO, Djalma Eutímio de. *Curso de Processo Penal*. Rio de Janeiro: Forense, 2007, p. 479.

[16] RANGEL, Paulo. Direito Processual Penal. 13ª ed. Rio de Janeiro: Lumen Juris, 2007, p. 780.

[17] Op. cit, p. 88.

Ora, o protesto por novo júri não provocava a extinção da punibilidade, nem afetava a liberdade do réu. Constituía, apenas, em nova chance para ser julgado pelo Tribunal do Júri. Um direito de caráter processual, mas não penal.

O indicativo para ser deferido era o quantum de pena fixado (20 ou mais anos). Não significava que se produzisse um liame com o Direito Penal por conta disso. Afinal, cuidava-se somente de um parâmetro para o cabimento do recurso e absolutamente nenhum reflexo no cenário penal ocorria.

Os réus a serem julgados pelo Tribunal do Júri, quando já em vigor a Lei 11.689/08 (agosto de 2008), se condenados a penas iguais ou superiores a 20 anos, não mais poderão invocar o protesto por novo júri, uma vez que inexiste o recurso em nossa legislação.[18]

Nesta visão, a matéria tocante à extinção do recurso do protesto por novo júri é exclusivamente processual, pois não se refere à extinção da punibilidade, liberdade, ou qualquer outra garantia individual. Por outro lado, permanece o direito ao recurso de apelação, neste sim incidindo o duplo grau de jurisdição.

Aliás, quanto à alegação de ofensa ao duplo grau de jurisdição, enquanto garantia individual, pela extinção do protesto por novo júri, facilmente a afastamos em virtude de que é dirigido ao mesmo órgão jurisdicional que o prolatou enquanto é indispensável que fosse endereçado a outro órgão jurisdicional e de hierarquia superior. Conforme ensinamentos de Eugênio Pacelli de Oliveira:

Para que se possa falar rigorosamente em duplo grau, porém, é preciso que a revisão seja feita por outro órgão da jurisdição, hierarquicamente superior na estrutura jurisdicional. Não é o caso, por exemplo, do juízo de retratação que poderá ocorrer no recurso em sentido estrito e no agravo de execução, ou ainda na revisão decorrente de embargos declaratórios. Nesses casos, a substituição da decisão será feita pelo mesmo órgão responsável pela prolação da decisão então impugnada.[19]

No mesmo sentido, a manifestação de Pedro Henrique Demercian e Jorge Assaf Maluly, quando afirmam:

O princípio do duplo grau de jurisdição consiste na possibilidade de se levar o inconformismo da parte à apreciação de uma instância superior. É uma garantia de que qualquer abuso judicial pode ser questionado por um outro órgão do Poder Judiciário.[20]

O artigo 2º do manual processual penal dispõe que a lei processual "aplicar-se-á desde logo, sem prejuízo da validade dos atos realizados sob a vigência da lei anterior".

É a discussão sobre a aplicação da lei penal no tempo. Para Fernando Capez:

A lei processual não se interessa pela data em que o fato foi praticado. Pouco importa se cometido antes ou depois de sua entrada em vigor, pois ela retroage e o alcança, ainda que mais severa, ou seja, mesmo que prejudique a situação do agente. Incide imediatamente sobre o processo, alcançando-o na fase em que se encontrar. O ato processual é regido pela lei processual que estiver em vigor

---

[18] NUCCI, Guilherme de Souza. *Manual de Processo Penal e Execução Penal*. 5ª ed. São Paulo: RT, 2008.

[19] OLIVEIRA, Eugênio Pacelli de. *Curso de Processo Penal*. 8ª. ed. Rio de Janeiro: Lumen Juris, 2007, p. 671.

[20] DEMERCIAN, Pedro Henrique. MALULY, Jorge Assaf. *Curso de Processo Penal*. 3ª ed. Rio de Janeiro: Forense, 2005, p. 552.

naquele dia, ainda que seja mais gravosa do que a anterior e mesmo que o fato que deu ensejo ao processo tenha sido cometido antes de sua vigência.[21]

O fato de a lei processual penal ter aplicação imediata, na visão de Pedro Henrique Demercian e Jorge Assaf Maluly, possui fundamento na presunção de que seja ela mais perfeita do que a anterior, por atentar mais aos interesses da Justiça.[22]

No mesmo sentido o entendimento de Eugênio Pacelli de Oliveira:

> No que se refere às leis processuais no tempo, segue-se regra de toda a legislação processual: aplicam-se de imediato, desde sua vigência, respeitando, porém, a validade dos atos realizados sob o império da legislação anterior. Por atos já praticados deve-se entender também os respectivos efeitos e/ou conseqüências jurídicas. Por exemplo: sentenciado o processo e em curso o prazo recursal, a nova lei processual que alterar o aludido prazo não será aplicada, respeitando-se os efeitos preclusivos da sentença tal como previstos na época de sua prolação.[23]

Dessa forma, entendemos e defendemos a posição de que somente poderá ser manejado o recurso de protesto por novo júri por aqueles acusados que, até a entrada em vigor da lei, ou seja, até 09 de agosto de 2008, tenham sido julgados e condenados a pena igual ou superior a 20 anos, pois estaria perfectibilizado o ato, qual seja, o direito a postular o novo júri.

Na opinião de Marcellus Polastri Lima:

> Não se cogita aqui da retroatividade da lei mais benéfica ou irretroatividade da lei mais gravosa como no direito penal. Deste modo, entrando em vigor a lei processual, após promulgação, publicação e eventual *vacatio legis*, terá efeito imediato. Portanto, continuam válidos os atos processuais praticados sob a égide da lei anterior revogada, que manterão sua eficácia, até de efeitos ulteriores que possam provocar no processo. É o princípio *tempus regit actum*.[24]

Com efeito, a partir do momento da sentença é que nasce o direito subjetivo à impugnação, como defende Galeno Lacerda:

> Em direito intertemporal, a regra básica no assunto é que a lei do recurso é a lei do *dia da sentença* (grifei). Isto porque, proferida a decisão, a partir desse momento nasce o direito subjetivo à impugnação, ou seja, o direito ao recurso autorizado pela lei vigente nesse momento.[25]

Frederico Marques assim se manifesta sobre o tema:

> Os recursos se regem, quanto à admissibilidade, pela lei em vigor ao tempo em que a decisão foi proferida. Apelabilidade ou inapelabilidade, possibilidade de revisão ou cassação de uma sentença considerando-se conseqüências da mesma, regulam-se por lei vigorante na época do *veredictum*, é esta norma que indica os recursos cabíveis. O mesmo se diga dos efeitos da sentença recorrível e respectiva execução provisória.[26]

No mesmo sentido, Ada Pellegrini Grinover, Antonio Magalhães Gomes Filho e Antonio Scarance Fernandes entendem que "a matéria é regida pelo prin-

---

[21] Op. cit., p. 52.

[22] Op. cit., p. 29.

[23] Ob. cit., p. 19.

[24] LIMA, Marcellus Polastri. *Curso de Processo Penal*. 2ª ed. Rio de Janeiro: Lumen Juris, 2003, p. 71.

[25] LACERDA, Galeno. *O novo direito processual civil e os feitos pendentes*. Rio de Janeiro: Forense, 1974.

[26] MARQUES, José Frederico, *Elementos de Direito Processual Penal*, v. 1, São Paulo: Bookseller, 1998.

cípio fundamental de que a recorribilidade se rege pela lei em vigor na data em que a decisão foi publicada".[27]

A eficácia temporal da lei processual penal "provee únicamente para el futuro, o sea, en ordem a todos los procedimentos y a todos los actos procesuales que están aún por cumplirse en el momento en que entra em vigor".[28]

O nosso Código de Processo Penal adotou tal princípio (art. 2º), razão por que, como regra, a norma processual provê unicamente para o futuro, não importando seja mais branda ou mais severa do que a lei anterior.[29]

Nesse diapasão, importante destacar parecer do Procurador de Justiça gaúcho Ivory Coelho Neto, em ação de *habeas corpus* julgada pelo Tribunal de Justiça do RS:[30]

> Condenado à pena de 71 anos de reclusão, o paciente interpôs o protesto, que foi prontamente aceito, com o aprazamento de nova sessão de julgamento. Nesse ínterim, a nova legislação começa a viger, suprimindo o recurso. Claro está que a supressão não poderá ter, na hipótese, aplicação imediata. Quando da entrada em vigência da nova lei processual penal, o direito do paciente ao novo julgamento já estava perfectibilizado. O paciente já o havia adquirido. Pela anterior sistemática, a garantia já lhe havia sido alcançada. Não lhe pode mais ser retirada, sem malferimento ao princípio da ampla defesa...

Por certo, foi aceito o recurso do protesto por novo júri nesse caso pelo fato de a decisão ter ocorrido na vigência da lei anterior.

Considerações finais

Diante de tudo o que foi exposto, concluímos e defendemos a posição de que somente poderá ser manejado o recurso de protesto por novo júri por aqueles acusados que, até a entrada em vigor da lei, ou seja, 09 de agosto de 2008, tenham sido julgados e condenados a pena igual ou superior a 20 anos, pois estaria perfectibilizado o "ato decisório" que dá direito ao condenado de postular um novo júri. Após esse período, ainda que o "crime" tenha sido cometido na vigência da lei anterior (*tempus regit actum*), não terá direito ao recurso de protesto por novo júri, por sua expressa extinção, devendo ser aplicada imediatamente à nova

---

[27] GRINOVER, Ada Pellegrini; FERNANDES, Antonio Scarance; GOMES FILHO, Antonio Magalhães. *As nulidades no processo penal*. 3. ed. São Paulo: Malheiros, 1993.

[28] MANZINI, Vincenzo. *Derecho procesal penal*. Universidad de Córdoba, p. 230, 1956.

[29] Em sentido contrário encontramos o pensamento de Aury Lopes Jr, que sustenta que o princípio da imediatidade não resistiria a uma filtragem constitucional, pois não se pode pensar o Direito Penal completamente desvinculado do processo e vice-versa. Assim, as regras da retroatividade da lei penal mais benéfica devem ser compreendidas dentro da lógica sistêmica, ou seja, retroatividade da lei penal ou processual penal mais benéfica e vedação de efeitos retroativos da lei (penal ou processual penal) mais gravosa ao réu. Direito Processual Penal e sua conformidade Constitucional. Vol. I. 3ª ed. Rio de Janeiro: Lumen Juris, 2008, p. 203.

[30] Parecer exarado no Habeas Corpus nº 70026135889, Primeira Câmara Criminal do TJRS, julgado em 10 de setembro de 2008, onde se concedeu a ordem para determinar a submissão do réu a novo julgamento pelo Tribunal do Júri.

lei que possui conteúdo exclusivamente processual. Da mesma forma, não há violação do duplo grau de jurisdição em virtude de que permanece o recurso de apelação e o protesto por novo júri é um recurso *sui generis* por ser encaminhado ao próprio juiz prolator da decisão, não possui fundamentação, nem contra-razões e, preenchidos os pressupostos de admissibilidade, deve ser necessariamente acolhido.

Referências bibliográficas

BONFIM, Edílson Mougenot. *Curso de Processo Penal.* São Paulo. Saraiva, 2006.

CAPEZ, Fernando. *Curso de Processo Penal.* 13ª. São Paulo: Saraiva, 2006.

CARVALHO, Djalma Eutímio de. *Curso de Processo Penal.* Rio de Janeiro, Forense, 2007.

DEMERCIAN, Pedro Henrique; & MALULY, Jorge Assaf. *Curso de Processo Penal.* 3ª ed. Rio de Janeiro: Forense, 2005.

FISCHER, Douglas. *Recursos, Hábeas Corpus e Mandado de Segurança no Processo Penal.* São Paulo: Verbo Jurídico., 2008.

GOMES, Luiz Flávio. *Comentários às reformas do Código de Processo Penal e da Lei de Trânsito*: novo procedimento do Júri (Lei 11.689/08).../Luiz Flávio Gomes; Rogério Sanches Cunha; Ronaldo Batista Pinto. São Paulo: Editora Revista dos Tribunais, 2008.

GRINOVER, Ada Pellegrini; FERNANDES, Antonio Scarance; GOMES FILHO, Antonio Magalhães. *As nulidades no processo penal.* 3. ed. São Paulo: Malheiros, 1993.

LACERDA, Galeno. *O novo direito processual civil e os feitos pendentes.* Rio de Janeiro: Forense, 1974.

LIMA, Marcellus Polastri. *Curso de Processo Penal.* 2ª ed. Rio de Janeiro: Lumen Juris, 2003.

LOPES JR, Aury. *Direito Processual Penal e sua Conformidade Constitucional.* Volume I, 3ª. ed. Rio de Janeiro: Lumen Júris, 2008.

MANZINI, Vincenzo. *Derecho procesal penal.* Universidad de Córdoba, 1956.

MARQUES, José Frederico, *Elementos de Direito Processual Penal,* v. 1, 1ª ed., 2ª tir. São Paulo: Bookseller, 1998.

MENDONÇA, Andrey Borges de. *Nova Reforma do Código de Processo Penal*: comentada artigo por artigo/Andrey Borges de Mendonça – São Paulo: Método, 2008, p. 150.

NUCCI, Guilherme de Souza. *Manual de Processo Penal e Execução Penal.* 5ª ed. São Paulo: Editora Revista dos Tribunais, 2008.

NUCCI, Guilherme de Souza. *Tribunal do Júri.* São Paulo: Revista dos Tribunais, 2008.

OLIVEIRA, Eugênio Pacelli de. *Curso de Processo Penal.* 8ª ed. Rio de Janeiro: Lumen Juris, 2007.

RANGEL, Paulo. *Direito Processual Penal.* 13ª ed. Rio de Janeiro: Lumen Juris, 2007.

TOURINHO FILHO, Fernando da Costa. *Processo Penal* 4. 25ª ed. São Paulo: Saraiva, 2003.

— 10 —

Ainda sobre as reformas processuais penais no âmbito da produção probatória: o interrogatório por videoconferência

MARCOS EBERHARDT

Advogado Criminal. Especialista e Mestre em Ciências Criminais pela PUCRS. Professor de Direito Penal do Núcleo de Prática Jurídica da UNISINOS e Professor de Processo Penal da FARGS. Professor do Verbo Jurídico, CETRA e FESDEP. Membro do ITEC. Diretor de Cursos Permanentes da Escola Superior de Advocacia (ESA/OAB-RS).

Sumário: Primeiras considerações: um panorama da reforma; Sobre o interrogatório por videoconferência; Palavras finais: a (mínima) reforma e o (máximo) desprezo pelo "Outro"; Bibliografia.

Primeiras considerações: um panorama da reforma

A reforma processual penal, procedida pelas Leis 11.689/08, 11.690/08, 11.719/08 e 11.900/09, reacendeu discussões acerca do viés garantidor que deveria nortear o processo penal. Esperava-se lucidez do legislador reformista em homenagem aos 20 anos da Constituição Federal.

Porém, não foi o que ocorreu. Defeituosa já por ser mínima, a reforma deu enlevo à celeridade, que, aliada à simplicidade, atropelaram direitos. Direitos que só estão na Constituição porque efetivamente a maioria da população não os tem[1]. Veja-se.

---

[1] STRECK, Lenio Luiz. A hermenêutica filosófica e as possibilidades de superação do positivismo pelo (neo)constitucionalismo. In: ROCHA, Leonel Severo; STRECK, Lenio Luiz. *Constituição, sistemas sociais e hermenêutica: programa de pós-graduação em Direito da UNISINOS: mestrado e doutorado.* Porto Alegre: Livraria do Advogado, 2005, p. 163-164.

A nova redação do art. 155, *caput*, do Código de Processo Penal manteve o livre convencimento como sistema de apreciação da prova, anunciando o *contraditório judicial* como necessário balizamento na formação da prova. Não poderia ser diferente!

O que, em primeira vista, significaria uma barreira de contenção terminou como um desastre. A inserção da palavra *exclusivamente* neste mesmo dispositivo legal acabou por *liberar* o magistrado (protagonista) a utilizar os elementos informativos da fase inquisitorial ao proferir sentença. Desprezou-se a diferença elementar entre atos de investigação e atos sérios de prova, confundindo o inconfundível. É flagrante a inconstitucionalidade da disposição neste aspecto[2].

Não bastasse isso, a reforma ainda dimensionou os poderes instrutórios do magistrado, possibilitando, na redação do art. 156, I, do Código de Processo Penal, a produção antecipada de provas, de ofício, antes mesmo da ação penal. A necessidade de um processo de partes, de um espetáculo dialético, mais uma vez foi esquecida, fortalecendo-se a vontade de um juiz protagonista, que também atua como acusador.[3]

Já a nova redação do art. 157 do Código de Processo Penal, ainda que tardiamente e de forma propositadamente aberta, mencionou expressamente a vedação às provas obtidas por meios ilícitos, inclusive disciplinando a ilicitude por derivação (*fruits of the poisonous tree*).

Porém, nada dispôs acerca da aplicação da teoria da proporcionalidade e a admissão da prova ilícita, tão importante na preservação da dignidade humana, já que um dos princípios constitucionais que deve pautar o processo penal é o da ampla defesa. Mesmo na omissão legislativa, não se pode perder de vista a aceitação dessa teoria nos Tribunais Superiores, embora, muitas vezes, de forma mitigada. É preciso ponderação!

Ainda neste ponto, muito embora o veto, merece destaque a redação que seria dada ao § 4º do art. 157 do Código de Processo Penal. O dispositivo advertia que "o juiz que conhecer do conteúdo da prova declarada inadmissível não poderá proferir a sentença ou acórdão". As razões invocadas para o veto estão entre a necessidade de simplicidade e a celeridade processual.

Embora possa parecer desnecessário, é importante esclarecer que, mesmo diante da adoção do princípio da identidade física do juiz, o veto foi claro equívoco. O juiz que conhecer da prova ilícita estará evidentemente contaminado por seu conteúdo. O utilitarismo sacrificou a própria imparcialidade do julgador.

O objetivo maior da reforma – a celeridade – acabou determinando também a redução do número de profissionais à realização das perícias, desprestigiando prova técnica tão importante na formação do convencimento do magistrado. A

---

[2] EBERHARDT, Marcos. Reformas Processuais Penais no Âmbito da Produção Probatória. In: NUCCI, Guilherme de Souza (org.). *Reformas do Processo Penal*. Porto Alegre: Verbo Jurídico, 2008, p. 84-85.

[3] Cf. O papel do novo juiz no processo penal. In: *Crítica à teoria geral do Direito Processual Penal*. COUTINHO, Jacinto Nelson Miranda de (org.). Rio de Janeiro/São Paulo: Renovar, 2001. p. 24

nova redação do art. 159 do Código de Processo Penal, com nítida inspiração no processo civil, também possibilitou às partes a indicação de assistentes técnicos, muito embora somente com atuação judicial, o que talvez tenha tornado a disposição inócua, já que não era vedado às partes recorrerem a peritos particulares com intuito de contraditar a perícia oficial.

Ainda, a reforma persistiu em desnaturar o fundamento de existência de processo penal quando, sem qualquer razoabilidade, prestigiou os interesses da vítima em detrimento do acusado. A necessidade de fazer sofrer pelo sofrimento já infligido marca uma reforma com nítida expressão de vingança privada.

Nesse ponto, a partir da Lei nº 11.690/08, alguns atos processuais serão comunicados ao ofendido, com intuito de garantir sua integridade e segurança, o que certamente inspirou-se na Lei Maria da Penha (art. 21). Mais que isso. Demonstrando total desconhecimento da realidade forense, na tentativa de evitar que a vítima sofra qualquer constrangimento, a reforma assegurou-lhe espaço separado antes e durante sua oitiva.

A falta de preocupação anterior também motivou a garantia de atendimento multidisciplinar ao ofendido, as expensas do acusado ou do Estado, e a possibilidade de que o juiz determine o segredo de justiça acerca de atos processuais que contenham informações sobre a vítima. Nesse último aspecto, preocupa a compatibilização da nova previsão legal com a necessária publicidade dos atos processuais.

Mudança houve também no que concerne à oitiva da testemunha. O que antes era informando pelo sistema presidencial ou de reperguntas, com a nova redação do art. 212 do Código de Processo Penal se dá pelo sistema direto (*cross examination*), permitindo-se que as perguntas sejam feitas diretamente à testemunha e, por certo, da mesma forma à vítima e ao acusado.

Como já se referiu em escrito anterior[4], essa alteração, em primeira análise, é recebida com louvor, já que o art. 212, *caput*, do Código Processo de Penal parece ter respeitado o sistema acusatório de índole constitucional, de modo que, a partir da reforma, o magistrado, apesar de presidir a audiência, não inicia a inquirição da testemunha, deixando tal tarefa somente às partes.

Muito embora o acerto, o traço inquisitivo da reforma foi mais forte. O parágrafo único do art. 212 do Código de Processo Penal liberou ao juiz a complementação da inquirição.

Por derradeiro, a nova redação do art. 217 do Código de Processo Penal incluiu, pela primeira vez, no Estatuto Processual a videoconferência, alcançando apenas a inquirição da vítima e da testemunha. Esperava-se que os projetos que previam o mesmo sistema na realização do interrogatório judicial não tivessem fôlego. Não foi o que ocorreu!

---

[4] EBERHARDT, Marcos. Reformas Processuais Penais no Âmbito da Produção Probatória. In: NUCCI, Guilherme de Souza (org.). *Reformas do Processo Penal*. Porto Alegre: Verbo Jurídico, 2008, p. 107.

Sobre o interrogatório por videoconferência

O interrogatório judicial, preponderantemente meio de defesa, é o ato em que o juiz sente (*sentire*), estabelece contato com o acusado. Antes realizado, como regra, no início do processo, com a reforma realizar-se-á após a oitiva das testemunhas, já que o acusado deve ter a última palavra no processo penal.

Já quando o réu estiver preso, segundo disposição já conhecida, e mantida pela Lei nº 11.900/09, o interrogatório, como regra, realizar-se-á no estabelecimento prisional, o que contará com o deslocamento do juiz, do membro do Ministério Público, dos auxiliares da justiça e do defensor.

Como exceção, o magistrado poderá determinar a realização do interrogatório por videoconferência, desde que diante de umas das hipóteses narradas no § 2º do art. 185 do Código de Processo Penal. Aponta-se o afastamento do magistrado, a ausência de contato pessoal com o acusado preso, como o ponto que merece maior atenção, já que é mais um fruto do discurso eficientista.

A adoção da videoconferência para realização do interrogatório do preso, efetivamente desvirtuou o caráter antropológico do ritual judiciário, evitando que o juiz sequer olhe para o réu[5], indicando a desumanização do processo penal.

Basta lembrar-se que a utilização de expressões genéricas pelo legislador sempre levaram ao excesso. Foi o caso do art. 312 do Código de Processo Penal, no tocante à "garantia da ordem pública", e, atualmente, das hipóteses que autorizam a videoconferência, constantes do § 2º do art. 185. Essa abertura é que possibilita o excesso.

Mais do que isso. A hipocrisia da disposição legal, dispensando tratamento diverso entre soltos e presos, encontra razão na expressão "todos são iguais, porém cada um no seu lugar".[6] Identificado, pois, o inimigo, é preciso afastá-lo de tudo que seja humano.

Mais adiante o § 4º refere que, antes do interrogatório por videoconferência, o acusado preso poderá acompanhar, pelo mesmo sistema, a realização de todos os atos da audiência única. A expressão "poderá acompanhar" revela, com clareza, os traços inquisitivos da reforma, transformando uma necessidade em mera possibilidade. Evidentemente que, desejando acompanhar os atos da audiência una, a defesa sofrerá o ônus desse favor.

Por derradeiro, o § 5º do art. 185 do Código de Processo Penal exige a presença de dois defensores: um na casa carcerária e outro na sede do juízo. O pleno desconhecimento da realidade forense fomentou essa disposição. Apenas um questionamento, dentre outros tantos: o defensor que acompanhar os proce-

---

[5] LOPES Jr., Aury. *Direito Processual Penal e sua Conformidade Constitucional*, Vol.I, 3ª ed. Rio de Janeiro: Lumen Juris, 2008, p. 609.

[6] BATISTA, Nilo. A política criminal d'A Utopia e a maldição de Hedionduras. *Discursos Sediciosos: crime, Direito e sociedade*, Rio de Janeiro, ano 2, n. 3, p. 87-96, 1º sem. 1997.

dimentos na casa carcerária terá conhecimento da causa? Quando conhecerá o conteúdo dos autos?

Palavras finais: a (mínima) reforma e o (máximo) desprezo pelo "Outro"

Apesar de mudanças pontuais significativas, houve um reforço considerável do escopo inquisitivo a que sempre se prestou o Código de Processo Penal. O aprisionamento do sujeito passivo a um conceito, o de acusado, acabou por desnaturá-lo como humano, transformando-o em objeto.

A reforma processual penal é reflete essa tendência contemporânea de busca por uma sociedade "pura", em que o "sujo" não tem lugar. Sem qualquer legitimação ética de existência, proliferam-se medidas que atuam na tentativa de garantir a punição.

Duvidosas são, portanto, as boas intenções do legislador. É preciso resistir!

Bibliografia

COUTINHO, Jacinto Nelson Miranda de. Efetividade do processo penal e golpe de cena: um problema às reformas processuais. In: *Escritos de direito e processo penal em homenagem ao professor Paulo Cláudio Tovo.* WUNDERLICH, Alexandre (Org). Rio de Janeiro: Lumen Juris, 2002.

——. O papel do novo juiz no processo penal. In: *Crítica à teoria geral do Direito Processual penal.* COUTINHO, Jacinto Nelson Miranda de (org.). Rio de Janeiro: Renovar, 2001.

EBERHARDT, Marcos. Reformas Processuais Penais no Âmbito da Produção Probatória. In: NUCCI, Guilherme de Souza (org.). *Reformas do Processo Penal.* Porto Alegre: Verbo Jurídico, 2008.

FERNANDES, Antônio Scarance. *Processo Penal Constitucional.* 4.ed. São Paulo: Revista dos Tribunais, 2005.

GIACOMOLLI, Nereu José. Atividade do juiz criminal frente à Constituição: deveres e limites em face do princípio acusatório. In: GAUER, Ruth Maria Chittó (coord.). *Sistema Penal e Violência.* Rio de Janeiro: Lumen Juris, 2006.

——. *Reformas (?) Do Processo Penal – Considerações Críticas.* Rio de Janeiro: Lumen Juris, 2008

GRINOVER, Ada Pellegrini. *As Nulidades no Processo Penal.* São Paulo: Editora Revista dos Tribunais, 2007.

LOPES JR, Aury. *Sistemas de investigação preliminar.* 3.ed., Rio de Janeiro: Lumen Juris, 2005.

——. *Introdução Crítica ao Processo Penal* (Fundamentos da Instrumentalidade Garantista). 2.ed. Rio de Janeiro: Lumen Júris, 2005.

——. *Direito Processual Penal e sua Conformidade Constitucional,* Vol.I, 3.ed. Rio de Janeiro: Lumen Juris, 2008.

MONTERO AROCA, Juan. *El Derecho Procesal en el Siglo XX.* Valencia: Tirant lo Blanch, 1997.

STRECK, Lenio Luiz. A hermenêutica filosófica e as possibilidades de superação do positivismo pelo (neo)constitucionalismo. In: ROCHA, Leonel Severo; STRECK, Lenio Luiz. *Constituição, sistemas sociais e hermenêutica: programa de pós-graduação em Direito da UNISINOS: mestrado e doutorado.* Porto Alegre: Livraria do Advogado, 2005.

TOVO, Paulo Cláudio. *Estudos de Direito Processual Penal,* Vol. 2. TOVO, Paulo Cláudio (org.). Porto Alegre: Livraria do Advogado, 1999.

— 11 —

A sistemática da prova na reforma processual penal

MIGUEL TEDESCO WEDY

Advogado criminalista – Mestre em Ciências Criminais pela PUCRS – Doutorando em Ciências Jurídico-Criminais pela FDUC (Faculdade de Direito da Universidade de Coimbra) – Professor da UNISINOS.

Sumário: I. Introdução; II. O Problema da Gestão da Prova nas Mãos do Juiz; III. A Questão da Prova Ilícita e a Reforma Processual Penal.

I. Introdução

A temática da prova é um dos aspectos mais controversos do ordenamento jurídico. Seja por sofrer uma notável influência constitucional, seja porque esse tema deságua na realidade palpitante do mundo do Direito, especialmente no cotidiano forense. E, no cotidiano forense, repercute sobre o que é de mais sagrado no homem: a sua liberdade. É através da prova ou da ausência dela ou ainda de sua licitude que se pode apontar ou não um cidadão como o autor de um delito. Condenar um cidadão sem provas ou por intermédio de uma prova ilícita ofende não apenas a Constituição Federal, mas aquele sentimento mais comezinho de Justiça. Uma decisão assim não se legitima e não se deve tolerar, por acarretar mais adiante um verdadeiro princípio de dissolução da sociedade e da democracia.

Essa afirmação simples, entretanto, impõe uma reflexão maior. E, embora a extensão do presente estudo não permita aprofundar o tema sobremaneira, impõe-se uma reflexão que albergue, no seu cerne, esse nódulos problemáticos terríveis que são a gestão da prova e a prova ilícita. É possível a aceitação da prova derivada da prova ilícita num ordenamento jurídico que se pretende constitucional, democrático, pluralista e racional? É possível que um processo penal garantista e democrático tolere a prova ilícita? A busca do equilíbrio entre eficiência e garantias permite que o juiz atue como o gestor da prova?

II. O Problema da Gestão da Prova nas Mãos do Juiz

Inicialmente, impõe-se o registro daquela grande controvérsia que essencialmente define o caráter, as qualidades e as características de um processo penal, *que nada mais é do que direito constitucional aplicado*, como diria Henkel.[1]

Para nós, o que difere um processo penal de índole acusatória de um processo penal de modelo inquisitorial é a gestão da prova.[2] E isso quer dizer que, havendo dúvida, ao juiz não cabe determinar novas provas para dirimi-la, mas sim o que cabe é respeitar aquele princípio do *in dubio pro reo* e absolver o acusado. Esse é o papel que deve caber ao juiz num contexto acusatório. O contrário é visualizar o magistrado como mais um ente capaz de levar a cabo a persecução penal, para além da polícia que investiga e do Ministério Público que acusa.

Só assim o magistrado estará atuando de forma a respeitar a sua própria independência, eqüidistância e imparcialidade, verdadeiros alicerces de um sistema jurídico democrático e legítimo.

E aqui concordamos com Jacinto Coutinho, quando afirma que "se o processo tem por finalidade, entre outras – mas principalmente – o acertamento de um caso penal após a reconstituição de um caso pretérito, o crime, mormente através da instrução probatória, é a gestão da prova a forma pela qual ela é realizada que identifica o princípio unificador".[3]

Pois se assim é, não se pode negar que o nosso sistema processual penal permanece aberto ao princípio inquisitório.[4] Do ponto de vista infraconstitucional, o possibilidade do juiz gerir a prova está expressa. Não apenas o antigo art. 156 do CPP assim previa, como também o novel art. 156 dispõe que o juiz poderá "ordenar, mesmo antes de iniciada a ação penal, a produção antecipada de provas consideradas urgentes e relevantes, observando a necessidade, adequação e proporcionalidade da medida (inciso I)", e, ainda, poderá "determinar, no curso da instrução, ou antes de proferir sentença, a realização de diligências para dirimir dúvidas sobre ponto relevante" (inciso II).

---

[1] *Apud* FIGUEIREDO DIAS, Jorge de. *Direito Processual Penal*. Coimbra: Coimbra Editora, 1974, Reimpressão, 2004, p. 74.

[2] E assim também para FRANCO CORDERO. *Problemi Dell'Istruzione.Ideologie del Processo Penale.*Milano: Giuffrè, 1966.

[3] COUTINHO, Jacinto N.M. "As reformas parciais do CPP e a gestão da prova: segue o princípio inquisitivo". *Boletim do IBCCRIM* n° 188, Ano 16, jul-2008, p. 11.

[4] É bem verdade que o nosso sistema segue uma linha dos países de tradição romano-germânica, influenciados fortemente pelo princípio inquisitório. Não se esqueça que a Alemanha e Portugal, por exemplo, seguem um processo acusatório com princípio de averiguação ou de investigação. Ler AMBOS, Kai e POLASTRI LIMA, Marcellus. *O Processo Acusatório e a Vedação Probatória Perante as Realidades Alemã e Brasileira.* Porto Alegre: Livraria do Advogado, 2009, p. 38 e FIGUEIREDO DIAS, Jorge de. *Direito Processual Penal.* Coimbra: Coimbra Editora, 1974, Reimpressão, 2004, p. 254. Há, por aí, toda uma tradição cultural. Mas uma tradição cultural que ao longo do tempo, no Brasil, legitimou condenações com base em elementos informativos inquisitoriais e, não raro, com ofensa a imparcialidade do juiz e a isonomia das partes.

Assim, é inegável que foi mantida no processo penal brasileiro uma essência inquisitorial. Em que pese o caráter público do processo, a oralidade, a ampla defesa, o contraditório, acabou por triunfar, mais uma vez, uma visão que dá ao juiz um inegável caráter de sobranceria na questão da prova. Mas não apenas nessa questão, como também na oportunidade em que ele pode decretar de ofício o sequestro (art. 127 do CPP), a prisão preventiva (art. 311 do CPP) ou a busca e apreensão (art. 242 do CPP), por exemplo.

Como diz Aury Lopes Júnior, esse aspecto da reforma processual penal empreendida denota um gravíssimo vício de origem: a ausência de um princípio unificador, o que daria consistência e coerência ao sistema.[5]

E a ausência dessa coerência perverte o sistema e o torna refém de uma concepção deformada da atividade jurisdicional. Uma atividade que continuará muitas vezes caracterizada apenas por uma concepção ideológica punitivista, que vê o juiz apenas como mais um instrumento para a realização da segurança pública.

O juiz, mercê dessa concepção mantida no Código, tenderá ainda mais a se transformar num aríete para o atingimento não da verdade, mas da ilusória segurança pública. O juiz como agente das políticas criminais de Lei e Ordem, e não um juiz como garante das garantias do réu ou da própria vítima.

E o juiz, crente nesse superpoder capaz de diminuir a violência, acabará por abusar dele, gerando por conseguinte mais impunidade e descrença no sistema jurídico.

Como salienta Cordero, atribuir ao juiz poderes instrutórios, o que a reforma processual manteve, é instituir o *"primato dell'ipotesi sui fatti, gerador de quadri mentali paranoidi"*.[6] E assim, ao fim e ao cabo o que se faz é enfraquecer e diminuir a atividade jurisdicional.

Outrossim, a possibilidade de o juiz determinar de ofício a antecipação de provas ainda na fase inquisitorial ofende frontalmente aquela necessária diferenciação que deveria ocorrer entre atos de prova e atos de investigação e agride também o princípio acusatório.

Embora aceite a possibilidade do juiz de ofício gerir a prova no curso do processo, ainda que supletivamente, Polastri Lima repele que isso se faça na fase inquisitorial:

> [...] o art. 156, quando trata do ônus da prova, permite ao juiz de ofício fazer a antecipação cautelar da prova, mesmo em faze de investigação, o que fere o princípio acusatório. Neste ponto, assim, entendemos que a Lei 11.690/08 acabou por arranhar o princípio acusatório, pelo menos no modelo brasileiro (pois, como visto, na Alemanha o juiz também busca a prova preliminarmente), já que, se o juiz pode, como defendemos, de ofício e de forma supletiva, buscar a prova no processo, antes de iniciada a ação, por outro lado, na fase inquisitorial, não pode assim agir.[7]

---

[5] LOPES JÚNIOR, Aury. "Bom para quê(m)?". In: *Boletim do IBCCRIM* n° 188, Ano 16, jul-2008, p. 9.

[6] CORDERO, Franco. *Guida alla Procedura Penale*. Torino: Utet, 1986, p. 50/51.

[7] POLASTRI LIMA, Marcellus e AMBOS, Kai. *O Processo Acusatório e a Vedação Probatória Perante as Realidades Alemã e Brasileira*. Porto Alegre: Livraria do Advogado, 2009, p. 70. Contra esse entendimento,

E aqui é importante que se registre: não nos parece que a coleta antecipada de provas durante o inquérito seja ilegal. Pelo contrário, por vezes isso se fará necessário. A necessidade de conservar a higidez de uma prova poderá tornar fundamental essa antecipação de coleta do material probatório.[8] Mas isso só deveria ocorrer por instâncias dos sujeitos da investigação preliminar (vítima, suspeito ou Ministério Público) e jamais de ofício, por parte do magistrado.

E ainda mais grave se torna essa questão quando se observa o disposto no art. 155 do Código de Processo Penal: "O juiz formará sua convicção pela livre apreciação da prova produzida em contraditório judicial, não podendo fundamentar sua decisão *exclusivamente* nos elementos informativos colhidos na investigação, ressalvadas as provas cautelares, não repetíveis e antecipadas".

Tal dispositivo legitima o uso de material indiciário coletado em inquérito policial ou em investigação diretamente empreendida pelo *Parquet*, sem as garantias plenas do contraditório, da ampla defesa e do devido processo, para o fim de condenar o réu, tudo praticado em detrimento daqueles direitos fundamentais assegurados pela Lei Maior.

E, conhecendo-se a realidade do mundo jurídico, em que não raro o magistrado primeiro decide e, só após, sai em busca dos elementos de prova que irão subsidiar silogisticamente o seu discurso, pode-se imaginar o quão grave será a repercussão desse dispositivo para a tutela dos direitos e garantias individuais.

Como disse Aury Lopes Júnior, tudo ia bem com a redação do art. 155 até a inserção de uma simples palavra, a expressão "exclusivamente". E assim nada muda e tudo piora, pois os julgadores seguirão "fazendo de conta que...o réu está sendo julgado com base nas provas colhidas no processo, quando na verdade... continuarão utilizando as clássicas viradas lingüísticas do 'cotejando a prova judicializada com os elementos do inquérito...' ou 'a prova judicializada é corroborada pelos atos do inquérito'".[9]

O mais grave é que agora a possibilidade de se condenar também com base em elementos do inquérito está expressa, de forma clara e robusta, no Código de Processo Penal. E a tendência do operador jurídico brasileiro de interpretar a Constituição conforme a norma infraconstitucional e não o contrário, tornará essa regra ainda mais prejudicial às garantias do cidadão.

Impõe-se, por conseguinte, que se repila a utilização de elementos informativos do inquérito, sem as garantias do contraditório e da ampla e do devido pro-

---

salientando que admitir a produção antecipada de provas na fase inquisitorial não confere ao juiz a condição de investigador, mas tão-somente a possibilidade de determinar atos cautelares com as garantias do contraditório e da ampla defesa, leia-se AMICO, Carla C. "A Nova Redação dos Artigos 155 e 156 do Código de Processo Penal e a Produção Antecipada da Prova Testemunhal na Fase do Inquérito Policial", in *Boletim do IBCCRIM*, Ano 16, nº 192, nov-2008, p. 8. E nesse quadrante é importante salientar, mais uma vez, a nossa opinião: qualquer antecipação de prova só pode ser feita, única e exclusivamente, com o resguardo daquelas garantias do contraditório, da ampla defesa e do devido processo.

[8] Por exemplo, no caso de uma testemunha enferma ou em estado de doença terminal.

[9] LOPES JÚNIOR, Aury. "Bom para quê(m)?". In: *Boletim do IBCCRIM* nº 188, Ano 16, jul-2008, p. 9.

cesso, para coadjuvar a condenação do réu. É a Lei Maior que deve prevalecer. E a Magna Carta dispõe que as garantias acima referidas são preceitos fundamentais, de forma que a leitura constitucional do art. 155 deve ser límpida: é possível se levar em conta os elementos informativos colhidos no inquérito, desde que eles não sejam os únicos elementos de prova e que tenham sido coletados com as garantias explicitadas na Constituição da República Federativa do Brasil.

Portanto, um processo penal eficiente pressupõe o respeito pelas garantias estabelecidas na Lei Maior, sob pena desse mesmo processo se deslegitimar pela reforma e anulação constantes de suas próprias decisões.

III. A Questão da Prova Ilícita e a Reforma Processual Penal

A Constituição Federal é muito clara e veda a utilização da prova ilícita no processo: "são inadmissíveis, no processo, as provas obtidas por meios ilícitos" (art. 5°, LVI).

E ilícitas, num contexto mais amplo, não são apenas as provas coletadas com violação do direito material, mas também as provas ilegítimas, isto é, aquelas colhidas com infringência às normas processuais.

A reforma operada no Código de Processo Penal, por intermédio da Lei 11.690/08 prevê, no seu art. 157 que "são inadmissíveis, devendo ser desentranhadas do processo, as provas ilícitas, assim entendidas as obtidas em violação a normas constitucionais ou legais".

Foi irrepreensível aqui o legislador, pois determinou que seja extirpada do corpo do processo a prova ilícita, o que por vezes contaminava a psiquê do julgador. Não era raro que em razão de provas ilícitas constantes dos autos os julgadores passassem a tão somente buscar outros elementos de prova para coadjuvar uma condenação. É pena que não tenha feito o mesmo com os autos do inquérito policial. Teria evitado também a contaminação do julgador com elementos coletados sem as garantias antes referidas.

A Lei n° 11.690/08 ainda determina a inutilização da prova desentranhada dos autos do processo. Mas acabou por não prever recurso contra a decisão que reconhece a ilicitude da prova e determina o seu desentranhamento. Dessa forma, em tais casos a defesa poderá lançar mão da via do *habeas corpus*, enquanto à acusação não restará outra alternativa senão a impetração do mandado de segurança.

Mas foi mais além a reforma do Código de Processo Penal, explicitando de forma mais clara a solução para o problema da prova ilícita por derivação, aquela que decorre de outra prova, que é ilícita (por exemplo, confissão decorrente de tortura, interceptações telefônicas ilegais, buscas sem mandado judicial, etc.)

Adotou-se de forma mitigada a teoria dos frutos da árvore envenenada (*fruit of poisonous tree doctrine*), formulada em 1920, no caso *Silverthone Lumber Co v United States*, pela Suprema Corte Americana.

Como salienta Marta Saad, a própria Suprema Corte Americana estabeleceu, posteriormente, limites para a aplicação dessa teoria, dispondo que "excepcionam-se da vedação as provas derivadas da ilícita quando a conexão entre uma e outra é tênue, de modo que não se portam como causa e efeito: trata-se, no caso, de uma *independent source* (caso *Bynum v. United States* – 1960); também fogem da vedação as provas derivadas da ilícita quando poderiam, de qualquer maneira, ser descobertas de outra forma: é o *inevitable Discovery* (caso *Nix v. Williams (Williams II)* – 1984)".[10]

E esses limites foram transpostos expressamente para a legislação brasileira, especificamente no § 1° do art. 157: "São também inadmissíveis as provas derivadas das ilícitas, salvo quando não evidenciado o nexo de causalidade entre umas e outras, ou quando as derivadas puderem ser obtidas por uma fonte independente das primeiras". E dispõe ainda o § 2°: "Considera-se fonte independente aquela que por si só, seguindo os trâmites típicos e de praxe, próprios da investigação ou instrução criminal, seria capaz de conduzir ao fato objeto da prova".

A simples leitura dos dispositivos apontados demonstra que o operador do Direito não terá facilidades para fundamentar, no caso concreto, a adoção da prova ilícita por derivação.

Como salienta Maria Elisabeth Queijo, "...extrai-se que as exceções à inadmissibilidade das provas ilícitas derivadas, adotadas na nova redação do art. 157, §§ 1° e 2°, não foram bem definidas, sob o prisma técnico-jurídico, uma vez que a fonte independente apresenta-se quando não há vinculação de causa e efeito entre a prova ilícita e a derivada. A descoberta inevitável, por sua vez, configura-se quando for possível chegar-se à prova derivada da ilícita por outro modo".[11]

O nexo de causalidade entre a prova ilícita e a lícita dela derivada afastará de forma irrespondível a adoção da última. Aí não se vê maior dificuldade, dado que, como já decidiu o próprio STF, a absoluta independência dos meios de prova afasta eventual contaminação (HC 93050/08, rel. min. Celso de Mello).

O problema surge quando a norma prevê ser admissível a adoção da prova lícita derivada da ilícita se ela, num juízo lógico, seguindo aqueles "*trâmites típicos e de praxe*", puder conduzir ao fato objeto da prova. A abertura desse conceito permite a previsão de que aqui verdadeiramente poderão ter sido "escancaradas às porteiras" para a adoção da prova ilícita por derivação.

Estabelecer, no caso concreto, que tal ou qual prova poderá ser obtida pelos meios usuais será o mesmo que abençoar a busca e a coleta da prova ilícita por

---

[10] SAAD, Marta. "Lei 11.690/2008 e as provas ilícitas por derivação". In: *Boletim do IBCCRIM* n° 188, Ano 16, jul-2008, p. 16.

[11] QUEIJO, Maria Elisabeth. O tratamento da prova ilícita na reforma processual penal. In: *Boletim do IBCCRIM* n° 188, Ano 16, jul-2008, p. 19.

derivação como regra nos procedimentos investigativos. Será mais fácil primeiro buscar essa prova derivada da ilícita para só depois, com o fato consumado, construir o raciocínio de que essa prova poderia ser obtida pelos meios "típicos e de praxe".

O ideal seria que o legislador tivesse vetado pura e simplesmente a adoção da prova derivada da prova ilícita (com violação de direito material) ou ilegítima (com violação de direito processual). Assim se evitaria o que irá fatalmente ocorrer, a fragilização de garantias na coleta do material probatório. A histórico do exercício do poder de investigar é o drama do seu abuso, de forma que limitar o exercício desse poder é sempre uma necessidade que se impõe.

Mas poderiam perguntar: e o réu inocente que lança mão da prova derivada da ilícita ou até da prova ilícita?? Ora, ele age sob o abrigo de uma excludente já regulada pela lei, em geral pelo estado de necessidade. Assim, o seu suposto ilícito penal restaria afastado.

De ressaltar, por fim, que o Supremo Tribunal Federal já vinha adotando a teoria dos frutos da árvore envenenada devidamente equilibrada em vários de seus decisórios: HC 69.912, rel. min. Sepúlveda Pertence, HC 72.588, rel. min. Maurício Corrêa, HC 82.788, rel. min. Celso de Mello e HC 90.376, também relator o ministro Celso de Mello.

Mas, ainda mais relevante, é que as decisões atuais da mais alta Corte do País demonstram um compromisso inequívoco com a vedação da prova ilícita e com a da prova ilícita por derivação, como regra.

Como salientou o Min. Celso de Mello no HC 93050/08:

> Ninguém pode ser investigado, denunciado ou condenado com base, unicamente, em provas ilícitas, quer se trate de ilicitude originária, quer se cuide de ilicitude por derivação. Qualquer novo dado probatório, ainda que produzido, de modo válido, em momento subseqüente, não pode apoiar-se, não pode ter fundamento causal nem derivar de prova comprometida pela mácula da ilicitude originária. – A exclusão da prova originariamente ilícita – ou daquela afetada pelo vício da ilicitude por derivação – representa um dos meios mais expressivos destinados a conferir efetividade à garantia do *due process of law* e a tornar mais intensa, pelo banimento da prova ilicitamente obtida, a tutela constitucional que preserva os direitos e prerrogativas que assistem a qualquer acusado em sede processual penal. Doutrina. Precedentes. – A doutrina da ilicitude por derivação (teoria dos "frutos da árvore envenenada") repudia, por constitucionalmente inadmissíveis, os meios probatórios, que, não obstante produzidos, validamente, em momento ulterior, acham-se afetados, no entanto, pelo vício (gravíssimo) da ilicitude originária, que a eles se transmite, contaminando-os, por efeito de repercussão causal.

Diante de tudo o que foi exposto, pode-se perceber que o caminho ainda está a ser trilhado. E, enquanto o percorremos, não podemos deixar de apontar o nosso norte para a Constituição Cidadã de 1988, a Carta Magna que nos foi legada como símbolo de democracia e de liberdade. Não fazer isso seria o mesmo que entregar ao carrasco o cutelo de nossa degola.

— 12 —

A (in)constitucionalidade do § 3º do art. 277 do CTB: uma leitura a partir da jurisprudência do TEDH

PEDRO KREBS

Mestre em Direito, pela UNISINOS.
Professor de Direito Penal na UNISINOS. Advogado.

Sumário: Introdução; I. O princípio da não obrigatoriedade de produzir prova contra si mesmo; II. A legitimidade da administração em aplicar sanções àqueles que não contribuem na apuração de irregularidades; III. A jurisprudência do TEDH; IV. O tipo sancionador em questão; V. Conclusão; Bibliografia.

Introdução

Versa o presente trabalho sobre a análise dos limites estabelecidos ao princípio da presunção de inocência pelo Tribunal Europeu de Direitos Humanos (TEDH), bem como sua aplicabilidade à sanção disposta no § 3º do art. 277 do CTB, com a redação que lhe fora conferida pela Lei 11.705/08, penalidade essa aplicável àquele que se recusa a se submeter ao exame de alcoolemia.

Para fazer tal análise é importante evidenciar-se idéia basilar do Estado de Direito que é o fato de ninguém ter de se ver obrigado a contribuir com o Estado a investigar uma ilicitude qualquer, ainda mais se tal irregularidade for imputada contra si: o ônus de acusar e provar o ilícito – penal ou administrativo – é sempre do Poder Público, não podendo tal tarefa ser delegada àquele que sofre a acusação.

Outra questão, que em nada se confunde com a contribuição para a elucidação de fatos que o incriminem, é a possibilidade de a lei, mediante a aplicação de sanções, compelir o cidadão a prestar um *facere*, ou um *non facere* ou até mesmo um *pati* perante a Administração Pública quando essa pretender apurar irregularidades ou exigir tributos; frente a tal compostura, aliás, inexiste qualquer crítica a respeito.[1] Assim, no tocante ao tema central que aqui se analisa, verifica-

---

[1] Basta ver a doutrina quando trata das características do Poder de Polícia, que, dentre elas, encontra-se a auto-executoriedade, que é a possibilidade de a Administração por em execução suas determinações sem a necessi-

se que a determinação de o cidadão prestar o exame de alcoolemia não pode ser vista como um comportamento abusivo por parte da Administração, até porque tal exigência é inerente ao Poder de Polícia conferido ao agente administrativo. O que aqui se questiona, em verdade, é saber se é possível estabelecer uma *sanção* pela negativa dessa prestação de fazer, até porque tal obrigatoriedade possibilita a responsabilização penal ou administrativa futura do cidadão.

Outro aspecto a salientar, a título de preliminar, é que inexiste qualquer diferença entre a exigência se dar no procedimento administrativo ou penal: as regras que se aplicam ao Direito Administrativo Sancionador são as mesmas que se utilizam no Processo Penal, até porque ambas caracterizam a atividade sancionadora de um Estado que é único, acarretando, assim, na similitude dos princípios utilizáveis.[2]

Faz-se necessário, portanto – e esse é o objeto dessa pesquisa –, analisar se a sanção aplicável àquele que se nega a prestar o exame de alcoolemia encontra-se justificada pelo ordenamento jurídico-constitucional, até porque tal situação equivaler-se-ia a tantas outras hipóteses tidas como lícitas por parte da Administração, ou se existem casos nos quais a violação da presunção de inocência deve ser reconhecida.

Para tanto, verificaremos como tem sido enfrentada a relativização do princípio da presunção de inocência, com o seu corolário de ninguém ser obrigado a produzir prova contra si mesmo, pelo Tribunal Europeu de Direitos Humanos, para, a partir daí, identificar como coadunar esse entendimento com a negativa à prestação do exame de alcoolemia no Brasil.

---

dade de recorrer ao Judiciário, e a coercibilidade, que é a aplicação de sanções àqueles que se negam a atender suas determinações.

[2] É o que refere a própria Constituição Federal, em seu art. 5º, LIV ("ninguém será privado da liberdade ou de seus bens sem o devido processo legal") e LV ("aos litigantes, em processo judicial ou administrativo, e aos acusados em geral são assegurados o contraditório e ampla defesa, com os meios e recursos a ela inerentes"). Ousamos, assim, discordar da conclusão manifestada por CALLEGARI e LOPES (A imprestabilidade do bafômetro como prova no processo penal, *in* http://www.asdep.com.br/principal.php?id=artigos&cod=147) quando afirmam, citando COUCEIRO, que, em *regra*, tal princípio é inerente tão-somente ao processo penal; de fato, a licitude de qualquer atividade sancionadora estatal, seja penal ou administrativa, depende do atendimento aos princípios constitucionais conferidos ao cidadão. Assim, em verdade, é ilógica ou, no mínimo, desarrazoada a conclusão da qual o Estado, quando da sua atuação administrativa, pode subtrair alguma das garantias conferidas pelo processo penal ao cidadão. Nesse sentido, vê-se acórdão do Tribunal Constitucional espanhol: "1. Los principios inspiradores del orden penal son de aplicación, con ciertos matices, al Derecho administrativo sancionador, dado que ambos son manifestaciones del ordenamiento punitivo del Estado. 2. Los principios esenciales reflejados en el art. 24 de la Constitución en materia de procedimiento han de ser aplicables a la actividad sancionadora de la Administración, en la medida necesaria para preservar los valores esenciales que se encuentran en la base del precepto, y la seguridad jurídica que garantiza el art. 9 de la Constitución. 3. Tales valores no quedarían salvaguardados si se admitiera que la Administración, por razones de orden público, puede incidir en la esfera jurídica de los ciudadanos imponiéndoles una sanción sin observar procedimiento alguno, y, por tanto, sin posibilidad de defensa previa a la toma de la decisión, con la consiguiente carga de recurrir para evitar que tal acto se consolide y haga firme. Por el contrario, la garantía del orden constitucional exige que el acuerdo se adopte a través de un procedimiento en el que el presunto inculpado tenga oportunidad de aportar y proponer las pruebas que estime pertinentes y alegar lo que a su derecho convenga. 4. Entre los valores que incorpora la Constitución hay que destacar muy singularmente, como fundamento del orden político y de la paz social (art. 10), la libertad de la persona, los derechos inviolables que le son inherentes, el libre desarrollo de la personalidad, y el respeto a la Ley y a los derechos de los demás." (*in* http://www.boe.es/g/es/bases_datos_tc/doc.php?coleccion=tc&id=SENTENCIA-1981-0018).

I. O princípio da não obrigatoriedade de produzir prova contra si mesmo

Primeiramente, é de considerar que a Constituição Federal brasileira não possui dispositivo legal expresso informando tal direito ao cidadão.[3] Tal omissão legislativa, porém, não é suficiente para não reconhecê-lo como garantia individual, eis que decorrente ou derivado do princípio da presunção de inocência, previsto no art. 5º, LVII, da CF. Assim, resta como inegável que ninguém pode ser coagido, através da imposição de sanções, a produzir prova que porventura venha a incriminá-lo. Essa, por sinal, tem sido a posição firmada pelo Supremo Tribunal Federal (HC 96.219, rel. Ministro Celso de Mello):

> A recusa em responder ao interrogatório policial c/ou judicial e a falta de cooperação do indiciado ou do réu com as autoridades que o investigam ou que o processam traduzem comportamentos que são inteiramente legitimados pelo princípio constitucional que protege qualquer pessoa contra a auto-incriminação, especialmente aquela exposta a atos de persecução penal.
>
> O Estado – que não tem o direito de tratar suspeitos, indiciados ou réus como se culpados fossem (RTJ 176/805-806) – também não pode constrangê-los a produzir provas contra si próprios (RTJ 141/512).
>
> Aquele que sofre persecução penal instaurada pelo Estado tem, dentre outras prerrogativas básicas, o direito (a) de permanecer em silêncio, (b) de não ser compelido a produzir elementos de incriminação contra si próprio nem constrangido a apresentar provas que lhe comprometam a defesa e (c) de se recusar a participar, ativa ou passivamente, de procedimentos probatórios que lhe possam afetar a esfera jurídica, tais como a reprodução simulada do evento delituoso e o fornecimento de padrões gráficos ou de padrões vocais, para efeito de perícia criminal.

Em idêntico sentido, sustentou o Tribunal Regional Federal, da 4ª Região, no julgamento do HC 2005.04.01.023325-6/PR.[4]

Assim sendo, vê-se que o princípio da não obrigatoriedade de produzir prova contra si mesmo encontra-se respaldado normativamente em nossa Constituição; o problema é que o Estado corriqueiramente exige do cidadão atitudes que porventura possam vir a prejudicá-lo, tudo em nome do bem comum. Tal atividade estatal será analisada a seguir.

---

[3] A Constituição Espanhola, ao contrário, refere, em seu art. 24.2, tal direito, ao dispor que todo cidadão detém o "direito a não declarar contra si mesmo, a não se confessar culpado e a presunção de inocência".

[4] "EMENTA: CONSTITUCIONAL. PROCESSUAL PENAL. *HABEAS CORPUS*. CONSTRANGIMENTO ILEGAL. DETERMINAÇÃO DO JUÍZO *A QUO* DOS PACIENTES PRODUZIREM PROVA CONTRA SI MESMO. APLICAÇÃO DO PRINCÍPIO DA NÃO AUTO-INCRIMINAÇÃO – *NEMO TENETUR SE DETEGERE*.

1. A auto-incriminação não encontra guarida na norma penal brasileira, nem na doutrina, muito menos na jurisprudência, o que, legitima a insurgência dos Pacientes contra a determinação da prática de exercício probatório que possa reverter em eventual condenação penal. 2. Através do princípio *nemo tenetur se detegere*, visa-se proteger qualquer pessoa indiciada ou acusada da prática de delito penal, dos excessos e abusos na persecução penal por parte do Estado, preservando-se, na seara dos direitos fundamentais, especialmente neste caso, a liberdade do indivíduo, evitando que o mesmo seja obrigado a compilação de prova contra si mesmo, sob pena de constrangimento ilegal, sanável por *habeas corpus*. Cuida-se de prerrogativa inserida constitucionalmente nos princípios da ampla defesa (art. 5º, inciso LV), da presunção de inocência (art. 5º, inciso LVII) e do direito ao silêncio (art. 5º, inciso LXIII)." (Relator Desembargador Federal Tadaaqui Hirose).

II. A legitimidade da administração em aplicar sanções
àqueles que não contribuem na apuração de irregularidades

Outro aspecto que também merece destaque é que se traduz como inerente ao exercício do Poder de Polícia da Administração a imposição de sanções aos seus Administrados quando esses não contribuem para com aquela na apuração de fatos ou irregularidades.[5] O estabelecimento de sanção aos administrados que com ela não cooperam deriva do entendimento do qual o Poder de Polícia, em sendo autoexecutório, necessita possuir uma carga de coercibilidade, sob pena de inviabilizar a própria execução de suas determinações.

Como exemplo clássico temos o que diz respeito à denominada *obrigação tributária acessória*, determinada no art. 113, *caput*, e respectivos §§ 2º e 3º, do Código Tributário Nacional. Têm-se, nos termos da lei, duas obrigações tributárias: a principal, que é o pagamento do tributo, e a acessória, que é a obrigação que detém o cidadão – contribuinte ou não – de prestar informações à Fazenda Pública para fins de arrecadação ou fiscalização de tributo. Ora, a prestação de informações para a Fazenda, a bem da verdade, só gera malefícios para o contribuinte: se esse pratica atos de sonegação fiscal, por óbvio que a obrigação de entregar sua escrita contábil estará comprovando materialmente a redução indevida de impostos a pagar; porém, se o contribuinte se nega a entregar os dados, o mesmo ver-se-á obrigado a pagar multa por tal omissão.[6]

Portanto, desse exemplo, podem-se extrair as seguintes conclusões: a) a atividade de aplicar sanções aos Administrados que não contribuem para com o Estado na investigação de irregularidades ou meramente arrecadatórias é tida como legítima, eis que inerente ao Poder de Polícia; b) nesses casos, inexiste qualquer violação do princípio da presunção de inocência; c) o princípio da presunção de inocência, assim, deve ser relativizado, não podendo ser visto como algo absoluto. Firmar, pois, os limites dessa relativização é o objetivo desse trabalho.

III. A jurisprudência do TEDH

Identificar os limites da proibição da autoincriminação tem sido um dos temas mais debatidos na Europa, oportunidade essa que nos permite analisar seus ensinamentos a fim de ver como se daria tal solução no Brasil.

---

[5] O poder de polícia, tradicionalmente, poderia ser traduzido como o mecanismo utilizado pelo Poder Público a fim de assegurar o bem estar da coletividade, impedindo, através de atos coativos, o exercício prejudicial dos direitos individuais ou o uso abusivo do direito de propriedade. É, por exemplo, em outras palavras, a definição utilizada por MEDAUAR, Odete. *Direito administrativo moderno*. 4.ed. São Paulo: RT, 2000, p. 390.

[6] É o que determina, por exemplo, o art. 11, da Lei 6.537/73, do Rio Grande do Sul; no âmbito federal, podemos citar o art. 12, I, da Lei 8.218/91.

No âmbito europeu, tal questionamento já foi objeto de análise pelo Tribunal Europeu de Direitos Humanos (TEDH), localizado na cidade de Estrasburgo, França; esse tribunal, saliente-se, não integra, como órgão jurisdicional, a União Européia, mas o Conselho da Europa, colegiado esse que abrange todos os países europeus, exceção feita à Bielorrússia.

Essa corte, em um primeiro momento, define que o Direito ao silêncio e o de não contribuir a sua própria incriminação são distintos, embora o segundo abranja o primeiro.[7] O Direito ao silêncio, para o TEDH, vige tão somente quando contra o cidadão existe já instaurado um processo – penal ou administrativo –, ou seja, quando a pessoa integra uma lide como *parte*; fora desses casos, a pessoa não pode se valer do Direito ao silêncio, ainda que possua o Direito de não se autoincriminar. Assim, fora do contexto de um procedimento acusatório contra si, o Direito ao silêncio não prevalece, mas tão só o de não se autoincriminar, que, no caso, se a informação for obtida por intermédio de coação, tal prova *não poderá ser utilizada em um processo penal ou administrativo futuro.*[8]

Assim sendo, o entendimento prevalecente é o de fazer valer o Direito de não se auto incriminar em qualquer procedimento sancionador; no caso, se a prova tenha sido obtida mediante coação ainda em meio à fase investigatória, a mesma deverá ser descartada, não podendo ser utilizada no futuro quando da instauração do procedimento acusatório.

IV. O tipo sancionador em questão

Assim está redigido o art. 277, do CTB, com a redação conferida pela Lei 11.275/06:

> Art. 277. Todo condutor de veículo automotor, envolvido em acidente de trânsito ou que for alvo de fiscalização de trânsito, sob suspeita de dirigir sob a influência de álcool será submetido a testes de alcoolemia, exames clínicos, perícia ou outro exame que, por meios técnicos ou científicos, em aparelhos homologados pelo CONTRAN, permitam certificar seu estado.

Assim, verifica-se que todo condutor deve se submeter ao teste de alcoolemia sempre que se envolver em acidente ou que for detido em meio a uma fiscalização corriqueira de trânsito. Verifica-se, em um primeiro momento, a desproporcionalidade de tratamento: a) padronizar o procedimento tanto àquele que

---

[7] "4. In its judgment of 8 February 1996 in the case of John Murray v. the United Kingdom (Reports of Judgments and Decisions 1996-I, p. 49, para. 45) the Court has proclaimed that the notion of a fair procedure under Article 6 of the Convention (art. 6) comprises two immunities: the 'right to remain silent' and the 'privilege against self-incrimination'". (§ 4º do voto do Juiz S. K. Martens, quando do julgamento de Ernest Saunders versus Reino Unido). O TEDH, assim, tem sustentado que Direito ao silêncio traduz a faculdade de não responder perguntas, enquanto que o Direito a não se auto-incriminar é o permissivo de não apresentar provas que o incriminem.

[8] Nesse sentido, ver PALAO TABOADA, Carlos. *El Derecho a no autoinculparse en el ámbito tributario.* Navarra: Aranzadi, 2008, p.19 e s.

se envolveu em um acidente como com aquele, por exemplo, que volta de seu trabalho com sua família é tratar igualmente os desiguais, eis que, para o segundo, inexiste qualquer suspeita ou razão mínima aceitável para molestá-lo; b) de igual forma, submeter ao mesmo procedimento todos aqueles que se envolvem em acidente é insurgir já, de antemão, reflexões negativas contra motorista que, muitas vezes, é inocente. Vê-se, portanto, os equívocos expostos na redação desse dispositivo, eis que faz tábula rasa de inúmeras situações que tão-somente a investigação do caso concreto poderia levar à solução mais acertada e justa.

Já o § 3º, acrescentado pela Lei 11.705/08, assim determina:

§ 3º Serão aplicadas as penalidades e medidas administrativas estabelecidas no art. 165 deste Código ao condutor que se recusar a se submeter a qualquer dos procedimentos previstos no *caput* deste artigo.

E o art. 165, por sua vez, dispõe:

Art. 165. Dirigir sob a influência de álcool ou de qualquer outra substância psicoativa que determine dependência:

Infração – gravíssima;

Penalidade – multa (cinco vezes) e suspensão do direito de dirigir por 12 (doze) meses;

Medida Administrativa – retenção do veículo até a apresentação de condutor habilitado e recolhimento do documento de habilitação.

Vê-se, a partir das inovações trazidas pelo legislador ordinário, o total descaso ao caráter da proporcionalidade das sanções aplicáveis: aquele que, ao exercer um Direito que lhe é constitucionalmente reconhecido, se negar a produzir prova contra si próprio recebe *idêntica* sanção daquele que pratica o ilícito!

Verifica-se, outrossim, que, na hipótese de o motorista não resistir à coação do art. 277, § 3º, e se prestar a fazer o exame, tal prova poderá ser utilizada tanto no processo penal (art. 306) como no administrativo sancionador (art. 165): ou seja, não se preocupou o legislador a efetivar normativamente qualquer distinção entre o procedimento investigatório e o acusatório. De fato, a obtenção da prova é feita mediante coação – coação essa totalmente desproporcional, como já salientado – e o resultado desse exame será utilizado contra o próprio motorista.

Não é à toa, pois, que a comunidade jurídica vem tecendo inúmeros debates sobre o tema: a lei editada é, acima de tudo, de mau gosto, ao padronizar idêntico procedimento aos desiguais; além disso, constata-se, a par das desproporcionalidades apresentadas, ter sido feita às pressas, sem o debate necessário, postura essa típica de um legislativo despreparado, alheio à realidade social, que se preocupa tão-somente com sua imagem, vislumbrando o cidadão comum, cumpridor de suas obrigações fiscais, como um inimigo em potencial de um Estado medievalesco e injusto.

V. Conclusão

Dessa forma, concluímos que o cerne da questão reside no *procedimento* adotado pela Administração Pública. De fato, o Código de Trânsito brasileiro não efetuou qualquer distinção entre a fase investigatória, típica do exercício do Poder de Polícia e que ainda não detém uma pretensão incriminatória, da fase acusatória; essa última fase, e é aqui que reside o problema, pode assumir formas outras, que não aquela tradicionalmente apresentada, qual seja, a de que seu início se dá tão somente após a notificação da autoridade competente para que o acusado formalmente apresente defesa. E não há aqui que se utilizar desse mesmo argumento para justificar a desnecessidade da utilização do princípio da presunção de inocência: a regra é a de que as mesmas autoridades que obtêm a prova irão apresentá-la à autoridade para que a mesma baseie a acusação. Nesse caso, a obtenção da prova através do bafômetro implica já na materialidade de uma acusação, fato esse que provocará sérias consequências à figura do suspeito.[9]

Dessa forma, considerando inexistir uma separação de ambos os procedimentos – investigatório e acusatório –, é de se concluir que se traduz como inconstitucional a sanção prevista no art. 277, § 3º, do CTB, eis que violadora da garantia descrita no inciso LVII do art. 5º, da Constituição Federal.

Bibliografia

CALLEGARI, André; LOPES, Fábio Motta. *A imprestabilidade do bafômetro como prova no processo penal.* In: *http://www.asdep.com.br/principal.php?id=artigos&cod=147.*

MEDAUAR, Odete. *Direito administrativo moderno.* 4.ed. São Paulo: RT, 2000.

PALAO TABOADA, Carlos. *El Derecho a no autoinculparse en el ámbito tributario.* Navarra: Aranzadi, 2008.

---

[9] De fato, como bem salientam CALLEGARI e LOPES (ver nota 2), a informação positiva da existência de qualquer quantidade de álcool no sangue do motorista acarreta já na proposição da prática do delito descrito no art. 306, do CTB. Em idêntico sentido, referindo que a falta de uma separação entre os dois procedimentos acarreta, na fase inquisitorial, o reconhecimento do Direito a não se auto-incriminar, ver, com ampla referência jurisprudencial, PALAO TABOADA, Carlos, *op. cit.*, p.23 e ss.

— 13 —

Algumas considerações sobre a Lei 11.690/2008 e as alterações sobre a Prova no Processo Penal: avanços e retrocessos

RICARDO CUNHA MARTINS

Advogado Criminalista. Especialista em Direito Penal e Mestre em Direito pela UNISINOS. Professor de Direito Penal e Processo Penal na UNISINOS e na Escola Superior de Advocacia. Ex-Conselheiro da OAB/RS. Ex-Presidente da Comissão de Direitos Humanos Sobral Pinto.

A Lei 11.690, de 09 de junho de 2008, que alterou o Código de Processo Penal na parte relativa à prova, modificando a redação dos artigos 155, 156, 157, 201, 210, 212, 217 e 386, merece algumas considerações para que se possa entender se efetivamente ocorreram mudanças e, em caso positivo, em qual medida, ou se a estrutura do sistema probatório permaneceu inalterável, com algum avanço ou retrocesso.

Inicialmente, cumpre registrar que foi mantido o princípio da persuasão racional como critério de apreciação das provas, sendo livre o juiz na sua valoração, não havendo hierarquia de provas, com a obrigatoriedade evidente da fundamentação do convencimento, pois livre convencimento não é liberdade arbitrária, existindo, agora, a vedação expressa de fundamentação com base em prova inquisitorial, que resta definitivamente afastada do juízo de convencimento do juiz: *é juridicamente aceitável somente a prova produzida no contraditório, isto é, dentro das regras do devido processo legal, com observância obrigatória do direito de defesa.* A outra vedação existente é a da prova ilícita, cuja proibição é de origem constitucional, e que a reforma andou bem em regulamentá-la, expressamente alcançando a ilicitude por derivação, consagrando assim entendimento já pacificado do STF a respeito do tema.[1]

Permanecem sem alteração as restrições estabelecidas na lei civil quanto ao estado das pessoas, como não poderia deixar de ser.

---

[1] Ver a respeito o paradigmático Acórdão do STF em que o Plenário enfrentou o tema do alcance da ilicitude por derivação em votação histórica, tendo como relator o Min. Sepúlveda Pertence, HC 69912-0/RS, DJU 25.03.194.

Algumas considerações sobre a Lei 11.690/2008 e as alterações sobre a Prova no Processo Penal: avanços e retrocessos

175

Com efeito, analisando-se o atual texto legal, resumidamente, os seguintes pontos merecem destaques: a) a mantença do princípio da persuasão racional e a obrigatoriedade da fundamentação judicial; b) a melhor regulamentação da vedação constitucional da prova ilícita, na disciplina geral das provas, alcançando a ilicitude·por derivação; c) a vedação da prova inquisitorial para formar a convicção do juiz; c) a alteração no procedimento da prova pericial buscando agilizá-la; e d) a modificação no procedimento da produção da prova testemunhal, com destaque ao depoimento do ofendido.

Contudo, alguns problemas restaram inatacados e merecem uma melhor análise, ocorrendo um retrocesso ao manter e ampliar a possibilidade da produção da prova de ofício por parte do Juiz (art. 156, I, II), agora, antes mesmo de "iniciada a ação penal", bem como "no curso da instrução para dirimir dúvida sobre ponto relevante", o que vai contra a jurisprudência formada no STF sobre o tema, que veda a possibilidade da chamada prova de ofício no sistema Constitucional acusatório, isso quando a reforma em seu art. 257 proclama que compete privativamente ao Ministério Público promover a ação penal, entendendo-se aí a privativa obrigação de propor os meios de prova no processo penal acusatório, não podendo o juiz produzir provas, em especial, contra o réu.

É evidente que tal aspecto merece uma melhor elaboração argumentativa para que se possa elucidar o tema. Permanece, consoante vimos, o princípio da persuasão racional onde o juiz é livre na apreciação das provas, o que não se confunde com a liberdade para produzir provas, já que estas competem às partes, que deverão demonstrar suas alegações (a prova da alegação incumbirá a quem a fizer).

Inicialmente, cumpre lembrar que os chamados procedimentos de ofício que habitavam o nosso processo penal (por exemplo, nas contravenções penais) antes da Constituição de 1988 foram definitivamente sepultados com a adoção do sistema constitucional acusatório; todavia, parece que teimam em permanecer, ao menos parcialmente, já que retorna a possibilidade "antes de iniciada a ação penal", ou "no curso da instrução", da iniciativa do juiz em ordenar e determinar a produção de provas e diligências.

A respeito do tema, devemos registrar que o STF, na ADIN 1570-2, declarou inconstitucional o art. 3° da Lei 9.034/1995, que permitia ao juiz a realização de investigações pessoais, destacando o julgado que tal procedimento do magistrado afeta a imparcialidade, viola o devido processo legal, o princípio da inércia ou da iniciativa das partes, além de mitigar as atribuições do Ministério Público.[2] Poderíamos, ainda, citar vários julgados sobre o assunto, bem como doutrina censurando tal possibilidade,[3] que ganhará novo componente com a disposição da

---

[2] STF, Plenário, Rel. Min. Maurício Corrêa, 12.04.2004.

[3] A respeito, Ivan Luis Marques da Silva registra: "a ampla maioria da doutrina e da jurisprudência abomina o fato do juiz sair de sua sala e buscar a produção de provas de ofício. Isso porque afirma-se que a ação penal não mais seria conduzida de forma imparcial. A simples escolha de qual prova deverá ser produzida de ofício e qual deixou de ser produzida já seria uma forte indicação de predisposição do juiz para condenar ou absolver". In: *Reforma Processual Penal de 2008*, p. 65.

nova redação do art. 156 do Código de Processo Penal, a qual proclama que o Juiz "antes de iniciada a ação penal poderá ordenar a produção antecipada de provas urgentes e relevantes". Primeiramente, conforme a redação do artigo, fica patente a ideia de que o juiz poderá se antecipar ao próprio Ministério Público na formação da *opinio delicti*. É possível? Parece-nos que não, pois violaria o princípio da iniciativa das partes, da imparcialidade, além de usurpar atribuição do Ministério Público que possui amplos mecanismos legais como titular privativo da ação penal para resguardar tais provas.

A respeito de tal possibilidade ao juiz e sua temeridade, ensina Rômulo de Andrade Moreira que *"no sistema acusatório é sempre perigoso deferir ao juiz a iniciativa de medidas persecutórias"*. Refere o autor que é *"desaconselhável permitir-se ao Juiz a possibilidade de, ex officio, decidir acerca de uma medida cautelar de natureza criminal, pois que lembra o velho e pernicioso sistema inquisitivo"*. Depois arremata:

> Parece-nos claro que há efetivamente um certo distanciamento dos postulados do sistema acusatório, mitigando-se a imparcialidade que deve nortear a atuação de um juiz criminal, que não se coaduna com a determinação pessoal e direta de medidas cautelares e de diligências investigatórias. Neste sistema, estão divididas claramente as três funções básicas, quais sejam: o Ministério Público acusa (ou investiga), o advogado defende e o Juiz apenas julga, em conformidade com as provas produzidas pelas partes.[4]

Afrânio Silva Jardim, por sua vez, pondera que "os princípios mais importantes para o processo penal moderno são o da imparcialidade do Juiz e do contraditório", observando que a tendência é "retirar do poder judiciário qualquer função persecutória, devendo a atividade probatória do Juiz ficar restrita a instrução criminal".[5] Portanto, a reforma processual penal deixou a desejar neste ponto, inclusive, inovou para pior, ao permitir prova de ofício antes mesmo da ação penal. Outrossim, não regulamentou como se daria a realização da prova de ofício, quer antes da ação penal, quer após o término da instrução, pois evidentemente a produção desta prova deverá observar uma ordem, em especial após o término da instrução, devendo permitir o contraditório e a possibilidade de defesa.

Salienta-se que nem o argumento da busca da verdade real sustenta a atividade de ofício do juiz, ao contrário do que sustentam aqueles que buscam justificar a produção de provas por iniciativa do magistrado, pois existem limitações legais à própria busca da verdade, que não é o objeto principal do processo. O processo é instrumento para proteger a liberdade, antes de qualquer outra coisa. Vamos nos permitir avançar um pouco sobre tal aspecto, pois existe muita confusão em torno da proclamada verdade real como objeto do processo, que autorizaria ao juiz a produção de ofício de provas na busca da verdade.[6]

---

[4] R. A. MOREIRA, *Direito Processual Penal*, p. 294.

[5] A. F. JARDIM, *Direito Processual Penal*, p. 190.

[6] Guilherme de Souza NUCCI claramente sustenta que a busca da verdade real justifica o ato de ofício do juiz. Assevera que a atuação de ofício é "decorrência natural dos princípios da verdade real e do impulso oficial". *Código de Processo Penal Comentado*, 7ª ed. São Paulo: RT, p. 361

Paulo Cláudio Tovo, discorrendo sobre o princípio da verdade real[7] e as suas limitações, ensina que o princípio da verdade real consiste na imposição racional de buscar-se a verdade mesma, para obter-se a autêntica JUSTIÇA. Refere que o ideal de JUSTIÇA é que toda a sentença repouse na verdade real e da qual a verdade formal deve ser mero reflexo, pois que, em última análise, não há duas verdades. Ocorre que, como aponta em seu trabalho, a busca da verdade no processo penal não é um meio absoluto, pois existem as limitações formais à busca da verdade, como por exemplo, o direito de calar do réu, pois a Constituição garante o silêncio como direito dos acusados, o que, em tese, pode retirar do Juiz o caminho da verdade, pois silenciando o réu, poderá deixar de trazer elementos indispensáveis à formação da verdade.

Portanto, aqui, parece existir uma contradição dentro do sistema processual penal: se por um lado abraça o princípio da verdade real, por outro lado permite obstáculos formais a impedir o alcance da própria verdade. Como resolver o impasse?

Parece-nos que a solução para a afirmação da não contradição do sistema é a visão de que o princípio da verdade real deve ser interpretado como princípio válido de proteção ao acusado, ou seja, ele existe para impedir que o inocente venha a ser condenado, pois as limitações formais existentes são garantias aos acusados, visando a harmonizar o direito de punir do Estado, que inclusive usa sistemas inquisitoriais de investigação para sustentar seu direito de punir.

Dentro deste contexto, devemos entender a necessidade do contraditório e da ampla defesa para a validade da prova apresentada, ou seja, a verdade da prova depende de certos requisitos formais de proteção, requisitos estes que só podem ser entendidos como direitos defensivos dos acusados, sempre no sentido de evitar o sacrifício do inocente. Portanto, verdade real é princípio defensivo de proteção para evitar que o inocente seja condenado, sendo que somente dentro deste entendimento é possível a compreensão dos limites à sua obtenção; do contrário, somos obrigados a afirmar que não existe a verdade real, e que esta não serve como justificativa, portanto, para autorizar provas de ofício por parte do Juiz.

Como defender a verdade real se a própria lei a limita, ou seja, cria normas que impedem a sua normal obtenção?

Como salienta, ainda, Paulo Cláudio Tovo, no processo penal pátrio,

> (...) o sistema acusatório vem temperado de certas doses de inquisitorialismo. O juiz não fica vinculado à prova produzida pelas partes. Ele próprio poderá, no curso da instrução ou antes de proferir sentença, determinar, de ofício, diligências para dirimir dúvida sobre ponto relevante.[8]

No entanto, para argumentar, mesmo aceitando-se tal hipótese, se por um lado é certo que a lei continua a permitir que o juiz de ofício realize a prova, até tendo a reforma ampliado tais hipóteses, por outro lado é também certo que esta prova deve harmonizar-se com o contraditório e a ampla defesa, pois garantias

---

[7] P. C. TOVO, Limitações Ao Princípio Da Verdade Real No Processo Penal Pátrio. In: *Revista da Ajuris*, 19, fls. 57/60.

[8] Obra já citada, p. 58.

constitucionais não admitem como verdade aquilo que não tenha passado pelo contraditório, devendo-se entender novamente aqui o direito dos acusados como limitadores da busca da verdade real, que também não é um princípio absoluto em termos acusatórios.

O princípio da verdade real, portanto, deve ser compreendido como uma garantia da verdade para socorrer a prova da inocência, sendo limitado, no entanto, quando visa a buscar a verdade da culpa, *a tal ponto que quando não se estabelece a certeza, deve o julgador absolver pela dúvida, jamais se admitindo a dúvida para condenar*. Em outras palavras, a proteção da liberdade no processo supera o princípio da verdade real, ou então, o princípio da verdade deve ser entendido em defesa da liberdade, pois sem respeito à liberdade não se alcança a verdade, ou, ainda, em defesa da liberdade, o direito pode sacrificar a própria verdade, pois o direito à liberdade, para o Direito, está acima da verdade!

Assim, devemos compreender as limitações formais à busca da verdade real como limitações à pretensão acusatória, visando a proteger o inocente. Exatamente quando ocorre o contrário, ou seja, é condenado o inocente, é que resta violado o princípio da verdade, que existe, como vimos, para evitar o sacrifício do inocente. Em tal situação, poder-se-ia entender a prova de ofício pró-réu, como se admite a revisão pró-réu sem limitação da coisa julgada, e como se permite a prova ilícita para proteger a liberdade (inocência). Portanto, a prova de ofício produzida pelo Juiz não pode ser aceita como um valor absoluto na busca da verdade, ademais contra o réu, pois existem as limitações formais instransponíveis e que balizam a validade do processo.

Pensamos, assim, que o argumento da busca da verdade real para justificar a produção probatória de ofício não pode ter a força que parte dos doutrinadores lhe empresta.

Portanto, a reforma introduzida pela Lei 11.690/2008 não inovou neste ponto, mantendo a prova de ofício e criando novos embaraços sobre o tema, que é polêmico, e que o STF novamente terá que enfrentar. No mesmo sentido, outro problema surge no proceder de ofício por parte do Juiz na nova redação do art. 383 da Lei 11.719/2008: a possibilidade do juiz, de ofício, atribuir nova definição jurídica ao fato, ainda que tenha que aplicar pena mais grave!

Parece que a contradição aumenta quando o artigo 384, com a redação da mesma Lei 11.719/2008, obriga o Ministério Público a oferecer aditamento na hipótese de nova definição jurídica do fato, após o término da instrução, sendo que a doutrina sustenta que o aditamento é obrigatório mesmo se a pena for mais benéfica ao acusado. A contradição é flagrante: o juiz de ofício pode atribuir nova definição jurídica para agravar a situação do acusado (e o direito de defesa?); já o Ministério Público é obrigado a aditar até para beneficiar,[9] o que, certamente, merecerá um aprofundamento do debate sobre o tema.

---

[9] A doutrina que esta se formando sobre a nova redação do art. 384, que trata do polêmico tema sobre a possibilidade da *mutatio libelli* e *emendatio libelli*, com acerto sustenta que, obrigatoriamente, deverá ocorrer o

Merece aplauso a reforma ao proibir a formação do convencimento do juiz com base na prova inquisitorial, consagrando assim, no texto legal, o entendimento já pacificado da doutrina e da jurisprudência sobre o tema.[10] Esperamos que tal entendimento seja consagrado em todas as decisões que o juiz tenha que tomar no curso do processo, não somente na decisão de mérito que leva o nome de sentença. O magistrado deverá observar a vedação da prova inquisitorial também na hipótese do novo art. 413 da Lei 11.689/2008, que trata da pronúncia no procedimento do júri, isto é, o convencimento dos indícios suficientes de autoria ou de participação, bem como da materialidade do fato, deve repousar em prova judicializada,[11] não servindo o informe inquisitorial. O mesmo convencimento deve ser observado para declarar os indícios suficientes de autoria e materialidade para a finalidade de decretar prisão cautelar, que não poderá mais ser declarada com base em prova meramente policial, unilateral e inquisitiva.

O STF em diversos julgados, de longa data, já tinha declarado exaustivamente a impossibilidade de o juiz formar a convicção condenatória com base somente em informes inquisitoriais. Hoje, a proibição legislativa expressa servirá como esperança para formar uma cultura e uma consciência definitiva de que um decreto condenatório só pode ser válido juridicamente se observar às regras do devido processo legal, do contraditório, da validade da prova e sua produção, não podendo sobreviver a "prova inquisitorial".

Andou bem ainda a reforma processual ao consagrar a vedação da prova ilícita com a explicitação do alcance da ilicitude por derivação, cumprindo assim o exposto no art. 5°, LVI, da Constituição Federal, tendo a reforma deixado claro o entendimento da prova ilícita e da prova ilegítima como proibidas, pois refere que a prova ilícita é a "obtida em violação a norma constitucional ou legal", sem fazer distinção se a norma legal (lei federal, por exemplo) é de direito material ou processual. Consagra, assim, a distinção doutrinária que divide a prova ilícita em prova ilícita decorrente da violação do direito material, e a prova ilícita ilegítima por violação da norma processual. Não é possível que se queira excluir da vedação a prova ilegítima. É evidente, ainda, que, embora o princípio da proporcionalidade em matéria de prova ilícita não tenha merecido qualquer menção do texto legal, não há impedimento ao reconhecimento da aplicação da prova ilícita *pro reo*, para proteger a liberdade, cuja proteção jurídica esta acima da vedação, consoante consagram a doutrina e a jurisprudência do mundo civilizado.

O artigo 157 da reforma que trata da matéria, em seu § 1°, consagra proteção legal sem precedente legislativo no Brasil, enfrentando o tema da ilicitude por derivação, sendo que julgados do STF, em diversas ocasiões, já haviam declarado e

---

aditamento, em todas as situações, em nome do princípio da correlação entre a acusação, defesa e sentença. Ver a respeito Andrey Borges de Mendonça, *Nova Reforma do Código de Processo Penal*, p. 233.

[10] O STF, em diversos julgados, de muito tempo, já declarou que a prova meramente inquisitorial não serve para fundamentar decisões condenatórias. Ver os seguintes julgados em RTs 422/299-426/395-479/358-547/520/355.

[11] Ver a respeito do tema R.C. MARTINS, *Prova Criminal*, pp. 47/51.

encampado a teoria da Suprema Corte Americana dos "frutos da árvore envenenada", trazendo para a redação legislativa do artigo a terminologia "provas derivadas das ilícitas", "nexo de causalidade entre umas e outras", ou "quando as derivadas puderem ser obtidas por uma fonte independente das primeiras".

Depois, sem deixar de ser uma redação um pouco confusa, o § 2º do art. 157 define que é "fonte independente aquela que por si só, seguindo os trâmites típicos e de praxe, próprios da investigação ou instrução criminal, seria capaz de conduzir ao fato objeto da prova", consagrando assim a vedação de toda a prova que tenha origem em uma prova ilícita, sendo que a indicação da vedação depende, evidentemente, do nexo de causalidade entre uma prova (ilícita) e a dependência desta da outra prova, que pode ser lícita, porém, contaminada pela ilicitude daquela sem a qual não teria sido conhecida. Aqui, o que cumpre destacar é a independência entre uma prova e a outra. Se a chamada prova derivada não possuir uma fonte de produção totalmente independente da prova ilícita, restará contaminada. Portanto, como se vê, poderíamos afirmar que a quebra do nexo de causalidade de uma prova em relação à outra se dá na medida em que a fonte da prova derivada seja absolutamente independente da ilícita.[12]

O importante ao juiz em matéria de ilicitude por derivação, é que cada caso é um caso, isto é, a aplicação da extensão da ilicitude por derivação requer exaustivo exame do caso concreto, e a possibilidade do caso em exame da produção independente daquela prova que se apresenta como derivada de uma prova ilícita existente.

O § 3º do art. 157 apresenta como medida judicial a ser tomada, na hipótese da existência da prova ilícita e da prova contaminada, ambas inadmissíveis, o desentranhamento dos autos, com inutilização após o trânsito em julgado da decisão do desentranhamento, o que, inclusive, abre a possibilidade das partes acompanharem o incidente de destruição da prova ilícita.

A doutrina sobre o tema, que é ampla, com vários pontos de interpretação, sustenta a possibilidade da descontaminação absoluta do julgado com a vedação de proferir sentença o juiz que tenha tomado conhecimento da prova ilícita, que presidiria o processo até a destruição da prova ilícita, cuja sentença ao final seria proferida por outro magistrado. Houve o veto a tal possibilidade, considerando que o § 4º do art. 157 que acolhia tal posicionamento foi vetado.

A parte da reforma que trata do exame de corpo de delito, percebe-se, buscou agilizar a realização da perícia, ao mesmo tempo que se preocupou em assegurar às partes uma melhor garantia ao contraditório, prevendo expressamente a "formulação de quesitos e indicação de assistente técnico".

A mudança legislativa na busca da agilização da perícia, ao indicar que o "exame de corpo de delito e outras perícias serão realizadas por perito oficial",

---

[12] Aqui cumpre registrar que o nosso texto legal albergou a jurisprudência americana que em matéria de prova derivada, resumidamente, apresenta a seguinte teoria: limitação da fonte independente, limitação da descoberta inevitável, limitação da contaminação expurgada ou conexão atenuada.

Algumas considerações sobre a Lei 11.690/2008 e as alterações
sobre a Prova no Processo Penal: avanços e retrocessos

altera a tradição legal de que a prova pericial criminal requer dois peritos, pois assim como ficou, a necessidade de dois peritos somente ocorrerá na "falta de perito oficial", quando então "duas pessoas idôneas, portadoras de diploma de curso superior preferencialmente na área específica" serão chamadas para realizar o exame de corpo de delito e outras perícias. A regra, portanto, é somente um perito oficial, isto é, o perito investido na função em razão de concurso público, pertencente aos quadros do Estado. O ideal, no entanto, é que as perícias e o exame de corpo de delito ficassem sempre a cargo de dois peritos oficiais, o que daria uma maior segurança técnica e de controle de credibilidade, devendo o Estado criar condições para um melhor aparelhamento técnico e de quadros de funcionários para o cumprimento de tal finalidade, evitando-se, assim, ao máximo, a perícia a cargo de "pessoas idôneas", porém, não oficiais.

Salutar na nova legislação é a consagração do contraditório referentemente à prova pericial, pois as partes poderão indicar assistente técnico, formular quesitos, além de requerer a oitiva dos peritos em audiência para esclarecerem aspectos da prova e responder quesitos.

Após essas considerações pontuais e resumidas sobre a reforma processual, é evidente que outros aspectos merecem um aprofundamento melhor, mas que fogem da finalidade do presente artigo, o que, todavia, não serão omitidos em decorrência de sua importância, tais quais: a inquirição direta das testemunhas; a possibilidade de acareação entre o perito oficial e o assistente técnico; o valor das provas cautelares, não repetíveis e antecipadas; e o ônus probatório.

A inquirição direta das testemunhas pelas partes vai ao encontro de um anseio já consagrado na doutrina e que já era da instrução do Júri em Plenário, tornando mais perfeita a produção da prova testemunhal, hoje facilitada pelo uso dos aparatos tecnológicos que evitam o "ditado" ao termo de audiência, não havendo necessidade, portanto, da intermediação do Juiz. A parte formulará diretamente à testemunha as suas perguntas, podendo desencadear uma série de questionamentos em forma lógica e até cronológica, sempre diante da vigilância do magistrado.

Por sua vez, a previsão do contraditório perante a prova pericial não pode retirar a possibilidade de eventual acareação em juízo entre o perito oficial e o assistente técnico indicado pela parte, na hipótese de divergência séria sobre um mesmo aspecto da prova, o que não retira ou invalida ainda a possibilidade da nomeação de um novo perito e da elaboração de um novo laudo. Entendemos que o sentido da mudança é exatamente o de proporcionar a amplitude do contraditório

Outro aspecto importante é a possibilidade de o magistrado usar, como fundamento decisório, a prova cautelar, a prova não repetível e a prova antecipada. Parece que para qualquer uma delas há um ponto em comum no plano da sua validade: toda e qualquer prova deverá observar o contraditório, do contrário, não existe processualmente. Portanto, essa é a regra.

Deixamos para o final um questionamento: teria ocorrido alteração em relação ao ônus probatório? Parece-nos que a reforma alterou levemente tal questão, dando a impressão que deixou um menor rigor na aventura probatória a cargo do réu. Explica-se.

É evidente que o ônus probatório recai sobre quem acusa. O réu não está obrigado a provar que é inocente, pois a inocência é uma situação constitucional de estado. Aqueles que sustentam a obrigatoriedade probatória ao acusado partem da ideia de que a prova da alegação incumbirá a quem a fizer, isto é, se o réu invoca determinada situação, estará obrigado a prová-la. Não é bem assim.

Não há que recair obrigatoriedade de prova ao réu, pois a prova defensiva não pode ser confundida com ônus probatório de certeza, missão única, exclusiva e obrigatória da acusação; o réu não pode ser chamado a provar que é inocente, mesmo porque, às vezes, é impossível a realização da chamada prova negativa. A tal ponto é assim que houve alteração no art. 386 do Código de Processo Penal, para abrigar como fundamento da absolvição, "fundada dúvida" sobre a existência de uma causa que exclua o crime ou isente o réu de pena. Portanto, basta ao réu a dúvida para ser absolvido. A certeza é encargo da acusação! Assim, a obrigatoriedade da prova é de quem acusa, não de quem se defende. Concluindo: o ônus probatório recai sobre o autor da denúncia ou da queixa.

Bibliografia

JARDIM, Afrânio Silva. *Direito Processual Penal*. 11ª ed. Rio De Janeiro: Forense, 2003.

MARTINS, Ricardo Cunha. *Prova Criminal*. 2ª ed. Porto Alegre: Livraria do Advogado, 2002.

MENDONÇA, Andrey Borges de. *Nova Reforma do Código de Processo Penal*. São Paulo: Método, 2008.

MOREIRA, Rômulo de Andrade. *Direito Processual Penal*. Rio de Janeiro: Forense, 2003.

NUCCI, Guilherme de Souza. *Código de Processo Penal Comentado*. São Paulo. Revista dos Tribunais, 2008.

SILVA, Ivan Luís Marques da. *Reforma Processual Penal de 2008*. São Paulo: Revista dos Tribunais, 2008.

TASSE, Adel El. *O Novo Rito do Tribunal do Júri*. Curitiba: Juruá, 2008.

TOURINHO FILHO, Fernando da Costa. *Processo Penal*. São Paulo: saraiva, 2006.

TOVO, Paulo Cláudio. Limitações ao Princípio da Verdade Real no Processo Penal Pátrio. In: *Revista da Ajuris*, n° 19, Porto Alegre.

Impressão e Acabamento

Rotermund

Fone/Fax (51) 3589-5111
comercial@rotermund.com.br